쉬운 설교

Easy Preaching

쉬운 설교

초판발행	2015년 10월 19일
초판 6쇄	2024년 1월 16일
지은이	채경락
발행처	도서출판 생명의 양식
등록번호	서울 제22-1443호 (1998년 11월 3일)
주소	06593 서울시 서초구 고무래로 10-5 (반포동)
전화	02-533-2182
팩스	02-533-2185
홈페이지	www.edpck.org
북디자인	노성일
ISBN	978-89-88618-77-6 (03230)

책값은 뒤표지에 있습니다.

이 책은 저작권 법에 의해 보호를 받는 출판물입니다.
기록된 형태의 출판사의 허락이 없이는 무단 전재와 복제를 금합니다.

이 도서의 국립중앙도서관 출판예정도서목록(CIP)은 서지정보유통지원 시스템 홈페이지 (http://seoji.nl.go.kr)와 국가자료공동목록시스템(http://www.nl.go.kr/kolisnet)에서 이용하실 수 있습니다. (CIP제어번호: CIP2015027929)

쉬운 설교

Easy
Preaching

채경락 지음

생명의 양식
THE BREAD OF LIFE

추천사

한진환 목사 (서울서문교회 담임, 전 고려신학대학원장)

갈수록 설교하기가 힘들다는 말을 하는 사람들이 많습니다. 멋모르고 덤빌 때는 차라리 나았는데 교회를 알고 설교를 알수록 하기가 더 힘이 든다고 합니다. 그러나 내 판단으론 그런 분들은 설교의 틀을 제대로 갖추지 못했기 때문입니다. 자신만의 틀을 갖추지 못하고 오늘은 이렇게 내일은 저렇게 하다 보니 힘이 들지 않을 수 없는 것이지요.

틀만 갖추면 설교하기는 갈수록 쉬워지게 되어 있습니다. 힘이 드는 것은 설교 작성 자체보다는 설교를 뒷받침하는 영성이 따라주지 못하기 때문입니다. 말씀에 대한 경건한 확신과 청중을 사랑하는 열정만 뒷받침된다면 설교는 갈수록 쉬워지게 되어 있습니다. 나름대로의 틀을 갖추는 것이 중요합니다.

금번에 채경락 목사가 이 틀을 소개하는 큰일을 했습니다. 그의 책은 마치 엄마가 아기 손을 잡고 한 걸음 한 걸음을 인도하듯 자상하고 쉽고 또 분명합니다. 누구든지 정독하기만 하면 설교의 틀에 대해 감을 잡을 수 있을 것입니다.

무엇보다 실제적이라서 좋습니다. 흔히 설교학 책들이 설교를 위한 '설교'로 끝날 때가 많습니다. 그러나 본서는 명확한 개념 정리와 각 스텝 별로 세밀한 설명과 예증까지 곁들인 실제적인 제안으로 엮어져 있어 길을 찾는 대다수 목회자들에게 상당한 유익이 될 것입니다.

특히 미국식 설교학 참고서들에게서 실망한 이들에게 특히 권하고 싶습니다. 오래된 기독교 역사와 탄탄한 신학에서 뿜어 나오는 저력을 무시할 수 없지만 그러나 미국 책들에게서는 문화와 정서의 갭을 느낄 때가 많습니다. 본서는 우리 어법과 우리 문화, 우리의 수준에서 설교의 틀을 논하고 있으므로 잘 익은 밥처럼 입에 쏙쏙 들어오는 맛이 있습니다.

나도 매주 설교의 80%가 3대지 설교일 만큼 3대지 옹호론자입니다. 초보자라도 주제가 분명한 3대지 설교를 하면 적어도 죽을 쑬 우려는 없습니다. 그리고 본인이 노력하기에 따라 얼마든지 발전할 수 있는 장점이 있습니다.

한 때 미국 발 '이야기체 설교' narrative preaching가 유행한 적이 있습니다. 부활절, 성탄절 같은 특별한 절기에 별미처럼 이야기체 설교를 시도해 볼 수 있습니다. 그러나 그것을 너무 자주 시도하는 것은 득보다는 실이 많을 것이라는 게 제 판단입니다. 이야기 속에서 어떻게 골격을 유지하며 핵심 메시지를 강조할지를 아는 노련한 설교자가 아니면 산탄총의 총알처럼 메시지가 산발되어버릴 가능성이 높기 때문입니다.

대세는 3대지 설교입니다. 3대지 설교에 숙달되면 3대지로부터 해방될 수 있습니다. 2대지 설교가 될 수도 있고 대지 없는 설교를 할 수도 있습니다. 대지를 감추고 물 흐르듯 유연하게 나갈 수도 있습니다. 동역자들에게 본서를 자신 있게 추천할 수 있어서 참 기쁩니다. 본서를 통해 3대지 설교의 틀을 갖추어보십시오. 그리고 3대지 위에서 노는 숙달된 설교자가 되시면 좋겠습니다.

이동원 목사 (지구촌교회 원로, 목회리더십연구소 대표)

저는 이 책을 읽고 무더운 여름 시원한 냉수로 해갈하는 마음이었습니다. 오늘날 3대지 설교에 대한 비판은 늘어가지만 대안은 보이지 않았기 때문입니다. 소위 원포인트 설교를 시도하며 더 많이 방황하는 설교자들을 보고 있습니다. 이 책은 고전적인 3대지 설교에 대한 모처럼의 제대로 된 '변증 설교학'이기도 합니다. 저는 채 목사님의 이 설교학으로 다시 설교의 확신을 갖고 강단에 서게 될 많은 설교자들을 그려봅니다. 쉽고 명확하게 목표를 정조준하고 그 논리를 전개하는 고전적 3대지의 틀을 다양하게 활용하여 한국 교회 강단의 위엄과 영광이 회복되기를 기도합니다. 잘 정리된 쉽고 흥미롭고 명쾌한 논리적인 대지 설교는 오히려 어설픈 다른 유형의 설교들의 함정에서 설교자들을 구원할 것입니다. 이 구원이 필요한 모든 설교자들에게 이 책을 강추합니다.

이찬수 목사 (분당우리교회 담임)

방향을 가리키기는 쉬워도 구체적인 걸음을 인도하기는 어렵습니다. 설교에서도 이론적인 원칙을 제시하기는 쉽지만 구체적인 작성법을 안내하기는 어려운 일인데,『쉬운 설교』는 그 길을 안내하고 있습니다. 이론적인 바탕 위에 현장 경험을 토대로 설교자들이 활용하기에 좋은 매뉴얼을 내놓았습니다. 매주 설교와 씨름하는 설교자들에게 좋은 길잡이가 될 것이라고 기대합니다.

김운용 교수 (장로회신학대학교 예배/설교학, 목회전문대학원장)

설교사역은 늘 어렵습니다. 그러나 그것이 온전히 수행되는 곳에서 하늘이 펼쳐지고 하나님의 역사하심이 드러나기에 가장 영광스럽고 가슴 벅찬 사역입니다. 그러므로 설교자는 효과적이고 새롭게 그 사역을 수행하기 위해 늘 노력해야 합니다. 본서는 오늘의 청중들에게 하나님의 말씀을 보다 효과적으로 전달하기 위한 고뇌를 통해 나온 작품입니다. 설교학자이자 현장 설교자인 저자는 전통적 설교 형식을 어떻게 활용하여 말씀의 역동성을 가져올 수 있을 것인가를 고심하면서 본서에서 설교학적 원리와 사역 현장에서 활용할 수 있는 방안들을 체계적으로 잘 제시하고 있습니다. 설교학적 지혜를 얻고 현장에서 활용 방안을 배우길 원하시는 설교자들의 일독을 권합니다.

박태현 교수 (총신대학교 신학대학원 실천신학)

『퇴고 설교학』으로 역방향 설교법을 소개한 저자가 전통적 3대지 설교를 강조하는『쉬운 설교』를 세상에 내놓았습니다. 책 제목이 시사하듯이, 설교자들만 아니라 회중들 역시 얼마나 '쉬운' 설교를 바라고 있습니까? 저자는 무엇보다도 3대지 설교를 통한 '쉬운 설교'를 지향합니다. 쉬운 설교는 선명한 메시지 전달로 성취되는데, 3대지 설교는 연역적 방식으로 가르침에 탁월하고도 유익한 설교 형식입니다.

본서의 특징은 크게 세 가지로 요약됩니다. 첫째, 저자 채경락은 목회 현장에서 3대지 설교로의 '회심'을 경험한 설교자이므로 더 이상 소위 '한물간 구식' 3대지를 부끄러워하지 않습니다. 더 나아가 그는 다른 설교형식에 결코 뒤지지 않는 3대지 설교의 '변화의 역동성'을 발견하고 열성적 3대지 설교론자로 변신하였습니다. 3대지 설교를 향해 쏟아지는 비판들, 즉 '짜깁기 설교', '명제형 왜곡', 그리고 '낡은 형식'이라는 비판에 당당히 맞서 3대지 설교가 지닌 강점들을 추켜세웁니다.

둘째, 저자는 이처럼 3대지 설교의 강점을 이론적으로만 소개하는 것이 아니라, 실례를 들어 3대지 설교 작성법을 보여주고, 저자 자신의 설교문들을 예시로 보여주어 누구든지 쉽게 3대지 설교를 따라할 수 있도록 동기를 부여하고 길을 안내합니다.

셋째, 맛깔나는 친근한 표현으로 3대지 설교법을 알기 쉽게 소개합니다. 대표적인 표현입니다. "이름은 촌스러워도 얼마나 편리한지…" 주부들 사이에 꽤나 인기가 있던 도깨비 방망이, 병사들을 향한 소대장의 외침인 "김 일병 기준! 이열종대로 모여!", "잘 키운 딸 하나면 열

아들 부럽지 않다고 했던가, 적절한 예화 하나의 파급력은 설교 한 편과 맞먹을 수도 있다", 그리고 "짧은 본문에도 … 이삿날 숨은 짐처럼 많이도 나오기 때문에 하나로 모으는 게 여간 어렵지 않다."

추천사를 쓰는 추천인 역시 자기도 모르는 사이에 3대지의 매력에 이끌렸는지…. 본서의 특징을 세 가지로 요약하고 말았습니다. 3이란 숫자는 참으로 오묘한 수인가 봅니다! '쉬운' 설교를 원하면서도 '어렵게' 설교하고 마는 많은 설교자들에게 3대지 강해설교의 쉬운 길을 선명하게 제시한 본서를 강력히 추천합니다.

차례

5	**추천사**	
13	**프롤로그**	꿈틀꿈틀 살아있는 3대지
23	**1장**	3대지 설교의 강점 – 나는 왜 3대지 설교를 하는가?
47	**2장**	3대지 설교의 3단계 작성법
69	**3장**	3대지의 유형 (1) – 주제와 대지의 관계를 중심으로
95	**4장**	3대지의 유형 (2) – 본문과 대지의 관계를 중심으로
123	**5장**	3대지의 유형 (3) – 대지와 대지의 관계를 중심으로
151	**6장**	3대지의 유형 (4) – 통일성을 부여하는 틀
175	**7장**	강해설교의 본문 연구
203	**8장**	주제 단위의 본문 선택
225	**9장**	대지 채우기
249	**10장**	서론과 결론 작성하기
271	**11장**	3대지의 퇴고
295	**에필로그**	내가 3대지를 부끄러워하지 아니하노니
299	**부록1**	강해설교와 3대지 설교 – 3대지 설교도 강해설교인가?
311	**부록2**	설교자의 일주일 – 목사는 설교를 이렇게 준비한다
323	**부록3**	시리즈 설교 기획, 어떻게 준비할 것인가?

프롤로그

꿈틀꿈틀 살아있는 3대지

과연 3대지는 버려야 할 구닥다리인가?

3대지는 아주 흔하게 사용되는 설교 형식 가운데 하나다. 가장 많이 사용된다고 해도 과언은 아닐 것이다. 정확한 통계를 낼 수는 없지만, 한국 설교자 사이에 가장 빈번하게 사용되는 형식임은 분명해 보인다. 설교 하면 으레 3대지를 떠올리는 이들도 있고, 거의 매주일 예외 없이 3대지로 설교하는 이들도 상당수다.

그럼에도 불구하고 3대지 설교는 자주 천덕꾸러기 취급을 받는다. 현장보다 특히 이론 세계에서 그러한데, 상당수 설교 이론가들에게 3대지 설교는 한물간 구식이다. 내러티브 설교, 원포인트 설교 등 새로운 설교 형식을 주창할 때면 어김없이 극복해야 할 구식으로 3대지가 지목된다. 비효율적인 경직된 형식, 촌스럽고 심지어 비성경적인 형식으로 매도당하기도 한다. 그래서 이제는 버려야 할 낡은 형식이라는 비판이 자주 들린다. 그래서인지 젊은 설교자들 사이에 3대지 설교에 대한 거부감이 꽤 깊숙이 유포되어 있는 듯하다. 스마트폰이 대세인 세상에 아직도 폴더를 쓰는 구식으로 인식되는 듯하다.

3대지로의 '회심'

그런데 정말 그러한가? 3대지는 정말 이제는 버려야 할 구닥다리인가? 스마트폰에 밀린 폴더처럼, 혹은 PC에 밀린 전동 타자기처럼 이제는 창고에 쌓아두어야 할 과거의 유물인가? 필자의 판단으로는, 결코 그렇지 않다. 필자는 설교자로서 일종의 '회심'을 경험하였다. 이른바 3대지로의 회심이다. 유학을 마치고 귀국하던 때만 해도 열성적인 3대지 반대론자였던 필자가, 지금은 누구보다 열렬한 3대지 애호가가 되었으니 회심이라 부를 만하지 않겠는가. 다메섹 도상의 사울의 회심에 비할 바는 아니지만, 꽤 극적인 돌아섬이었다.

하나님을 참칭한 범죄자로 알았던 예수님이 실은 이 땅에 오신 구세주였다는 사실을 깨달았을 때, 바울의 마음이 얼마나 당황스러웠을까. 그에 비할 바는 아니지만, 적잖이 무시하였던 3대지의 가치를 현장에 들어와서 깨달았을 때 필자의 마음도 꽤 당황스럽고 민망하였다. 유학 시절 전공이 전공인지라 동료들과 설교에 대한 생각을 많이 나누었는데, 그때 자주 던졌던 말이 "3대지의 시대는 거去하고 원포인트의 시대가 래來하였습니다." 말투에 나타나듯 반쯤은 농을 섞은 말이었지만, 상당 부분 진심이었다. 그런데 이제 와서는 거의 매주일 "첫째, 둘째" 하며 3대지 설교를 하고 있으니, 배신자라고 욕해도 좋다.

이유 있는 3대지 사랑

이론을 공부할 때는 미처 깨닫지 못했던 3대지의 보배로운 가치를 현장에서 깨달았다. 많은 현장 설교자들이 그렇게 3대지를 사랑하는 데는 그만한 이유가 있었다. 억척 아줌마가 낡은 밥통을 들고 "아직 쓸 만한데 왜 버려?" 하는 차원이 아니다. "난 구식이라 그런지 스마트폰보다 폴더가 편해." 하는 차원도 아니다. 3대지를 애용하는 이유는, 3대지가 다른 설교 형식보다 낫다는 데 있다. 새로운 형식에 결코 밀리지 않는 3대지만의 강점이 있고, 새로운 형식이 흉내 내기 어려운 전달의 안정감과 탁월함이 있기 때문이다. 딱히 안 쓸 이유가 없어서 쓰는 게 아니라, 쓸 이유가 분명하기 때문에 3대지를 쓴다. 3대지 설교에 인격이 있다면 찾아가서 정중히 사과라도 하고 싶다. 그간 가치를 몰라봐서 미안하다고.

변화의 잠재력에 있어서 3대지는 마르지 않는 우물과 같다. 지금까지 우리가 아는 3대지가 3대지의 전부는 아니다. 다양한 형태로의 변신이 가능하다. 본서를 쓰게 된 가장 큰 동기를 말하라면, 바로 3대지가 품고 있는 변화의 역동성이다. 필자의 판단으로는 3대지는 특정한 하나의 형식이 아니라, 일종의 군집이다. 3대지라는 이름 안에 극히 다양한 설교의 흐름이 포착될 수 있다. 그런 의미에서 3대지는 특정한 설교 형식의 이름이 아니라, 일종의 그룹명이다. 3대지는 죽은 격자가 아니라 꿈틀꿈틀 살아있는 틀이다. 메시지의 특징에 맞춰 기민한 적응과 변신이 가능하다. 들어오는 메시지를 자기 틀에 맞추려 하기보다, 오히려 메시지에 맞춰서 자기를 변화시킬 수 있는 틀이다. 본서를 통해 3대지의 기민한 역동성을 새롭게 발견할 수 있기를 바란다.

이 글이 이 땅의 수많은 3대지 설교자들에게 이론적인 기초와 더불어 작은 위로가 되기를 바란다. 3대지를 자주 사용하면서도, 혹 내가 시대에 뒤떨어진 형식을 사용하고 있는 게 아닌가, 하는 모종의 죄책감을 품은 이들이 있다. 그런 분들의 마음을 가볍게 하는 이론적인 바탕이 되기를 바란다.

> 의심하고 먹는 자는 정죄되었나니 이는 믿음을 따라 하지 아니하였기 때문이라 믿음을 따라 하지 아니하는 것은 다 죄니라 (롬 14:23)

어떤 일이든 분명한 이유와 근거, 그래서 믿음을 가지고 하라는 말씀인데, 설교 형식도 예외가 아닐 것이다. 내가 사용하는 설교 형식에 대한 확신을 가질 필요가 있다. 또한 3대지 반대론자들이 3대지의 가치를 조금이나마 발견하는 계기가 되기를 바란다.

설교 주방의 편리한 도구

무엇보다 제일 큰 소망은, 이 글이 오늘도 설교 준비로 머리를 싸매는 동료 설교자들에게 편리한 도구가 되기를 바란다. 심오하고 수준 높은 도구가 아니어도 좋다. 언감생심 거룩한 도구는 애초에 생각지도 않았다. 다만 편리하게 그리고 간편하게 쓸 수 있는 유용한 도구가 되기를 소망한다. 주부들 사이에 꽤 인기가 있었던 도깨비 방망이 같은 도구가 되면 참 좋겠다. 주부들 말에 따르면, 이름은 촌스러워도 얼마나 편리한지 모른다.

설교 작성은 생각보다 힘겨운 작업이다. 하나님이 특별한 은사를 주신 일부 설교자들은 공감 못할 수도 있겠지만, 필자를 비롯한 대부분의 설교자에게 한 주, 한 주는 꽤 고역이다. 돌아서면 밥, 돌아서면 밥, 주부들의 일상도 고역이지만, 매주일 30분 전후의 설교를 작성하는 일도 결코 쉬운 과업이 아니다. 도움의 손길이 필요하고, 가끔은 위로도 필요하다.[1] 전통적인 전기밥통, 가스레인지 외에 도깨비방망이 같은 신제품들이 주부들의 식사 준비를 돕듯이, 영적 주부인 설교자에게도 유용하고 현실적인 도구가 많이 필요하다. 이 책이 그런 도구 가운데 하나가 될 수 있다면 필자로서는 큰 영광일 것이다.

꿈틀꿈틀 살아있는 3대지

책의 흐름을 간단히 개괄하면, 우선 1장은 이론적인 출발점으로서 3대지에 대한 오해와 비판을 소개하고 반론을 제시한다. 이어서 3

---

[1] 부록 2. "설교자의 일주일 - 목사는 설교를 이렇게 준비한다." 참조.

대지 설교가 가진 강점들을 소개할 것이다. 2장부터 실제에 들어가는데, 먼저 3대지 설교의 작성법 혹은 작성과정을 간략히 소개할 것이다. 세 단계로 구성된 3단계 작성법인데, 3대지라서 3단계는 아니다. 3대지 설교만이 아니라, 모든 형태의 설교 준비에 적용 가능한 작성법이라고 자평한다. 일반적으로 설교학 교과서들이 열 단계 전후의 작성법을 소개하는데, 필자의 3단계 작성법은 일곱 단계를 생략하거나 포기한 게 아니라, 목표를 중심으로 세 덩어리로 묶어낸 결과다.

3-6장이 본서의 중심인데, 각각 3대지 설교의 다양한 유형들을 소개한다. 우선 3장은 주제와 대지의 관계를 중심으로 다섯 가지 유형을 정리하였는데, 설명형, 증명형, 적용형, 이유 제시형, 그리고 탐색형이다. 설교를 이끄는 우산 질문[2]의 형태를 기준으로 나눈 구분이기도 하다. 설명을 요구하는 설명형 우산 질문이 이끄는 설교는 설명형 3대지, 적용 방법을 묻는 적용형 우산 질문이 이끄는 설교는 적용형 3대지, 하는 식이다. 이론적인 바탕도 있지만, 현장의 체취를 많이 담아낸 형식들이라고 자평한다. 4장은 본문과 대지의 관계를 중심으로 역시 다섯 가지 유형을 소개하는데, 현장의 체취가 더 짙은 대목이다. 현장 설교자의 큰 고민 가운데 하나가, 오늘 본문에서 대지를 어떻게 마련할 것인가이다. 현장 경험을 바탕으로 분해형, 수집형, 묶음형, 분석형, 그리고 묵상형을 실제 예들과 함께 소개하겠다. 짤막한 본문을 쪼개듯 분해해서 대지를 마련하면, 분해형 3대지. 본문 여기저기서 산발적으로 대지를 수집하는 방식은, 수집형 3대지. 창조적인 묵상을 통해

---

[2] 우산 질문이란, 설교를 이끄는 중심 질문인데, 3장에서 실례와 함께 자세히 논하도록 하겠다.

서 대지를 마련할 수도 있는데, 묵상형이라는 이름으로 구별하였다.

    5장은 대지와 대지의 관계를 중심으로, 혹은 대지의 흐름을 기준으로 구분한 3대지의 유형들을 소개하겠다. 여기에는 특정한 개수를 언급하기 어려운 것이, 지속적으로 추가될 수 있기 때문이다. 필자가 3대지가 살아있음을 가장 강하게 느낀 대목이다. 3대지는 세 개의 덩어리를 지칭하는 이름일 뿐, 세 덩어리가 서로 어떤 관계에 있는지를 규정하지는 않는다. 3형제라는 이름이 그 형제들이 어떤 관계, 어떤 상황에 있는지를 규정하지 않는 것과 같다. 서로 사이가 좋을 수도 있고, 서로 으르렁거릴 수도 있다. 대등한 삼둥이일 수도 있고, 위계 질서가 확실히 구분된 형 아우일 수도 있다. 둘은 쌍둥이에, 하나는 형일 수도 있고, 그 양상은 무한다양하다. 필자의 경험과 독서량의 한계 안에서 지금까지 발견한 3대지의 다양성을 소개하겠다. 6장은 일종의 아웃소싱인데, 3대지에 통일성을 부여하기 위해 외부에서 영입할 수 있는 틀들을 소개한다. 육하원칙, 이미지, 언어유희, 심지어 돼지 3형제 이야기도 활용될 것인데, 현장에서 꽤 쏠쏠하게 사용할 수 있는 틀이라고 자평한다.

주제 잡기에서 대지 채우기까지

    7-11장은 구체적인 작성 과정을 실례 중심으로 소개한다. 7장은 설교 준비의 기초인 본문 연구를 다루는데, 연구를 위한 연구가 아니라 설교를 위한 연구다. 오해 없기를 바라는데, 본문 이해를 위한 본문 연구와 설교를 위한 본문 연구는 비슷한 듯 미세한 차이가 있다. 탄탄

한 본문 연구가 좋은 설교의 기초가 되지만, 설교화를 염두에 두고 본문을 연구하는 지혜가 보다 효율적인 본문 연구의 길잡이가 된다. 현장의 체취를 담아 설교를 위한 본문 연구의 길을 모색하겠다.

이어서 8장은 본문 선택을 다룬다. 겉보기엔 손쉬울 것 같아도, 실제 현장에서는 본문 선택도 꽤 시간을 많이 잡아먹는 과업이다. 어느 정도 길이로, 어떤 원칙으로 잘라야 할지에 관한 원칙이 필요하고, 그 원칙이 실제 본문에서는 어떻게 적용되는지에 대한 섭렵도 필요하다. 이에 대한 이론적인 바탕과 현장의 체험을 나누도록 하겠다.

이어서 9장은 대지 채우기다. 제3-6장에서 설교의 골격인 대지 잡기를 섭렵했다면, 여기서는 그렇게 잡은 골격을 어떻게 지혜롭게 채울지를 고민한다. 골격과 완성품은 다르다. 좋은 골격이 반드시 좋은 완성품을 보장하지 않는다. 골격이 부실하면 완성품도 따라서 부실할 수밖에 없지만, 골격이 튼실하다 해서 완성품도 튼실하다고 기대하기는 어렵다. 별개의 과업이기 때문이다. 이론적인 자료들과 현장 경험을 토대로, 골격을 채우는 원칙과 실제를 소개하겠다.

10장은 서론과 결론 작성을 다룬다. 처음과 끝의 중요성은 따로 강조할 필요가 없을 것이다. 몸통인 본론의 메시지를 청중의 마음에 효과적으로 새기도록 돕는 서론과 결론 작성의 길을 모색하겠다.

마지막 11장은 3대지 설교의 퇴고를 다룬다.[3] 설교는 작성과 더불어 지난한 퇴고의 과정을 거친다. 설교단에 오르기까지 최선의 설교로 다듬고 또 다듬어야 한다. 퇴고의 원칙과 실제를 다루는데, 이는 애초

---

3 퇴고의 일반 원칙에 관해서는, 필자의 『퇴고 설교학』(서울: 성서유니온, 2013)을 참조하라.

에 설교의 작성 원리로 삼아도 좋다. 퇴고가 필요 없는 설교문이야말로 가장 좋은 설교문이 아니겠는가. 물론 그런 설교문은 존재할 수 없지만 처음부터 퇴고 원칙에 맞추어 작성을 시작하는 것이 좋은 설교를 작성하는 지름길이 될 것이다.

행복한 3대지 여행이 되기를

이제 3대지로의 여행을 떠날 시간이다. 넓은 듯 좁은 길이다. 많은 이들이 걷고 있지만, 떠도는 소문이 그리 좋지 않은 길. 별 것 없다고도 하고, 스타일이 영 그렇다는 말도 있다. 젊은 사람이 찾기에는 구식이라고도 한다. 그러나 많은 길이 그러하듯, 직접 가보기 전까지는 함부로 단정할 순 없다. 직접 밟아보고, 직접 만져보고, 내가 직접 맛을 보고, 평가는 그때 해도 늦지 않을 것이다. 가까이 있지만 걸어보지 않은 길, 3대지 설교로의 여행이 행복하기를 바란다. 유의할 점, 필자처럼 회심하게 될지도 모르니 조심하기 바란다.

끝으로 책을 내면서 고마움의 인사를 드려야 할 분들이 있다. 부족한 글을 귀하게 여겨서 출판하도록 인도해준 좋은 친구 박신웅 목사님께 먼저 고마움을 전하고 싶다. 가끔 일거리를 주는 것이 부담스럽기도 하지만, 얼마나 행복한 짐인지 모른다. 읽고 또 읽고 예쁘게 다듬어 준 이창호 목사와 총회교육원 식구들께도 감사를 드린다. 설교의 길을 처음 가르쳐 주시고 과분한 격려로 응원해주신 서울서문교회의 한진환 목사님께 지면을 빌려 감사를 드린다. 흔치 않은 기회일 듯하여, 지면이 주는 공손함을 담아 부족한 목사와 함께 해준 성도들에게, 그리고 사랑하는 가족에게 고마움을 전한다. 솔리 데오 글로리아.

Easy
Preaching

easy

1장

3대지 설교의 강점

– 나는 왜 3대지 설교를 하는가?

**Easy
Preaching**

1장

3대지 설교의 강점
– 나는 왜 3대지 설교를 하는가?

　3대지 설교에 대한 비판들이 꽤 있다. 그중에는 비난이라 부를 만한 강한 비판도 있다. 어떻게 할 것인가? 3대지를 포기할 것인가? 그건 너무 섣부른 판단에다 경솔한 처신이다. 무언가에 대한 비판이 때로는 그것을 버려야 할 이유가 되기도 하지만, 일반적인 경우는 보다 나은 모습으로 다듬는 길잡이가 된다. 교회에 대한 비판이 있다고 해서 교회를 포기할 수는 없지 않은가. 물론 3대지 설교가 주님의 몸인 교회와 비견될 만큼 포기불가의 보물은 아니지만 말이다.
　3대지 설교에 대한 비판들은, 필자의 판단에는, 충분히 해결 가능한 비판들이다. 보다 건강한 3대지로 다듬어 가는 데 참조할 훈수 수준의 조언들이다. 게다가 대부분은 3대지에만 해당하는 훈수가 아니라, 모든 설교 형식이 참조해야 할 일반적인 훈수들이다. 그리고 상당수는 3대지에 대한 오해에서 기인한 잘못된 비판들로 판단된다. 3대지를 포기해야 할 만큼 무겁고 매서운 비판은 만나본 적이 없다. 여기 3대지에 대한 대표적인 비판을 소개하고 필자의 입장에서 변호하겠다. 이어서 3대지가 가진 소중한 강점들을 소개하겠다.

비판 하나, 짜깁기 설교 vs. 한 지붕 세 기둥

우선 짜깁기다. 3대지 설교를 향한 가장 흔한 비판은 세 편의 설교를 한데 붙여놓은 짜깁기라는 비판이다. 자투리 옷감을 얼기설기 엮은 밥상보 같은 설교라고 할까. 대지 하나하나가 각기 한 편의 설교가 될 수 있는데 억지로 한데 엮어놓은 짜깁기라는 비판이다.[1]

대답하면, 설교가 짜깁기가 되어서는 안 된다는 데는 필자도 적극 공감한다. 그런데 3대지 설교가 곧 짜깁기 설교(3대지=짜깁기)라는 비판에는 결코 동의할 수 없다. 물론 짜깁기 3대지가 더러 있다. 세 편으로 나누어야 할 메시지를 첫째 둘째라는 연결어로 억지로 묶어놓은 3대지 설교가 현실적으로 분명히 존재한다. 그러나 그건 어디까지나 나쁜 3대지, 다른 말로 완성도가 떨어지는 엉성한 3대지에 해당하는 말이지, 3대지 설교 자체가 짜깁기는 아니다. 일부 엉성한 3대지 설교의 잘못을 가지고 3대지 전체를 짜깁기로 보는 것은 전형적인 일반화의 오류다. 엉성한 짜깁기는 다른 형식에도 얼마든지 존재한다. 바람직한 설

---

[1] 강해설교 이론의 고전으로 통하는 해돈 로빈슨(Haddon Robinson)도 "sermonett"이라는 이름으로 짜깁기 설교를 비판하였다. Haddon Robinson, *Biblical Preaching* (Grand Rapids: Baker, 2001), 34-35.

교는 모름지기 짜깁기가 아니라, 하나의 단일 주제를 중심으로 일사분란하게 조직된 일체형 설교다. 짜깁기는 모든 설교가 극복해야 할 문제이지, 3대지만의 독특한 문제는 아니다.

3대지가 왜 짜깁기라는 오해를 받을까? 필시 3이라는 숫자가 단초가 되었을 것이다. 원포인트는 하나이고 3대지는 셋이니, 3대지는 짜깁기라는 단순 논리로 보인다. 그런데 같은 3이라도 '한 지붕 세 가족'과 '한 지붕 세 기둥'은 구별되어야 한다. 한 집에 세 가족이 얽혀 사는 형국이라면, 명백히 혼란스러운 짜깁기다. 집을 두 채(설교 두 편) 더 마련하여 독립하는 게 상책이다. 그러나 같은 셋이지만 세 가족이 아니라 세 기둥일 경우는 얘기가 달라진다. 각 기둥을 위해 따로 집을 마련한다면, 이는 상책이 아니라 집의 붕괴를 의미한다. 세 기둥은 상호 유기적인 연결로 인해 실상 하나이기 때문이다. 3대지가 추구하는 3은 혼란스러운 '한 지붕 세 가족'이 아니라 긴밀한 일체를 이룬 '한 지붕 세 기둥'이다.

핵심은 통일성이다. 짜깁기 비판은 3대지 설교가 빠지기 쉬운 함정을 잘 지적해주는데, 통일성이 흐트러져서는 안 된다는 것이다. 이는 3대지만의 문제는 아니며, 모든 설교가 갖추어야 할 조건이다. 이상적인 설교는 모름지기 하나의 단일 주제를 중심으로 긴밀한 통일성을 유지해야 하는바, 세 개의 구별된 대지를 가진 3대지 설교도 통일성에 유념해야 한다. 기둥 셋을 유기적으로 연결해야 한다. 쉬운 작업은 아니지만, 못할 것도 없다. 많은 설교자들이 걸어온 길이고, 지금도 많은 3대지 설교자들이 걷고 있는 길이다.

브라이언 채플Bryan Chapell은 anchor-magnet 방식을 통해 짜깁기를 극복한다. 대지에서 반복되는 부분을 anchor(닻)라 부르고 각 대지의 고유한 부분을 magnet(자석)이라 부르는데, 이름이 암시하는 대로 anchor를 통해 짜깁기를 극복한다. 예를 들면 다음과 같다. (밑줄이 anchor)

주제: **예수님이 구원의 유일한 소망이기에 우리는 언제나 그리스도를 설교해야 한다.**
첫째, 예수님이 구원의 유일한 소망이기에
우리는 어려운 상황에서도 그리스도를 설교해야 한다.
둘째, 예수님이 구원의 유일한 소망이기에
우리는 어려움에 처한 사람들에게도 그리스도를 설교해야 한다.
셋째, 예수님이 구원의 유일한 소망이기에
우리는 우리 자신이 어려움에 처해 있을 때도 그리스도를 설교해야 한다.[2]

채플의 방식은 3대지가 통일성을 확보하는 가장 고전적인 방식으로, magnet의 원심력으로 풍성한 메시지를 전하면서도 anchor의 구심력으로 통일성을 지켜낸다. 자칫 magnet의 원심력을 제어하지 못하면 짜깁기로 흐를 수 있지만, anchor의 구심력이 하나로 모아낸다. 보다 깔끔한 방법은 우산 질문이다.[3] 우산 질문은 3대지 설교에서 설교 전체를 이끄는 지휘 질문인데, 위 설교를 우산 질문을 중심으로 재편하면 다음과 같다.

---

2 Bryan Chapell, *Christ-Centered Preaching* (Grand Rapids: Baker, 1994), 146.
3 우산 질문에 대해서는 3장을 참조하라. 채플은 분석질문(analytical question)이라 부른다.

주제: 예수님이 구원의 유일한 소망이다.
〈우산 질문〉 그렇다면 우리는 어떻게 해야 할까?
첫째, 어려운 상황에서도 그리스도를 설교해야 한다.
둘째, 어려움에 처한 사람들에게도 그리스도를 설교해야 한다.
셋째, 우리 자신이 어려움에 처해 있을 때도 그리스도를 설교해야 한다.[4]

각 대지가 얼핏 자유로이 뛰어노는 소처럼 보여도, 우산 질문이라는 하나의 말뚝에 매이는 구조다. 우산 질문을 중심으로 셋이 하나로 모인다. 이외에도 3대지의 통일성을 확보할 수 있는 장치는 다양하다. 대지 상호간의 긴밀한 연계를 통해 통일성을 확보하거나, 이미 통일성을 확보한 외부 틀을 도입하여 3대지에 통일성을 부여할 수도 있다. 요컨대 3대지 설교는 짜깁기의 함정을 충분히 피해갈 수 있다.

비판 둘, 명제형 왜곡 vs. 메시지 선명화

두 번째 비판은 '명제형 왜곡'이라는 말로 요약될 수 있다. 해석적인 측면의 비판인데, 풀이하면 '명제형' 대지를 뽑는 과정에서 본문 메시지의 '왜곡'이 일어날 수 있다는 비판이다. 3대지 설교는 대체로 명제형 주제 하나에 명제형 대지 셋으로 구성된다. 성경에는 내러티브를 비롯하여 시와 서신서, 율법 등 다양한 장르가 등장한다. 그런데 3대지 설교자는 장르에 상관없이 명제형 주제와 명제형 대지를 뽑아내는데,

---

[4] 채플은 축약형(shoter form)이라는 이름으로 거의 유사한 개요를 제시한다. 위의 책, 148.

여기서 해석학적인 오류가 발생할 수 있다는 것이다. 서신서와 율법은 그 표현 방식이 이미 명제형이니 상관없지만, 내러티브와 시 경우에는 언어 형태가 변화되면서 메시지의 왜곡이 동반될 수 있다는 우려 섞인 비판이다.

그런데 과연 그러한가? 메시지를 담는 그릇, 혹은 언어 형태의 변경이 의미의 왜곡을 초래하는가? 그렇다고 보기는 어렵다. 그릇이 바뀐다 해서 내용물이 변질되지는 않는다. 영어를 한국어로 번역한다 해서 메시지가 왜곡되지는 않는다. 미세한 차이는 발생할 수 있지만, 왜곡이라 부를 만한 현저한 변질이 발생한다고 보기는 어렵다. 사도행전 2장의 "각 사람이 난 곳 방언으로 듣게" 된 사건을 보라. 다양한 언어에 담겼지만 동일한 복음이 선포되었다. 언어는 변해도 의미는 보존되었다. 그렇지 않았다면 같은 복음으로의 회심이 불가능하였을 것이다. 만일 언어 형태의 변화가 메시지 왜곡을 초래한다면, 주님의 첫째 명령은 필시 "헬라어와 히브리어를 배우라"였을 것이다.

장르도 마찬가지, 장르가 변한다고 의미의 왜곡이 일어난다고 보기는 어렵다. 장르는 메시지를 담는 틀이지, 그 자체가 메시지는 아니다.[5] 그릇이 음식은 아니지 않은가. 같은 음식을 다른 그릇에 담아낼 수 있듯이, 같은 메시지가 충분히 다른 장르에 담길 수 있다. "회개하라"는 동일한 메시지를 가지고, 주님처럼 단도직입으로 "회개하라. 천국이 가까웠느니라."고 외칠 수도 있지만, 나단 선지자처럼 "한 성읍에 두

---

5 장르와 틀의 중요성을 강조하기 위해, 장르도 메시지고 틀도 메시지라고 주장하는 이들도 있다. 그러나 이는 말 그대로 장르의 중요성을 강조하는 일종의 수사적 표현이지, 곧이곧대로 진실이라고 보기는 어렵다.

사람이 있는데"삼하 12:1 이하 하면서 이야기에 담아낼 수도 있다. 물리적인 모양은 분명히 차이가 난다. 그렇지만 그 안에 화학적인 변화가 일어났다고 보기는 어렵다. 다른 말로, 장르의 변화가 모종의 차이를 일으키는 건 사실이지만, 그 차이가 의미 왜곡이라 부를 정도의 과격한 차이는 아니다.

만일 틀의 변화가 의미의 왜곡을 초래한다면, 우리는 설교하면 안 된다. 성경 본문을 그대로 낭독해주는 것 외에 설교자가 할 수 있는 일이 없다. 아무리 장르를 존중하는 설교자라 해도, 설교문이 성경 본문과 동일할 수는 없기 때문이다. 설교도 하나의 독립된 장르로서, 설교단에 오르는 순간 필연적으로 본문의 장르 변화가 일어난다. 그럼에도 불구하고 주님이 우리에게 말씀 낭독을 넘어 말씀 선포를 명하시는 것은, 의미의 왜곡이라는 우려가 충분히 봉쇄될 수 있다고 판단하시기 때문일 것이다. 그렇지 않다면 주님은 녹음테이프를 보내셨지 인간 설교자를 보내시지 않았을 것이다. 요컨대, 틀의 변화는 말 그대로 틀의 변화일 뿐, 메시지의 왜곡은 아니다.

한걸음 더 나아가, 장르의 구분 없이 명제형 대지를 얻는 것은 본문의 왜곡이 아니라, 오히려 메시지의 선명화다. 예를 들어, 내러티브 본문에서 명제형 주제와 명제형 대지를 뽑아내는 것은 본문의 왜곡이 아니라, 오히려 내러티브의 의미를 선명하게 드러내는 과정이라는 말이다. 요한복음이 좋은 예가 된다. 요한복음의 주된 장르는 다른 복음서와 마찬가지로 내러티브다. 내러티브 이야기 형식으로 예수님의 사역을 소개하는데, 말미에 언어 형태를 바꾸어 명제 형태로 메시지를 요약한다. "예수는 하나님의 아들 그리스도이시다."요 20:31 이 명제가 요한복음 내러티브의 메시지를 왜곡하는가? 결코 아니다. 오히려 내러티브의 의미를 선명하게 드러낸다. 명제형 대지와 명제형 주제 확보는, 지양해야 할 의미의 왜곡이 아니라 오히려 적극 권장해야 할 의미의 선명화다.

내러티브는 자칫 무분별한 오해석의 희생물이 될 수 있다. 다양한 해석의 여지를 풀어놓는 이야기의 특성 때문에, 독자 혹은 청중이 자의적으로 해석할 수 있다. 그래서 지혜로운 저자, 지혜로운 설교자는 내러티브의 의미를 분명한 명제로 요약해 준다. 요한도 그랬지만 지혜로운 선지자 나단도 그렇게 한다. 두려운 마음으로 다윗 왕 앞에 선 설교자 나단은 한 이야기로 오늘의 설교를 시작한다. 이야기가 재미가 있었던지, 일인 청중 다윗이 폭 빠져든다. 묘한 것은 이야기 속으로 폭 빠져 들면서도, 거의 잠수하듯 이야기에 젖어들면서도, 정작 이야기의 의미는 제대로 간파하지 못한다. 이해 없이 그저 몰입할 뿐이다. 결국 설교 말미에 나단이 명제형 문장으로 선명하게 짚어준 뒤에야 비로소 메시지를 제대로 깨닫는다. "당신이 그 사람이라!" 이 마지막 문장이 없었다고 가정해 보라. 어쩌면 그날의 설교가 실패했을지도 모른다. 명제형 주제는 메시지의 왜곡이 아니라 전달 실패로부터 메시지를 보호하는 보호 장치다.

명제는 가장 선명한 언어 형태다. 돌아가는 법이 없고, 어설픈 비유도 없다. 손가락으로 정확하게 지목하며, 전하는 메시지를 정공법으로 가장 선명하게 표현한다. 모든 설교 언어가 명제형일 필요는 없다. 그래서도 안 된다. 명제로 가득한 설교는 퍽퍽한 모래알과 같이 메마를 수 있다. 좋은 설교를 위해서는 이야기와 시, 때로는 내레이션이나 대화 등 다양한 언어 형태를 동원하는 게 바람직하다. 그러나 설교의 골격은 단연 명제형 문장이어야 한다. 다른 말로, 설교의 주제와 대지는 반드시 명제형 문장으로 기술되어야 한다. 그러지 않으면 설교가 방향을 잃어버린다.

몹쓸 부자 이야기는 다윗의 마음을 준비시키는 좋은 도구였다. 그러나 명제형 메시지가 없었다면 정확한 메시지 수납은 불가능했을 것이다. 내러티브 혹은 이야기가 커뮤니케이션의 에너지라면, 명제는 커뮤니케이션의 방향타다. 힘센 설교와 더불어 설교의 불가결한 요소는 정확성이다. 어쩌면 힘보다 앞서는 보다 근본적인 요소가 정확성이다. 설교의 항해에 있어서, 내러티브가 강력한 힘을 제공한다면, 명제는 정확한 방향을 지시한다. 주종을 따지는 것이 어폐가 있지만, 굳이 따진다면 명제가 주인이요, 내러티브는 힘으로 주인을 섬기는 자리에 서야 한다. 그래야 설교가 길을 잃지 않는다. 요컨대 3대지가 실천하는 명제형 주제와 명제형 대지의 확보는 본문 메시지의 왜곡이 아니라 오히려 선명화다. 명제는 내러티브의 의미가 왜곡되거나 내러티브의 힘이 낭비되는 걸 막아주는 방향타다.

비판 셋, 낡은 형식 vs. 검증된 형식

3대지 설교 비판에 자주 쓰는 또 하나의 용어는, 낡음이다. 오래되고 낡은 형식이니 이제는 버려야 한다는 것이다. 신형 스마트폰에 밀린 폴더폰처럼 이제는 구식이 된 3대지를 버리고 새 시대에 걸맞은 새로운 형식으로 바꾸어야 한다는 주장이다. 일리 있는 주장이다. "새 포도 주는 새 부대에"라는 성구도 떠오른다. 그러나 기억해야 할 것이, 오래되었다 해서 반드시 낡은 것은 아니다.

'낡은' 것과 '오래된' 것은 구별되어야 한다. 낡은 것은 대체로 오래된 것들이지만, 오래된 것이 반드시 낡은 것은 아니다. 연식은 오래되었어도 여전히 생생한 자동차도 있고, 음악이나 문학 분야에는 세월이 갈수록 오히려 가치를 더해가는 고전들도 많다. 나이는 숫자에 불과하다고 했던가, 연세 드신 어르신들 중에는 그 생각이 젊은이보다 훨씬 진취적인 분들도 많다. 거기에 오랜 경험과 연륜까지 더해지면, 제아무리 젊은 천재도 감히 명함 내밀기 힘든 내공이 나온다.

3대지는 낡은 형식인가, 오래된 형식인가? 오래된 형식임에 틀림없지만, 결코 낡은 형식은 아니다. 학적인 논의에서는 혹 한물간 낡은 형식일지 몰라도, 현장에서는 아직도 풋풋한 생기를 지닌, 심지어 갈수록 내공을 발휘하는 노익장 형식이다. 필자 역시 한 때 오래된 연식만 보고 3대지라는 구형차를 기피하였지만, 이제는 그 어떤 신형보다 3대지를 사랑한다. 직접 타보니 다른 차보다 훨씬 쌩쌩 잘만 달리는데 어찌 버릴 수 있으랴. 그야말로 구관이 명관이다. 묵은 땅을 기경하라고 했던가, 조강지처는 버리는 게 아니다. 단지 의리로만 붙드는 게 아니다. 그만한 사람이 없고, 그만한 땅이 없기 때문이다.

설교 형식에도 고전classic이 있다면, 필시 3대지일 것이다. 문학과 음악에서 오랜 세월 그 가치가 인정되고 사랑받는 고전이 있듯이 설교 형식에도 고전이 있다면, 단연 3대지가 아니겠는가. 언젠가 한 설교 세미나에서 발표자가 3대지 설교를 강하게 비판하는 것을 본 일이 있다. 그런데 아이러니하게도 그분은 3대지 형식으로 3대지를 비판하였다.

"첫째, 3대지는 이래서 안 좋고, 둘째, 저래서 안 좋고, 마지막으로 셋째, 3대지는 이런 이유로 더 이상 사용하기 곤란합니다." 3대지에 대한 비판을 듣고 있는데, 오히려 3대지에 대한 확신이 더 드는 순간이었다.

무언가가 오랜 세월 사람들의 사랑을 받는 데는 그만한 이유가 있다. 이론적인 거부감에도 불구하고 3대지가 현장에서 꿋꿋하게 살아남아 있는 데는 그 안에 그만한 강점이 있기 때문이다. 3대지에는 버리기엔 너무나 아까운 소중한 강점들이 많이 있다. 함부로 버리지 말고, 그 강점들을 적극 활용하여야 할 것이다. 필자가 생각하는 3대지의 강점을 여기 소개한다.

강점 하나, 명료성 – 예술성보다 앞서는 커뮤니케이션의 생명

우선, 명료성이다. 3대지 설교의 최대 강점은 명료성이다. 명료한 하나의 주제를 중심으로, 세 개의 명료한 대지로 구성된 3대지는, 그야말로 명료한 설교다. 이보다 더 명료할 수는 없다. 설교를 포함한 모든 커뮤니케이션의 목표는 전달이고, 전달의 생명은 명료성이다. 그런 점에서 이런저런 비판에도 불구하고, 3대지는 매우 탁월한 설교 형식이다. 주어진 역할에 매우 충실한 형식이다. 요리 잘하는 요리사, 골 잘 넣는 축구선수에 비길 만한 3대지의 자랑스러운 이름은 명료한 설교다.

명료성의 상대 개념으로 예술성을 들 수 있다. 현대 설교학은 예술성을 중시하는 듯한데, 좋은 일이라 생각한다. 설교가 예술은 아니지만 설교에 예술성이 가미된다면 의미 있는 도움이 될 것이다. 주님의 복음은 은혜롭기도 하지만 아름답기도 하다. 하나님의 창조는 웅장하기도 하지만 심미적인 아름다움도 물씬 풍긴다. 그런 점에서 하나님의 말씀이 아름다운 예술의 그릇에 담기는 것은 적절한 조합으로 보인다.

그러나 이 대목에서 필자가 힘주어 말하고 싶은 것은, 아름다움과 명료함 중에 하나를 선택하라면 주저 없이 명료함을 택할 것이라는 사실이다. 설교는 예술이 아니라 전달이고, 설교자는 예술가가 아니라 메신저이기 때문이다. 메신저의 제일책무는 정확하고도 분명한 전달이다. 충분히 명료하면서도 거기에 더하여 아름답기까지 하다면야 별 문제 없겠지만 아름다움을 위해서 명료함을 조금이라도 포기해야 한다면, 필자는 기꺼이 그 아름다움을 포기할 것이다. 요리사의 손놀림이 꼭 예술적일 필요는 없지 않은가. 축구선수의 유니폼이 꼭 이태리풍일 필요는 없다. 유니폼은 단정하면 되고, 발놀림은 정확하면 된다. 설교가 꼭 예술적일 필요는 없지 않은가. 성도들의 가슴에 선명한 메시지를 정확하게 새기는 것이 급선무다.

아름다움과 더불어, 설교의 감동도 설교의 명료성에 앞설 수는 없다. 감동이 있는 설교가 좋은 설교라는 데 토를 달 생각은 없다. 감동이 있는 설교가 힘이 있고, 청중의 변화라는 설교의 목표에 한걸음 더 나아간 설교라고 인정한다. 감동적인 예화 하나가 설교에 얼마나 큰 힘이 되는지 필자도 잘 안다. 그러나 필자의 판단에, "힘만 센 야생마보다 잘 길들여진 나귀가 좋다."[6] 감동의 눈물은 있는데, 선명한 메시지가 없는 설교는 길들여지지 않은 야생마에 불과하다.

---

6 필자의 『되고 설교학』, 91.

설교에 반드시 감동의 눈물이 있어야 하는 건 아니다. 있어서 나쁠 건 없지만 없다고 그리 아쉬울 것도 없다. 메시지에 따라서는 전혀 다른 열매를 거둘 수도 있다. 조금 앙상한 듯 분명한 교리적인 확신도 설교가 추구할 좋은 열매다. 써늘한 두려움의 열매도 요긴하고, 때로는 조직적인 저항도 좋은 설교가 거둘 수 있는 열매 가운데 하나다. 저항, 최고의 설교자 예수님이 거둔 열매였다. 주님의 설교를 들은 유대인들이 돌을 들어 치려고 하지 않았던가. 설교가 실패해서 빚어진 일이 아니다. 진리의 말씀이 매우 선명하게 선포되었기에 돌아온 열매였다. 요컨대 설교자가 추구해야 할 목표는 감동의 눈물 이전에 정확한 전달이다.

그래서 아직도 3대지다. 조금 투박하고 때로 도식적으로 보여도 누구도 범접할 수 없는 명료성으로 인해 3대지 설교는 아직도 살아있고, 앞으로도 살아있어야 한다. 예술적인 향취가 조금 덜해도, 청중을 밀고 당기는 긴장감이 조금 덜해도, 선명함 하나만으로도 3대지의 가치는 결코 무시될 수 없다. 물론 여기에는 전제가 있는데, 3대지 설교자가 선명한 대지에 선명한 주제를 확보해야 한다는 것이다. 3대지 설교를 한다는 것 자체만으로 선명성이 보장되지는 않는다. 주행선을 반듯하게 그려놓았다 해서 차량이 반듯하게 가리라는 보장은 없다. 그러나 적어도 3대지는 선명한 설교를 향한 매우 안정된 주행선이다. 이 선을 따라 많은 설교자들이 선명한 주제를 확보하고, 선명한 대지를 확보하고, 그래서 선명한 설교를 실천할 수 있기를 바란다.

강점 둘, 메시지의 완성도 – 완료감을 주는 최소 다수인 3!

둘째는 메시지의 완성도다. 왜 하필 3대지냐고 묻는다면, 그 안에 묘한 완성감이 있기 때문이다. 3대지라 해서 반드시 세 개의 대지로 구성될 필요는 없다. 때로 2대지도 좋고 4대지도 가능하다. 그러나 3이란 숫자에는 묘한 매력이 있다. 경험상 가장 알맞고 이상적인 숫자다. 한 신문에 흥미로운 글이 실렸다. 2013년 3월 3일자 칼럼인데, 제목이 "3의 마력"이다.

> 3은 '최소 다수'가 주는 충분함과 간명함에서 비롯된 몇 가지 마력이 있다. 우선 최소 3은 돼야 다수라 할 수 있다. 더 많으면 번거로워 과유불급이다. 세 가지면 충분히 다 말하면서도 집중도를 높일 수 있다….
>
> 세 사람이면 호랑이도 만들어낸다. 사람 많은 시장 거리에 호랑이가 나타났다고 한두 사람이 말하면 믿지 못하던 사람도 세 사람이 말하면 믿게 된다. 〈한비자〉에 나온 이야기다. 실제로 한 방송국이 실험을 했다. 먼저 거리에서 한 명이 한 방향을 쳐다보게 했다. 행인들은 무관심했다. 두 명이 쳐다보아도 별 반응이 없었다. 그러나 세 사람이 한 방향을 쳐다보고 있자 행인들도 따라서 쳐다보았다. 3은 일종의 티핑포인트였다….
>
> 삼국지 이야기는 '유비, 관우, 장비'의 3인이 도원결의를 함으로써 시작된다. 이들은 제갈량을 세 번 찾아가서야 그의 마음을 얻었다…. 3자 정립은 상호 견제와 균형으로 역동적 안정성을 갖는다. '세 가지'의 실용성, 최초 또는 핵심 '3인'의 힘, 그리고 창의적이고 역동적인 '제3'에 주목해 본다.[7]

---

7 김태희 실학 21연구소 대표가 쓴 경향신문 2013년 3월 3일자 칼럼에서 발췌.

그러고 보면 3이라는 숫자는 우리 안에 깊숙이 의미 있게 들어와 있다. 가위 바위 보도 셋이고, 가장 안정된 삼발이도 다리가 셋이다. 삼단논법도 3이고, 정반합正反合도 셋이다. 하다못해 달리기 출발할 때도 하나 둘 셋! 우리 사는 이 땅에 유독 3의 향취가 강하다. 신앙의 세계에 들어와서도 별반 차이가 없다. 우리가 섬기는 하나님은 삼위 하나님이시고, 그분이 세우신 직분도 선지자, 제사장, 왕, 셋이다. 예수님의 설교도, 선한 사마리아인의 비유를 보면 제사장, 레위인, 사마리아인 도합 셋이 등장하는데, 어린 시절 자주 들던 돼지 3형제 이야기와 곰 세 마리 이야기의 3과 겹쳐 보인다. 달란트 비유도 다섯 달란트, 두 달란트, 그리고 한 달란트, 해서 묘하게도 3이다. 중간에 세 달란트 혹은 네 달란트도 넣으실 수 있을 텐데, 꼭 3이다. 마귀도 무언가 낌새를 챘는지, 주님을 시험할 때 세 가지 시험을 한다.

왜 3이냐고 묻지 말라. 이건 선택 이전에 주어진 환경이다. 이론의 문제 이전에 경험이다. 매주 설교와 씨름하면서, 3의 묘한 매력을 자주 경험한다. 3이라는 숫자에는 설명하기는 힘들지만 묘한 안정감과 완료감이 있다. 2대지로는 무언가 모자라고, 4대지는 다소 넘치고, 유독 3대지가 적합하다. 물론 주제에 따라서 2대지가 깔끔한 경우가 있고, 4대지의 풍성함이 요긴한 때도 있다. 그러나 보편적인 대지 수를 말하건대 묘하게도 3이 꽉 찬다. 그러니 무슨 본문이든 3대지를 뽑아내는 3대지 마니아를 너무 나무라지 말라. 그가 3을 택한 게 아니라, 어쩌면 3이 그를 호출했는지도 모른다. 이야기의 완성도와 메시지의 완결성에 3이 가지는 의미는 어쩌면 우리의 본성에 내재되어 있는지도 모른다.

한걸음 물러나 해석학적인 질문을 던져보자. 설교 본문이 3대지를 요구할까, 아니면 설교자가 본문에 3대지를 강요할까? 좋은 설교는 건실한 본문 해석에 기초해야 한다. 그런 의미에서, 3대지는 건실한 해석의 결과물일까, 아니면 3대지 애호가의 임의 편성의 결과물일까? 상당수 3대지 비판자들은 후자를 생각하는 듯하다. 3대지 설교는 정직한 본문 해석의 결과가 아니라, 본문을 임의로 3대지라는 격자에 우겨넣은 결과로 보는 듯하다. 그런데 필자의 경험으로는 결코 그렇지 않다. 본문이 적극적으로 3대지를 요구하는 목소리를 자주 듣는다. 위에서 언급한 예수님의 비유와 마귀의 세 가지 시험처럼 애초에 물리적으로 3이라는 격자로 제시된 본문도 많고, 외형적인 모양과 상관없이 내재적인 흐름이 3대지를 요구하는 본문들이 많다. 내가 3대지를 강요하는 게 아니라 본문이 나에게 3대지를 요청한다는 느낌을 자주 받는다.

이제 한걸음 나아가 설교학적인 질문을 던져보겠다. 3대지는 생각의 흐름, 혹은 인간의 사고 구조에 잘 부합하는가? 필자의 생각은, 그렇다. 많은 설교학자들이 조언하기를, 대지를 구성할 때는 본문의 흐름보다 생각의 흐름을 중시하라고 강조한다. 그래야 효과적인 설교가 이루어질 수 있기 때문이다. 그런 의미에서 3대지는 지금도 매우 중시되어야 할 설교 형식이라고 주장하는 바이다. 앞서 소개했듯이, 3이라는 숫자는 우리의 사고 구조 깊숙이 자리를 잡고 있다. 밖으로는 정반합과 3단 논법, 안으로는 주님의 비유까지, 설득과 메시지 선포의 세계에 3이 차지하는 자리는 묘하고도 큼지막하다. 묘한 안정감과 완료감을 품은 숫자가 3이다. 물론 3대지를 독보적인 설교 형식으로 절대시할 생각은 없다. 다만 억울한 누명을 쓰고 그 가치를 제대로 인정받지 못하는 한 설교 형식을 구명하고 싶다. 지금도 충분히 활용 가능한 매우 유용한 설교 형식의 하나로 3대지를 소개하는 바이다.

강점 셋, 소그룹 효용성 – 청중을 배려한 형식

3대지 설교의 세 번째 강점으로, 소그룹 효용성을 꼽고 싶다. 성도들이 설교를 듣고, 설교 내용을 소그룹에서 활용하기에, 다른 설교 형식보다 3대지가 편리하다는 말이다.

필자가 3대지로 '회심'하게 된 결정적인 계기가 있었는데, 3대지 설교의 대가로 알려진 한 설교자의 목회 컨퍼런스였다. 그가 3대지 설교를 하는 이유를 설명하는데, 특이하게도 소그룹 이야기를 했다. "제가 3대지 설교를 하는 큰 이유가 소그룹입니다. 대지가 셋은 돼야 성도들이 서로 나누기가 편해요. 한 사람은 첫째 대지에 대해 나누고, 다른 사람은 두 번째 대지, 또 다음 사람은 세 번째 대지에서 얻은 깨달음을 나눌 수 있어요. 대지가 하나뿐이면, 내용이 겹쳐서 성도들이 나누기가 어렵잖아요." 정확한 초록은 아니지만 대략 이런 이야기였는데, 신선했다. 심지어 충격적이었다. 설교 형식을 결정하는 데 소그룹 활동을 고려하다니, 그래서 대가인가 보다.

설교 형식을 결정하는 기준으로 설교학은 대체로 장르와 주제를 지목한다. 본문의 장르를 잘 반영하는 형식, 그리고 오늘 설교의 주제를 잘 드러내는 형식이 좋은 형식이라는 지침이다. 드물게는 설교자의 취향과 은사가 거론되기도 하는데, 본문과 주제도 중요하지만 설교자의 개성과 은사에 잘 맞는 형식이 좋은 설교 형식이라는 말이다. 현장 경험에 비추어 의미 있는 지침이라고 생각된다. 요약하면, 설교 형식을 결정할 때는 본문의 장르, 설교의 주제, 그리고 설교자의 은사를 고려하라는 말이다. 그런데 놀랍게도 그날의 강사는 여기에 소그룹 활용을 끌어들였다. 설교 형식을 결정함에 있어, 본문이나 주제와는 전혀 다른 차원인 소그룹 나눔을 고려한 것이다. 신선한 제안이었고, 꽤 충격적이었다. 필자의 독서량이 부족하지만 설교학 교과서에서는 이런 제안을 만나본 기억이 없다.

어떤 제품을 만들 때의 기본은 제품의 용처에 대한 고려다. 이 제품이 어떤 용도로, 어디에서 사용될지를 고려하면서 제품을 만들어야 한다. 재료의 특성(본문의 장르)을 고려하는 것도 중요하고, 작업자의 취향(설교자의 개성)을 고려하는 것도 의미가 있지만 그보다 더 적극적으로 제품이 사용될 용처를 고려하는 것이 원칙이다. 등산 장비를 만든다면 산의 상황을 고려해야 하고, 잠수 용품을 만든다면 당연히 물을 고려해야 한다. 원단에서부터 디자인까지, 그 제품이 사용될 환경과 상황을 꼼꼼하게 고려해야 한다.

그렇다면 설교라는 제품이 사용될 용처(이해를 돕기 위함이니, 다소 세속적으로 표현하는 것을 양해하기 바란다)는 어디일까? 설교의 일차적인 용처는 예배다. 예배 안에서 설교가 선포되고, 예배 안에서 성도들이 설교를 듣는다. 그러니 설교(제품)를 준비(제작)할 때는, 예배(용처)의 상황을 충분히 고려해야 한다. 어느 정도 인원에, 어떤 구성의 청중이, 어떤 분위기 속에서 설교를 듣게 될지를 감안해야 한다. 젊은 성도 수천 명이 모이는 상황과, 연로하신 어른 수십 명이 모인 예배는 그 성격이 매우 다르며, 따라서 설교도 조금 다르게 준비되어야 한다. 혹자는 성도 한 명을 앞에 두고도 만 명 앞에 선 듯 설교하라고 조언하는데, 의도는 충분히 공감하지만 설교학적으로는 그리 지혜롭지 못하다. 설교를 준비하는 정성은 동일하지만, 목소리 톤이나 메시지의 흐름과 구성은 달라야 한다. 적극 아멘으로 화답하는 청중을 향한 설교와, 그저 고요히 묵상하며 듣는 청중을 향한 설교는, 조금 다르게 준비하는 것이 지혜가 아니겠는가. 용처에 대한 고민은 설교 준비에도 지혜로운 항목일 것이다.

그런데 설교의 용처가 오직 하나만 있는 것은 아니다. 제품에 따라 복수 용처가 있을 수 있는데, 설교도 그러하다. 예배 외에 또 하나의 용처가 있으니, 소그룹이다. 소그룹이 없는 교회는 거의 없다. 이름과 형식은 다소 차이가 있지만, 목회의 주요한 일부로 교회마다 소그룹 활동이 이루어진다. 별도의 교재를 가지고 모이기도 하지만 상당수 교회는 주일설교를 활용한다. 말하자면, 소그룹이 설교의 2차 용처가 되는 셈이다. 그런데 필자를 비롯하여 설교 준비에 이를 고려하는 설교자는 그리 많지 않다. 그런 의미에서 "제가 3대지 설교를 하는 큰 이유가 소그룹입니다. 대지가 셋은 돼야…" 목회적인 혜안이 돋보이는 고민이 아닌가. 그에게 설교는 예배 안에서 종결되는 단회적 연설이 아니라 소그룹 활동으로까지 이어지는 목회의 중요 자산이었다.

3대지 설교의 강점 셋, 소그룹 활용에 매우 편리하다. 3대지가 소그룹 활용에 최적화된 형식인지에 대해서는 의견이 다를 수 있다. 소그룹 활용에 더 편리한 형식이 따로 있을 수도 있다. 그러나 설교의 소그룹 활용을 아무도 고민하지 않을 때, 이에 대해 먼저 고민한 귀한 목회자 겸 설교자의 판단을 존중할 필요는 있다. "대지가 셋은 돼야 성도들이 서로 나누기가 편해요." 생각하면 그럴 것도 같다. 세 개의 선명한 대지가 제시되기 때문에 각자의 깨달음을 풍성하게 나눌 수 있지 않겠는가. 이런 차원에서도 3대지는 지금도 여전히 사랑받을 가치가 충분한 형식이다.

강점 넷, 변화의 역동성 – 3대지는 살아있다!

3대지 설교의 마지막 네 번째 강점은, 변화의 역동성이다. 3대지는 하나가 아니다. 나무가 하나가 아니고 꽃이 하나가 아니듯, 3대지도 하나가 아니다. 나무라는 이름 안에 얼마나 많은 종류의 나무가 있는가. 꽃이라는 한 글자 이름 안에 철따라 들따라 알록달록 수많은 종류의 꽃들이 존재한다. 기껏해야 빨간 꽃, 노란 꽃밖에 구분할 줄 모르는 꽃 무시자들이 많이 있지만, 하나님이 지으신 꽃들의 종류는 헤아리기 힘들 정도로 다양하다. 그런데 3대지도 그러하다. 나무만큼 꽃만큼은 아니지만, 3대지도 꽤 다양하다.

우리가 알고 있는 3대지가 3대지의 전부는 아니다. 뒤에 이어질 2-5장에서 필자는 3대지의 다양한 형태를 소개할 예정인데, 3대지가 보여주는 변화의 역동성은 그야말로 무궁무진하다. 맛보기로 이름만 소개하면, 주제와 대지의 관계를 중심으로 설명형 3대지, 증명형 3대지, 적용형, 이유 제시형, 탐색형 3대지 등이 있다. 본문과 대지의 관계를 중심으로는 분해형, 수집형, 묶음형, 분석형, 묵상형 등이 있는데,

이 두 범주는 산술적으로 더해지지 않고 곱셈형식으로 증폭된다. 대지와 대지의 관계를 중심으로 대등형 3대지, 점층형 3대지, 진전형, 심지어 반전형, 원리1+실천2형 등이 가능하다. 외부에서 아웃소싱한 유형으로는 육하원칙의 3대지, 이미지, 언어유희, 조금 가벼운 이름으로 돼지 3형제 유형의 3대지도 가능하다.

살아있는 생명체의 특징은 변한다는 데 있다. 기본적인 항상성을 유지하면서도, 미세한 부분에서는 어제와는 다른 변화를 보이는데, 그런 차원에서 필자는 3대지는 살아있는 형식이라고 생각한다. 더불어 지극히 메시지 존중적인 형식이라고 생각한다. 3대지 자체는 무미무취의 중립적인 틀이다. 메시지가 들어와서 자기에게 맞게 구성할 수 있는 일종의 DIY형 틀이다. 3대지가 보이는 변화의 역동성은, 다름 아닌 들어오는 메시지에 스스로를 맞추어내는 적응의 역동성이다. 새롭게 소개되는 현대적인 틀 중에는 이 변화의 역동성이 부족한 것들이 더러 있다. 예를 들어, 문제-해결 구도를 보면, 구조 자체가 선포될 메시지를 어느 정도 제한한다. 우리는 문제 있는 인생이고, 하나님은 우리의 문제를 해결하시는 하나님이라는 메시지로 제한될 우려가 있다. 그런데 3대지는 그렇지 않다. 설명, 증명, 적용, 이유 제시 등 다양한 메시지를 다양한 리듬으로 담아낼 수 있다.

주님은 하나님과 사람을 사랑하라고 하셨는데, 필자는 3대지를 사랑하고 있는지도 모르겠다. 변명하자면, 주님 주신 설교자의 사명을 잘 감당하기 위한 수단으로서의 3대지 사랑이고, 성도들을 말씀으로 잘 섬기는 방편으로서의 3대지 사랑이라고 변명해 본다. 첫째, 둘째, 마지막으로 셋째, 하는 것이 때로는 촌스러워 보이지만 성도들의 가슴에 주의 말씀이 잘 새겨질 수만 있다면 끝까지 이 길을 갈 생각이다. 그리고 원래 시골 출신이라 그리 억울한 말도 아니다.

Easy Preaching

2장

3대지 설교의
3단계 작성법

**Easy
Preaching**

easy

2장

3대지 설교의
3단계 작성법

　　이제 3대지 설교의 작성법 혹은 준비 단계를 소개할 시간이다. 강해설교 작성을 위해 일반적으로 10단계 내외의 준비 단계가 소개되어 있는데, 필자는 현장의 경험을 담아 3단계 작성법을 제안한다. 필자의 3단계 작성법은 10단계 작성법이 요구하는 항목들을 포기하거나 생략하는 게 아니다. 다만 유사한 단계들을 묶은 간소화 모델이다.[1] 무술이나 사격훈련을 할 때, 처음에는 구분동작으로 연습하지만 숙달된 후에는 간소화된 연속동작으로 나아가는 것에 비유할 수 있겠다.

　　단계들을 묶는 기준이 중요한데, 기준은 목표다. 달성할 목표를 중심으로 유사한 단계들을 묶은 결과물이 필자의 3단계 작성법이다. 일반적인 10단계 작성법이 설교자의 '행위', 즉 설교를 위해 무엇을 '해야

---

[1] 「그 말씀」 2011년 8월호 필자의 글 참조.

하는지'에 초점이 있다면, 필자의 3단계는 설교자의 '목표', 즉 설교를 위해 무엇을 '얻어야 하는지'에 집중한다. 각 단계가 왜 있는지, 무엇을 위한 단계인지를 묻고, 같은 목표라면 한 덩어리로 묶을 수 있다는 게 필자의 판단이다. 소개하면 다음과 같다.

〈1단계〉 주제 결정하기
〈2단계〉 대지 결정하기
〈3단계〉 대지 채우기

설교 준비의 최종 목표는 당연히 완성된 설교문이다. 그런데 그전에 먼저 달성해야 할 중간 목표가 있으니, 주제와 대지다. 먼저 일차 목표인 주제를 확보하고, 이어서 이차 목표인 대지를 마련하고, 거기에 살을 채워서 최종 목표인 설교문을 완성하는 흐름이다. 보다시피 그리 생경한 흐름이 아니며, 일반적인 설교 작성의 흐름을 간소화했을 뿐이다. 3대지 설교에 국한된 방식이 아니라, 강해설교 일반의 준비 과정으로 제안한다. 보다 체감적으로 풀어서 표현하면 다음과 같다.

목표 1. '한 문장'으로 주제 잡기
목표 2. '서너 문장'으로 설교의 개요 잡기
목표 3. 다양한 재료로 개요를 채워서 '설교문' 완성하기

건실한 설교를 위해서 10단계 내외의 작성 단계를 꼼꼼하게 거치는 것이 바람직하다. 그런데 때로는 융통성과 노련미가 필요하다. 현장

이기 때문이다. 목회 현장은 늘 변수 투성이고, 그 와중에도 설교는 언제나 제때 그리고 반듯하게 준비되어야 한다. 10단계 작성법이 부담이 될 때도 있다. 단계 자체보다 목표에 집중하는 것이 지혜라고 판단된다. 일차 목표로 주제를 확보하고, 이차 목표로 대지를 마련하고, 이를 토대로 최종 목표인 완성된 설교문으로 나아가는 흐름인데, 현장에서 요긴하게 쓸 수 있는 간소한 스케치라고 자평한다.

각 단계를 보다 상세하게 풀면 다음과 같다.

〈1단계〉 주제 결정하기

1단계는 주제 결정이다. 설교 준비의 일차 목표로, 설교자는 주제를 확보해야 한다. '내가 설교를 준비했다' 혹은 '설교가 준비되었다'는 것이 구체적으로 무엇을 의미할까? 예닐곱 페이지의 설교문을 인쇄했다는 것이기도 하지만 보다 근본적으로는 설교자가 오늘 성도들에게 선포할 한 문장을 확보했음을 의미한다. 설교단에 오르는 설교자는 청중에게 던질 한 문장을 품고 있어야 한다. 설교를 요약하는 한 문장, 이름하여 설교 주제다. 설교 원고가 아무리 예쁘게 준비되어도 이 한 문장이 없다면, 아직 설교를 준비한 게 아니다. 설교문은 준비했을지 모르나 설교를 준비한 건 아니다. 나단 선지자가 다윗 앞으로 나아갈 때, 몹쓸 부자의 이야기만 준비하고 "당신이 바로 그 사람이라!" 이 한 문장을 챙기지 않은 것과 같다. 설교 준비 과정에서 반드시 확보해야 할 1차 목표는 오늘 설교의 주제, 바로 그 한 문장이다.

이 단계에는 소위 10단계 모델의 여러 항목들이 포함되는데, 본문 선택, 본문 연구, 혹은 본문 분석, 여기에 석의 주제 결정하기, 그리고 청중 적용 등이다. 이 모든 절차들을 필자는 '주제 결정하기'라는 하나의 단계로 묶은 것이다. 왜냐하면, 이 모든 항목들이 사실은 하나의 목표를 향해 나아가는 여정에 거쳐 가는 길목들이기 때문이다. 설교자가 본문을 선택하는 이유가 무엇일까? 주제를 결정하기 위해서다. 설교자가 본문을 연구하는 이유는 무엇일까? 역시 주제를 결정하기 위해서다. 원어 분석을 하는 이유도, 심지어 석의 주제를 결정하는 이유도, 다름 아닌 오늘의 설교 주제를 결정하기 위해서다. 본문 선택과 연구, 석의 주제와 청중 적용 등은 이름은 다르지만 주제 결정이라는 하나의 목표를 향해 협력하는 팀이다.

설교학에서 주제라는 이름으로 불리는 것이 둘이 있는데, 하나는 석의 주제이고 다른 하나는 설교 주제다. 둘 중에 '주제 결정하기'의 '주제'는, 석의 주제가 아니라 '설교 주제'다. 설교자에게 석의 주제는 진짜 주제, 즉 설교 주제로 나아가는 징검다리와 같다. 석의 주제가 본문 해석의 직접적인 산물이라면, 설교 주제는 설교를 겨냥하여 석의 주제를 가공한 결과물이다.[2] 석의 주제가 본문의 해석학적 요약이라면, 설교 주제는 청중 적용을 거쳐 완성한 오늘 설교의 요약이다. 오늘 설교를 통해 설교자가 청중의 가슴에 새기고자 하는 바로 그 한 문장이다. 많

---

2 가공이라 함은 우선 청중을 향한 적용이고, 또한 목회적 판단에 의거하여 오늘 설교가 지향할 초점을 선택하는 것도 포함된다. 한 본문에서 하나의 메시지만 나오는 게 아니다. 다양한 메시지가 발굴될 수 있는데, 그 중에 오늘 설교의 초점을 무엇으로 삼을지를 결정해야 한다. 그 선택에 따라 같은 본문에서도 여러 편의 설교가 나뉠 수 있다.

은 경우 석의 주제와 설교 주제가 동일할 수도 있다. 그러나 원리적으로는 석의 주제와 설교 주제는 분명히 구별되며, 설교자가 확보해야 할 목표는 석의 주제를 넘어 설교 주제다.

필자가 너무 설교 주제에 치중하는 것으로 보일 수도 있다. 본문 연구의 일차 목표는 주제 결정이 아니라, 말 그대로 본문을 잘 이해하기 위함이 아닌가? 물론 그렇게 볼 수도 있다. 그런데 무엇을 위한 본문 이해인지를 기억해야 한다. 지금 우리는 설교를 준비하고 있음을 마음에 새길 필요가 있다. 궁궐을 짓는 건축 현장에 임금님이 행차하셨다. 세 명의 인부가 열심히 대패질을 하고 있었는데, 한 사람에게 묻기를 "자네는 지금 무엇을 하고 있는가?" 첫째 인부가 대답하기를, "예, 임금님, 보시다시피 대패질을 하고 있습니다." 둘째 인부에게 물으니 "예, 임금님, 기둥을 만들고 있습니다." 마지막 셋째 인부에게 묻기를, "자네는 무얼 하고 있는가?" 돌아오는 대답이 "예, 임금님, 지금 임금님이 사실 궁궐을 짓고 있습니다."

셋 중 누구의 말이 옳은가? 옳고 그름을 따지자면 셋 모두 옳다. 그런데 지혜와 안목을 따지자면, 첫째 인부의 안목은 너무 좁다. 셋째 인부의 안목은 조금 과한 면이 있다. 둘째 인부의 안목이 현실적이고 적합해 보인다. 본문을 이해하기 위해서 본문을 연구하는 것도 물론 좋은 태도다. 그런데 지혜로운 설교자는 한 걸음 나아가 왜 본문을 연구하고 있는지를 생각할 것이다. 설교자가 아니라면 괜찮다. 그저 성도로서 성경을 펼쳤다면, 그냥 읽어도 좋고, 그저 본문의 재미에 푹 빠져도 좋다. 그러나 그대가 설교자라면, 설교자로서 설교를 위해 성경을 펼쳤다면, 분명한 목표 의식을 가져야 한다.

설교 준비는 때로 시간과의 싸움이다. 특히 중소교회 목회자의 설교 준비는 돌아서면 설교, 돌아서면 설교, 그야말로 시간과의 싸움이다.[3] 분명한 목표 의식이 없으면 귀중한 시간이 허비될 수 있다. 주제 결정하기라는 분명한 목표를 가지고 본문을 읽어야 한다. 주제를 결정하겠다는 분명한 목표 의식을 가지고 본문을 연구하고 분석해야 한다. 석의 주제를 결정하고 청중을 향해 적용하는 순간에도 마찬가지, 오늘 설교의 중심이 될 주제 문장을 마련하겠다는 분명한 목표 의식을 가지고 해야 한다.

설교가 잘 전달되지 않는 이유? 주제 미결정!

설교 메시지가 잘 전달되지 않는 이유가 무엇일까? 역설적이게도 전달할 메시지를 확실하게 결정하지 않았기 때문이다. 전달력이 부족해서가 아니고, 마이크 상태가 좋지 않아서가 아니라, 설교자가 주제를 분명하게 결정하지 않았기 때문이다. 결정되지 않은 메시지가 전달될 리 만무하지 않은가. 물론 주제를 결정했다고 해서 반드시 전달되는 것은 아니다. 그러나 속담이 말하듯 시작이 반은 된다. 선명한 주제 결정은 선명한 전달의 반이다.

그러니 반드시 그 한 문장을 결정하고 확보해야 한다. 이를 위해 설교자는 본문을 펼치는 순간부터 그 한 문장을 향해 촉을 세워야 한다.

---

[3] 본서 부록 2. "설교자의 일주일-목사는 설교를 이렇게 준비한다"에서 설교자의 고단한 일상을 돌아보았다.

본문을 읽는 순간에도 촉을 세우고, 원어를 분석하고, 본문의 구조를 연구하는 순간에도 그 한 문장을 향해 예민한 촉을 세워야 한다. 그 한 문장을 확보하기까지 결코 긴장의 끈을 놓아서는 안 되며, 어떡하든 그 한 문장을 반드시 잡아야 한다. 자격을 따지건대 감히 누가 설교단에 오를 수 있겠는가마는, 설교학적인 자격을 논한다면 바로 이 한 문장이다.

'주제도 모르는 사람'은 통상 무례한 사람을 일컫는다. 그렇다면 '주제도 모르는 설교자'는 무례함에 더하여 안타까운 설교자다. 준비되지 않은 상태에서 설교단에 오르는 무례함과 더불어, 자신이 준비되지 않았다는 사실도 인지하지 못하는 안타까운 설교자다. 혼신의 힘을 다해서 반드시 이 한 문장을 준비해야 한다.

설교 주제가 갖추어야 할 조건으로는 무엇이 있을까? 필자가 『퇴고설교학』에서 제시한 조건들을 제목만 추려서 정리하면 다음과 같다.[4]

- 한 문장 주제로 요약되는 설교를 추구하라.
- 글로 쓸 수 있어야 주제다.
- 완결된 문장이어야 한다.
- 본문의 의미에 기초해야 한다.
- 이미 청중에게 적용된 문장이어야 한다.
- 목표가 그려지는 문장이 좋다.
- 둘도 셋도 아닌, 오직 한 문장이어야 한다.
- 구름 없는 달빛처럼, 선명한 문장이 좋다.

---

[4] 설교의 주제와 대지가 갖추어야 할 조건, 그리고 설교의 퇴고 원리에 대해서는 필자의 '얇은' 책 『퇴고설교학』(서울: 성서유니온, 2013)을 참조하라. 본서의 7장에서는 본문 연구와 청중 적용을 통해 주제를 결정해가는 실제 과정을 소개하였다.

설교도 퇴고가 필요하다. 좋은 설교를 위해서는 다듬고 또 다듬는 고된 과정이 필요한데, 설교자의 땀 중에 상당량은 바로 이 대목, 주제의 퇴고에 흘려져야 한다. 본문의 의미에 기초하면서도, 오늘 청중을 향한 하나님의 뜻의 정곡을 찌르는, 한 문장을 준비하는 설교자들의 노고에 주의 은혜가 함께하시길 기원한다.

〈2단계〉 대지 결정하기

2단계는 대지 결정하기다. 설교 준비의 일차 목표가 주제 확보였다면, 이어지는 이차 목표는 대지 마련이다. 건축 현장을 보면, 외장 공사를 하기 전에 반드시 골조frame 공사를 한다. 골격이 먼저 갖추어져야 안정감 있는 집을 지을 수 있기 때문이다. 설교도 마찬가지, 전체 설교문 이전에 먼저 설교의 골격인 대지가 튼실하게 마련되어야 한다.

설교 준비는 크게 두 개의 과정으로 이루어지는데, 압축과 확대다. 성경 본문을 '한 문장 주제로' 압축하는 과정, 그리고 그 한 문장을 수백 문장의 설교로 확대하는 과정이다. 필자의 3단계 작성법은 압축에 한 단계, 그리고 확대에 두 단계를 할애하였다. 1단계 주제 결정하기가 압축이고, 이어지는 2단계와 3단계가 확대다. 지금 우리는 압축을 완료하고, 확대의 두 단계 중 첫째인 2단계 대지 결정하기에 와 있다. 이제 우리의 과업을 요약하면 다음과 같다.

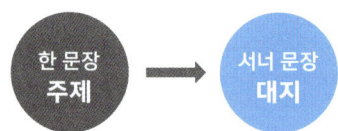

3대지 설교를 염두에 두고 있으니 '서너' 문장이라고 표현하였다. 그렇지만 반드시 3대지 설교에만 해당하는 말은 아니다. 모든 설교의 일반적인 준비과정으로 볼 수 있다. 골격은 대지 설교에만 있는 게 아니다. 이름은 다르지만 모든 유형의 설교에 나름의 골격이 존재한다. 내러티브 설교자는 대지point라는 이름보다 마디movement 혹은 장면scene이라는 이름을 선호하는 듯하다. 이름은 다르지만 기능은 사실상 동일한데, 곧 모습을 드러낼 완성품 설교의 윤곽 혹은 골격을 형성한다.[5]

대지는 어디서 나올까, 본문에서 or 주제에서?

대지는 본문에서 나올까, 아니면 주제에서 나올까? 혹은 당위 측면에서, 대지는 본문에서 나와야 할까, 아니면 주제에서 나와야 할까? 이런 류의 질문이 자주 그러하지만, 양자택일을 요구하는 질문이 아니다. 아기는 엄마한테서 나올까, 아니면 아빠한테서 나올까? 답은 둘 다! 엄마 없이 아기가 나올 수 없고, 아빠 없이 아기가 태어날 수 없다. 아기는 아빠한테서도 나오고, 동시에 엄마한테서도 나온다. 다만 아기와 관계하는 방식이 다를 뿐이다. 3대지 설교의 대지도 마찬가지다. 대지는 본문에서도 나오고, 동시에 주제에서도 나온다. 다만 대지가 본문

---

[5] '골격'이라는 이름은 설교를 일종의 공간 예술에 비유한 결과다. 많은 독자를 확보하였던 김서택의 『건축술로서의 강해설교』(서울: 홍성사, 1998)가 대표적이다. 그러나 설교에는 시간 예술적인 성격도 많다. 정해진 시간에 성도들 앞에서 이루어지는 일종의 퍼포먼스라고 볼 수 있다. 그런 의미에서 '골격'보다는 '콘티'라는 비유가 더 현실적일 수도 있다.

과 관계하는 방식이 다르고, 대지가 주제와 관계하는 방식이 다르다.[6]

　본문이 대지의 토양이라면, 주제는 대지를 만드는 틀이다. 본문이 대지의 재료를 공급한다면, 주제는 대지의 구성과 성격을 결정한다. 종합하여 대지의 출처에 대한 설교학적인 원칙을 요약하면, '대지는 본문에서 나오되 주제의 통제 하에 나온다.' 대지는 본문에 뿌리를 두고 있지만, 대지가 섬기는 대상은 본문이 아니라 주제라는 말이다. 본문에 나오는 모든 내용이 대지가 되지는 않는다. 어떤 부분은 대지에 포함되지만 어떤 부분은 제외된다. 그런데 이것을 누가 결정할 것인가? 바로 주제다. 주제가 대지 결정을 지휘한다.

　한걸음 물러나 보다 근본적인 질문으로 돌아가면, 주제는 어디서 나올까? 대지 이전에 오늘 설교의 주제는 어디서 나올까? 역시 본문이다. 주제 역시 그 뿌리는 본문에 있다. 적용의 과정을 거쳐야 하고, 때로 목회적 분별의 요소도 가미되지만 설교 주제의 근본 뿌리는 성경본문에 있다. 이런 차원에서 주제는 본문에 종속된다고 볼 수 있다. 그런데 기억할 것이, 일단 주제가 결정되고 나면, 주제가 오히려 본문을 지휘한다. 본문에서 나온 주제가 자신의 뿌리인 본문을 지휘하면서 만들어가는 것이 설교다.

　다시 본래 논의로 돌아가서, 대지를 결정할 때 그 결정권을 주제가 가져야 한다. 주제의 통제 하에 대지가 마련되어야 한다. 아무리 본문

6　본서의 3장과 4장은 바로 그런 연유에서 마련되었다. 3장은 주제와 대지의 관계를 중심으로 3대지 설교의 유형을 구분하였고, 4장은 본문과 대지의 관계를 중심으로 3대지의 유형을 정리하였다. 둘은 서로 범주가 다르기 때문에 둘을 합하여 3대지 유형을 구분하려면, 둘은 덧셈으로 증가하는 게 아니라 곱셈으로 증폭된다.

에서 나온 대지라 해도 주제가 허락하지 않는다면, 다시 말해 오늘 주제와 관련이 없는 대지라면, 적어도 오늘 설교에서는 제외되는 것이 원칙이다. 설교자의 소임은 본문을 전하는 것도, 대지를 전하는 것도 아닌, 주제(설교의 중심 메시지)를 전하는 것이기 때문이다. 물론 본문에 뿌리를 둔 주제를 전한다. 그리고 대지를 활용하여 주제를 전한다. 그러나 궁극적인 전달의 목표는 본문도 대지도 아닌, 주제다.

그런 의미에서 대지가 갖추어야 할 불가결한 조건이 있으니, 모든 대지는 주제를 섬겨야 한다.[7] 이를 포함하여, 역시 필자의 『퇴고 설교학』을 기초로 3대지 설교의 대지가 갖추어야 할 조건들을 간략하게 소개하면 다음과 같다.[8]

- 대지는 주제를 섬겨야 한다.
- 대지도 주제처럼 완결된 문장이어야 한다.
- 대지도 주제처럼 선명한 문장이어야 한다.
- 대지 상호간에 통일성이 확보되어야 한다.
- 대지와 대지 사이에 차별성이 있어야 한다.
- 대지의 배열이 효과적인 순서(생각의 흐름)로 이루어져야 한다.
- 적어도 대지는 설교자가 암기할 수 있어야 한다.

---

7 대지라는 이름으로 지칭되는 것이 사실은 두 가지다. 덩어리로서의 대지가 그 하나요, 다른 하나는 덩어리 대지의 요약 혹은 그 대지의 주제로서의 대지다. 둘을 구분하기 위해 후자를 대지문장이라 부를 수도 있겠지만, 문맥에서 충분히 구별 가능하다는 판단 하에 본 글에서는 대지로 통일하였다.
8 본서 3장부터 6장까지 3대지 설교의 대지를 마련하는 다양한 방식을 소개하는데, 이 조건들을 기본 원칙으로 삼았다.

우산 질문 – 설교자의 지휘봉

대지를 결정할 때 활용할 수 있는 매우 유용한 도구가 있는데, 바로 우산 질문이다. 우산 질문? 비오는 날 큰 나무 아래 모여든 동물들을 떠올리며 필자가 붙여본 이름이다. 자연이 만든 우산인 나무 아래 이런저런 동물들이 모여들듯이, 하나의 우산 질문 아래 여러 대지들이 모여든다는 뜻을 담고 있다. 일반적으로 3대지 설교의 각 대지는, 하나의 우산 질문에 대한 대답들로 구성된다.

> 우산 질문 : 우리를 향한 하나님의 뜻은 무엇입니까? (살전 5:16-18)
> 첫째, 항상 기뻐하는 것입니다.
> 둘째, 쉬지 말고 기도하는 것입니다.
> 셋째, 범사에 감사하는 것입니다.
> 결론: 우리를 향한 주님의 뜻을 이루는 삶을 삽시다.

기능적으로는 대지들을 이끄는 말(馬)과 같은 질문이다. 대지들의 모임이 본론이니 설교의 본론을 이끄는 말이라고 볼 수도 있다. 위치상으로는 당연히 서론이 끝날 무렵, 본론이 시작되기 직전에 등장한다. 가장 간단한 우산 질문으로는 "오늘 본문을 통해 주님께서 우리에게 주시는 메시지가 무엇입니까?" 조금 투박해도 현장에서는 매우 유용하게 사용할 수 있는 우산 질문이다. 서론에서 성경 본문의 내용을 간략하게 해설하고, 이 우산 질문을 관문 삼아 오늘 설교의 몸통인 본론으로 들어갈 수 있다.

우산 질문을 지휘관의 지휘 호령에 비유할 수도 있다. 앞서 주제가 본문을 지휘한다고 했는데, 엄밀히 말하면 진짜 지휘자는 설교자다. 인격이 없는 주제가 어찌 본문을 지휘할 수 있으랴. 설교자가 주제를 가지고 본문을 요리하고 지휘한다고 하는 것이 보다 정확할 것이다. 설교자가 성경본문을 지휘하여 설교문을 만들어 가는데, 이때 활용하는 것이 둘이다. 기준이 되는 주제, 그리고 호령에 해당하는 우산 질문이다. 병사들을 향하여 소대장이 외치기를, "김 일병 기준! 이열종대로 모여!" 여기서 김 일병이 주제이고, 이열종대가 우산 질문이다. 다짜고짜 "병사들, 모여!" 이러면 우왕좌왕할 수밖에 없다. 어떻게 모이라는 건지 병사(성경본문)들로선 종잡을 수가 없다. 분명한 기준(주제)을 잡고, 어떤 모양(우산 질문)으로 모일지를 지시해 주어야 한다.

설교(1)

주제: 하나님은 우리를 사랑하신다. (요 3:16)
〈우산 질문 1〉 우리를 향한 하나님의 사랑은 어떤 사랑입니까?
첫째, 독생자를 주시는 사랑입니다.
둘째, 영생으로 인도하는 사랑입니다.
셋째, 바로 나를 향한 사랑입니다.

설교(2)

주제: 하나님은 우리를 사랑하신다. (요 3:16)
〈우산 질문 2〉 우리에게 하나님은 어떤 분이십니까?
첫째, 하나님은 우리를 사랑하십니다. (미워하거나 무관심하지 않고)
둘째, 하나님은 우리를 정말 많이 사랑하십니다. (독생자를 주실 정도로)
셋째, 하나님의 사랑이 우리를 구원합니다.

같은 본문이고, 심지어 주제도 같지만 다른 방향의 설교가 마련되었다. 우산 질문이 달라졌기 때문이다. 설교의 중심은 두 설교 모두 '하나님의 사랑'이지만, 1번 우산 질문은 '하나님의 사랑'에 대해 물었고, 2번 질문은 '사랑의 하나님'에 대해 물었다. 미세한 차이지만 설교로 펼치면 꽤 의미 있는 차이를 만들어 낸다. 물론 옳고 그름의 차이는 아니다. 다만 오늘 설교가 나아갈 방향의 차이다.[9]

우산 질문은 배의 키와 같아서, 오늘 설교가 나아갈 방향을 선도하고 지시한다. 그저 한 문장으로 된 하나의 질문이지만 그 무게감은 결코 가볍지 않다. 우산 질문이 달라지면 설교 전체의 방향이 달라진다. 우산 질문 선택에 신중을 기해야 할 이유가 여기에 있다. 기준은 주제다. 주제를 확실하게 잡은 채, 청중 적용을 가미하여 그 주제를 가장 효과적으로 펼쳐갈 수 있는 우산 질문을 택하라.

〈3단계〉 대지 채우기

이제 3단계 대지 채우기다. 필자의 3단계 작성법의 마지막 단계로서, 2단계에서 마련된 대지를 채워서 설교를 완성하는 단계다. 골조에 외장을 더하여 건물을 완성하듯이, 설교의 골격인 대지를 다양한 자료로 채워서 설교를 완성한다. 서론과 결론도 작성해야 하는데, 여기서 우리의 주된 관심은 대지 채우기에 있다. (서론과 결론 작성에 대해서는

---

[9] 우산 질문의 기능과 역할에 대해서는 본서 3장에서 보다 자세히 살펴볼 수 있을 것이다.

10장에서 보다 자세히 살펴보겠다.)

대지를 채우는 재료는 설명, 증명, 적용, 예화 등 다양하다. 대지를 설명하고, 대지를 증명하고, 삶에 적용하고, 예화를 통해 대지의 메시지를 강화한다. 이외에도 통계자료, 다른 성경구절 인용, 혹은 본문에 생동감을 부여하는 내레이션까지 다양한 재료를 활용할 수 있다. 같은 재료를 가지고도 다양한 설교가 가능한데, 재료들의 배열 방식과 순서가 달라지기 때문이다. 설교의 주제와 흐름, 그리고 대지의 특성에 따라 다양하게 마련되고 배열될 수 있다. 여기에 더하여 아주 중요한 요소로, 설교자의 개성과 소신에 따라서도 다양한 배열과 구성이 실천된다.

설교자의 개성은 설교의 방해물일까, 아니면 적극 활용해야 할 에너지일까? 무엇이든 과유불급이니 지나친 개성은 자제할 필요도 있을 것이다. 그러나 잘만 활용하면 보다 풍성한 설교로 나아가는 디딤돌이 될 수 있다. 그리고 분명한 것은, 아무리 제거하려고 해도 어쩔 수 없이 각자의 개성이 상당부분 설교에 묻어나는 듯하다. 피할 수 없다면, 적절하게 활용하는 것도 지혜일 것이다. 필자의 경우는 대체로 다음 여섯 가지 요소들을 사용한다. 대지 진술, 대지 설명, 대지 증명, 대지 예시, 대지 적용, 그리고 대지 마무리. (자세한 내용은 9장에서 다루겠다.)

주제에서 대지 채우기까지

지금까지 3단계 작성법에 의한 3대지 설교 준비과정을 소개하였다. 설명이란 것이 자주 그러하듯 구체적인 예가 제시되지 않으면 모호할 수 있다. 그래서 여기 간단한 예를 통해 독자들의 이해를 돕고자 한다. 요한복음 3장 16절을 가지고 설교를 준비하도록 하겠다.

우선 1단계 <u>주제 결정하기</u>다. 짧막한 한 구절이지만, 읽고 묵상하고 또 연구하고, 주제를 결정해 보자. 일단 하나님의 사랑이 본문의 중심에 서 있다. 그 사랑은 독생자를 주실 정도로 큰 사랑이고, 영생을 선물할 만큼 강력한 사랑이다. 세상이란 단어는 단지 하늘과 땅을 가리키는 게 아니라, 나를 포함한 온 세상을 가리키고 있음이 분명하다. 세상 자리에 나의 이름을 넣어도 좋을 구절이다. 이 모든 뉘앙스를 담아 한 문장 주제를 결정하면, "하나님은 우리를 정말로 사랑하신다."

다음으로 2단계 <u>대지 결정하기</u>다. 이제는 한 문장 주제를 서너 문장 대지로 펼치는 시간이다. 우산 질문을 결정해야 하는데, 필자가 잡은 우산 질문은 "하나님은 우리에게 어떤 분인가?" 하나님의 사랑이라는 초점을 유지한 채, 이 질문을 중심으로 본문에서 세 가지 대답을 얻을 수 있고, 그것이 오늘 설교의 대지가 된다. 결과물을 소개하면 다음과 같다.

〈우산 질문〉 하나님은 우리에게 어떤 분인가?
첫째, 하나님은 우리를 사랑하신다.
  미워하거나 무관심하지 않고 사랑하신다.
둘째, 하나님은 우리를 정말 많이 사랑하신다.
  독생자를 주실 정도로 많이 사랑하신다.
셋째, 하나님의 사랑이 우리에게 영생을 선물한다.
  우리를 사망권세에서 구원할 능력 있는 사랑이다.

반드시 3대지일 필요는 없다. 2대지도 좋고, 4대지도 나쁠 게 없다. 그런데 본문을 묵상하니 역시 세 개의 대지가 가장 적합하다고 판단된다.

여기서 끝이 아니다. 우산 질문을 조금 다듬으면 보다 적용적인 메시지가 마련된다. "우리가 하나님을, 오직 하나님을 믿어야 할 이유는 무엇인가?"로 우산 질문을 바꾸겠다. 이렇게 되면 설교의 주제가 "하나님은 우리를 정말로 사랑하신다"에서 "우리를 정말 사랑하시는 하나님만을 믿고 의지하라"는 실천적인 주제로 바뀔 수 있다. 주석은 하나의 석의 주제로 수렴되지만 설교는 다양한 설교 주제로 풍성해질 수 있다. 그래서 석의 주제는 추적이지만, 설교 주제는 때로 선택이다.

〈우산 질문〉 우리가 하나님을, 오직 하나님을 믿어야 할 이유는 무엇인가?
첫째, 하나님이 우리를 사랑하시기 때문에
      (미워하거나 무관심하지 않고)
둘째, 하나님이 우리를 정말 많이 사랑하시기 때문에
      (독생자를 주실 정도로)
셋째, 하나님의 사랑이 우리를 구원하기 때문에 (영생을 얻으리라.)

이제 마지막 3단계 대지 채우기다. 다양한 자료를 동원하여 마련된 대지를 채워서 설교문을 완성하는 단계다. 첫째 대지를 예로 들어 간략한 설교문을 작성하면 다음과 같다. (괄호 안의 표시는 본서 9장에서 논할 대지 채우기의 요소들이다.)

(대지 진술) 우리가 하나님을 믿어야 하는 이유, 첫째, 그분이 우리를 사랑하시기 때문입니다. 그분이 우리를 사랑하시기 때문에.

(대지 설명) 성도 여러분, 하나님이 여러분을 사랑하십니다. 아멘이십니까? 아멘! 하나님은 우리를 미워하시는 분이 아니세요. 미워하시지 않아요. 우리에게 무관심한 분도 아니십니다. 하나님은 저와 여러분을 사랑하십니다.

(대지 증명) 본문을 보세요. "하나님이 세상을 이처럼 사랑하사." '세상' 대신에 여러분의 이름을 넣으면 틀림없습니다. 하나님이 ○○○를 이처럼 사랑하사. 요한복음 3장 16절은 바로 저와 여러분에게 주시는 하나님의 편지입니다. 목사로서 주님의 편지를 여러분에게 전달합니다. 하나님이 여러분에게 말씀하시기를, 내가 너희를 사랑하노라.

(대지 예시/ 대지 적용) 그래서 말인데요, 성도 여러분, 다음주 오실 때는 여러분 얼굴에 은은한 밝은 빛이 감돌기를 바랍니다. 뜬금없이 웬 빛이냐? 어느 드라마에서 들은 대사입니다. "사랑받는 사람의 얼굴에는 은은한 빛이 돈다." 드라마에도 가끔 진실이 나와요. 사실 그 드라마 내용은 좀 살벌했어요. 어려서 헤어진 자매 둘이 나중에 만나서 서로 할퀴는 내용인데, 동생이 언니한테 쏘아붙여요. "언니, 사랑받으며 살아온 사람의 얼굴에는 은은한 빛이 감돌아. 그런데 언니 얼굴에는 그 빛이 없어." 싸늘하죠.

그런데 생각해 보니 맞는 말 같아요. 사랑을 충분히 받고 산 사람에게는 무언가 여유가 있잖아요. 얼굴이 밝아요. 화장으로는 표현할 수 없는 은은한 빛이 있어요. 사랑이 주는 빛. 우리 얼굴에는 그 빛이 있나요? 질문을 조금 돌려서, 우리 얼굴에는 그 빛이 있어야 할까요, 없어야 할까요? 당연히 있어야죠. 왜냐? 우리는 하나님의 사랑을 받는 사람이기 때문에. 김 장로님도, 박 집사님도, 우리 모두 하나님의 사랑을 받는 사람입니다. 당신은 사랑 받기 위해 태어난 사람, 그런 찬양이 있잖아요. 바로 여러분의 노래입니다.

(대지 마무리) 성도 여러분, 하나님이 여러분을 사랑하십니다. 오직 그분 믿고 사시고, 필히 다음주 오실 때, 아니 오늘 예배 끝나고 나가실 때 반드시 여러분의 얼굴에 은은한 빛이 감돌기를 바랍니다. 아멘.

Easy Preaching

3장

3대지의 유형(1)
– 주제와 대지의 관계를 중심으로

**Easy
Preaching**

3장

3대지의 유형(1)
– 주제와 대지의 관계를 중심으로

    3대지 설교는 하나가 아니라 여럿이다. 그것도 손가락에 꼽을 수 있을 정도의 소박한 여럿이 아니라, 상당한 다양성을 품은 풍성한 여럿이다. 필자의 경험에 의하면 최소한 두 자릿수는 넘는다. 3대지의 다양성과 풍성함 속으로 들어가 보자.

    첫 시작으로, 우선 주제와 대지의 관계를 중심으로 다음 네 가지 유형이 가능하다. (차후에 하나가 더 추가된다.) 설명형, 증명형, 적용형, 그리고 이유 제시형이다.[1] 설교를 풀어가는 양태에 따라 붙인 이름이다. 설교 준비는 앞서 소개한 대로, 먼저 한 문장 주제를 결정하고, 그 주제를 중심으로 서너 문장의 대지로 펼치는 과정으로 이어진다. 이 때 설

---

[1] 설명형, 증명형, 적용형은 해돈 로빈슨의 이론을 참조하였고, 이유 제시형과 탐색형은 현장 경험을 통해 얻은 유형이다.

명형으로 펼칠 수도 있고, 적용형으로 펼칠 수도 있다는 말이다. 증명형으로 펼칠 수도 있고, 이유 제시형으로 펼칠 수도 있다. 설명형은 명칭 그대로, 각 대지가 주제를 설명하는 전개 방식이고, 증명형은 대지들이 주제를 증명한다. 적용형은 주제를 삶에 구체적으로 적용하는 대지들로 구성되고, 이유 제시형은 이름 그대로 대지들이 무언가에 대한 이유를 제시한다.

우산 질문의 종류에 따른 구분

기술적으로는 우산 질문[2]의 형태가 설교 유형을 결정한다. 우산 질문의 유형이 주제와 대지들의 관계를 규정하기 때문이다. 설명형은 대지들이 주제를 설명하는 유형이라고 했는데, 다른 말로는 '설명형 우산 질문'이 대지들을 이끄는 유형이다. '증명형 우산 질문'이 이끈다면 당연히 증명형 3대지가 된다. 각 유형별로 우산 질문의 형태를 예를 곁들여서 소개하면 다음과 같다.

〈**설명형 우산 질문**〉 그게 무엇인가? / 믿음이란 무엇인가?, 하나님은 어떤 분인가?

〈**증명형 우산 질문**〉 정말로 그러한가? / 성도는 정말로 복 있는 사람인가?,

---

[2] 우산 질문에 관하여는 본서 2장 '3대지 설교의 3단계 작성법'을 참조하라. 설교의 본론인 대지를 이끄는 질문이라는 점에서 leading question이라 부를 수 있고, 설교에 통일성을 부여한다는 점에서 unity question이라 부를 수도 있다. 설교의 방향을 정초한다는 점에서 orientation question이라 부를 수도 있다.

주님은 정말로 부활하셨는가?

〈**적용형 우산 질문**〉 구체적으로 어떻게 해야 하는가? / 하나님을 기쁘시게 하는 삶은 어떤 삶인가?, 믿음이 있다는 게 실제로 무슨 의미인가?

〈**이유 제시형 우산 질문**〉 이러이러한 이유가 무엇인가? / 오직 하나님만을 믿어야 하는 이유가 무엇인가?, 포기하지 말고 기도해야 할 이유가 무엇인가?

탐색형 우산 질문

여기에 탐색형을 하나 더 추가하겠다. 탐색형은, 아직 주제가 확보되지 않은 상태에서 본론으로 들어가는 유형이다. 주제를 설명하거나 적용하는 게 아니라 본문에 숨어 있는 주제를 찾아가고 탐색하는 유형이다. 다른 넷과는 성격상 차이가 나는데 설명형과 증명형, 그리고 적용형과 이유 제시형이 연역식 전개라면, 탐색형은 일종의 귀납적 전개다. 서론에 주제가 제시되지 않은 채, 바로 본문으로 뛰어들어 주제를 찾아가는 유형이다. 이런 성격상의 차이에도 불구하고 같은 범주에 묶는 이유는, 다른 유형과 구별되는 독특한 우산 질문을 사용하기 때문이다. 3대지 설교에 활용할 수 있는 우산 질문을 일괄적으로 확보한다는 의미에서 같은 범주에 나란히 묶도록 하겠다.

〈**탐색형 우산 질문**〉 오늘 본문이 우리에게 주시는 말씀은 무엇인가?

이로써 우리는 설교 준비에 활용할 수 있는 다섯 유형의 우산 질문을 확보하였다. 백문이 불여일견이라, 구체적인 예를 들어 각 유형을 설명하도록 하겠다.

설명형 3대지

설명형은 이름 그대로 설명하는 방식의 설교다. 설명을 요구하는 질문, 즉 설명형 우산 질문을 던지고, 대지들이 그 질문에 대답하는 형식이다. 스바냐 3장 17절을 가지고 설명형 3대지를 구성하면 다음과 같다.

주제: 오직 하나님을 의지하라.
〈설명형 우산 질문〉 하나님은 어떤 분인가?
첫째, 우리 가운데 계시는 분이시다.
둘째, 구원을 베푸실 전능자이시다.
셋째, 우리를 사랑하시는 분이시다.
결론: 그러니 오직 하나님을 의지하라.

필자가 전하려는 주제는 "오직 하나님을 의지하라."는 권면이다. 청중으로 하여금 오직 하나님만을 의지하게끔 결단하도록 만드는 것이 오늘 설교의 목표다. 이 목표를 어떻게 달성할 것인가? 하나님의 명령이니 무조건 순종하라고 다그칠 수도 있다. 혹은 그분을 의지하면 좋은 일이 있을 거라며 등을 쓰다듬을 수도 있다. 전자는 이른바 채찍 방식이고 후자는 당근의 길이다. 둘 다 가능하지만 필자는 다소 중도적인 '설명의 방식'을 택했다. 본문 내용을 좇아, 하나님이 어떤 분이신지를 소개함으로써, 다시 말해 하나님을 찬찬히 설명함으로써 청중으로 하여금 오직 하나님만을 의지하도록 결단하게 하는 방식이다.

    메시지를 요약하면, 우선 첫째 대지는 하나님이 멀리 계시는 분이 아니라 가까이 계시는 분임을 강조한다. 본문은 "너의 하나님 여호와가 너의 가운데에 계시니"라고 말한다. 이웃사촌이라는 말이 상징하듯, 아무리 좋은 분도 멀리 있으면 소용이 없다. 그런데 우리 하나님은 우리 가까이에 계시고 심지어 우리 가운데 계신다. 그러니 그분을 의지하라.

    둘째 대지는 그분의 능력에 주목한다. 가까이 있어도 연약한 분이라면 나에게 힘이 되기보다 오히려 짐이 될 수 있다. 그분이 나를 돕는 게 아니라, 내가 오히려 그분을 돌봐야 하니 말이다. 그러나 감사하게도 우리 하나님은 "구원을 베푸실 전능자이시라." 능히 나를 구원하시고, 능히 나를 도우실 수 있는 분이시다. 그러니 그분을 의지하라.

    마지막 셋째 대지는 하나님의 사랑을 소개한다. 가까이 있고, 또 힘이 있어도 나한테 무심한 하나님이라면 참 곤란하다. 의지하기엔 미심쩍을 수밖에 없다. 그런데 본문이 말하길, "그가 너로 말미암아 기쁨을 이기지 못하시며 너를 잠잠히 사랑하시며 너로 말미암아 즐거이 부르며 기뻐하시리라." 기쁨과 사랑, 그리고 콧노래가 나오는데, 하나로 모으면 결국 사랑이다. 하나님은 우리를 사랑하신다. 하나님께 우리는 단지 사랑하는 사람이 아니라 사랑하지 않을 수 없는, 눈에 넣어도 아프지 않을 자식이다. 그래서 예수님을 내어주신 게 아니겠는가. 그러니 오직 하나님만을 믿고 의지하라.

이렇게 설명을 이어갈 때 청중의 마음에 새겨지는 건 무엇일까? 단지 하나님이 어떤 분인지, 하나님의 정체에 대한 지식일까? 그렇지는 않다. 그것도 있지만, 적어도 그것만은 아니다. 이렇게 좋은 하나님이니 내가 의지해야겠다는 의욕이 생겨날 것이다. 설명형 설교라 해서 단지 설명적인 지식을 목적으로 하지는 않는다는 말이다. 설교를 풀어가는 방식이 설명일 뿐, 추구하는 열매는 강력한 도전과 권면이다.

다음 이동원 목사의 설교도 설명형 3대지에 속한다. 마가복음 7장 31-35절을 본문으로 "마음과 귀가 닫힌 사람"이라는 제목으로 설교했는데, 정리하면 다음과 같다. 예수님의 정체를 '설명'(설교의 표면적 유형)함으로써 신앙의 '결단을 촉구'(설교의 내적인 목표)하는 설교다.

> 주제: 예수님을 향해 닫힌 마음을 열 때, 우리는 그의 VIP가 된다.[3]
> 〈설명형 우산 질문〉 닫힌 마음의 인생에게 예수님은 어떤 존재인가?
> 첫째, 닫힌 인생을 보고 탄식하시는 분 (34절)
> 둘째, 닫힌 인생을 친히 만져 주시는 분 (33절)
> 셋째, 닫힌 인생을 향해 말씀하시는 분 (34절)
> 결론: 주님께로 나아오라.

"예수님은 어떤 존재인가?"라는 전형적인 설명형 우산 질문을 던진다. 여기에 수식어를 붙여서 좀 더 초점 있는 설교를 의도하는데, "닫힌 마음의 인생에게"라는 수식어다. 대지를 보면, 성경 본문의 주요 단

---

3 이동원, 『당신은 예수님의 VIP』(서울: 두란노, 2010), 33-43.

어를 사용하면서도 지극히 적용적인 대지 문장을 마련하였다.[4] 설교는 해석을 넘어 적용이라는 원칙을 농익게 실천하고 있다.

좀 더 세밀하게 분석하면, 우산 질문은 예수님의 정체에 대한 설명을 요구한다. 닫힌 마음의 인생에게 예수님은 어떤 존재인가? 그리고 이어지는 세 대지는 그 질문에 대해 설명식 답변이다. 주님은 탄식하시는 분이고, 친히 만져 주시는 분이고, 급기야는 말씀을 통해 치유의 능력을 베푸시는 분이라고 설명한다. 그런데 이 설명이 거두는 열매는 무엇일까? 예수님의 정체에 대한 지식? 물론 그렇지만 역시 청중의 마음에 쌓이는 것은 주님께로 나아와 그분의 VIP가 되고자 하는 결단이다.

대지의 흐름이 인상적이다. 대지 구성에 있어서 본문을 균등하게 배분하지도 않고, 본문의 순서를 답습하지도 않는다. 대지 옆에 병기한 절수가 보여주듯 설교는 본문 전체를 아우르기보다 주요한 몇 구절에 집중하고 있고, 그마저도 순서가 왔다갔다한다. 본문의 흐름보다 생각의 흐름을 반영한 대지 구성인데, 이 또한 설교자의 지혜로 판단된다.[5] "탄식-만짐-말씀"의 순서로 배열되어 있는데, 이는 각각 "공감-다가옴-치유"의 체감적 흐름을 반영한다. 주님이 우리의 고통에 대해 공감의 탄식을 하시고, 다가와 만지시며, 치유의 말씀을 주신다. 설교는 본문에 신실해야 하는데, 그 신실함은 본문에 대한 기계적인 답습이

---

[4] 설교는 본문에 대한 이야기가 아니라, 본문을 통해 청중의 이야기를 들려주어야 한다. 다시 말해 설교는 해석을 넘어 적용이어야 한다. 이를 위해 주제도 적용된 문장이어야 하지만 주제를 펼치는 대지문장 역시 적용이 완료된 문장이어야 한다.

[5] 필자의 『퇴고 설교학』, 63-64.

아니다. 본문 메시지를 보다 충실히 전하기 위해 일부에 집중할 수도 있고 전개 순서를 바꿀 수도 있다.

설명형 설교를 살펴보았는데, 설명을 요구하는 우산 질문을 던지고 그 질문에 대답하는 흐름으로 구성된 설교이다. 일반적으로 가장 빈번하게 사용되는 유형으로 판단된다.

증명형 3대지

다음으로 증명형 3대지를 살펴보자. 증명형 설교는, 이름 그대로 대지가 주제를 증명하는 방식으로 펼쳐진다. 여기서 말하는 증명은 과학적인 언어로서의 증명이 아니다. 앞서 설명형과 마찬가지로, 단지 설교를 펼쳐가는 방식의 이름이다. 필자의 설교를 예로 들겠다. 빌립보서 3장 17-21절을 본문으로 한 설교인데, 대지는 주로 20-21절을 중심으로 구성하였다. 설교 제목은 "받은 복을 세어보아라."이다.

주제: 우리는 부요한 자다.
〈증명형 우산 질문〉 정말 우리는 부요한가?
첫째, 우리는 소유의 복이 있는 사람이다. (하늘 시민권)
둘째, 우리는 사람 복이 있는 사람이다. (성도들과 예수님)
셋째, 우리는 건강의 복이 있는 사람이다. (영원한 건강)
결론: 그러니 우리는 부요하다. 감사하며 용기를 품으라.

오늘 선포할 주제는 "우리는 부요한 자다."이다. 삶의 무게로 인해 스스로 불행하다고 여기는 성도들을 염두에 둔 설교다. 초두에 "우리는 부요한 자다."라는 주제를 선포한 후 "정말 그러한가?"라는 우산 질문을 던진다. 그리고 이어지는 대지들이 이 질문에 대답하는 흐름으로 구성하였다.

대지들이 보다시피 매우 적용적인 언어로 마련되었는데, 설교는 본문 석의를 넘어 청중 적용이라는 원칙에 따른 결과다. 본문 연구에서 갓 나온 따끈따끈한 석의적 언어로 정리하면 다음과 같다.

<증명형 우산 질문> 핍박 가운데 있는 우리가 과연 부요한 자인가?
첫째, "우리의 시민권은 하늘에" 있으니
 우리는 부요한 자다.
둘째, "구원하는 자 곧 주 예수 그리스도를" 우리가 가졌으니
 우리는 부요한 자다.
셋째, "우리의 낮은 몸을 영광의 몸"으로 변하게 하실 것이니
 우리는 부요한 자다.
결론: 그러니 우리는 부요하다. 감사하며 용기를 품으라.

그리스도인이 당하는 삶의 무게는 지금보다 오히려 초대교회가 더 힘겨웠다. 핍박 상황으로 인해 위축된 성도들이 많이 있었다. 사도 바울은, 그럼에도 불구하고 성도는 부요한 자라고 선포한다. 이때 제기될 수 있는 질문이 있으니, 정말인가? 우리가 정말 부요한 자인가? 혹은 어째서 그러한가? 이른바 증명을 요구하는 질문이다. 실제 본문에는 이 질문이 생략되어 있지만, 19절과 20절 사이에 의미상 이 질문이 들어 있다고 볼 수 있다. 그리고 20-21절은 그 질문에 대한 사도의 대

답이다. 이러한 이해에 맞추어 20-21절을 재구성한 결과물이 바로 위의 석의적 대지다.

그런데 설교는 적용이며, 적용적인 언어로 선포되는 게 원칙이다. 하여 본문에서 얻은 각 항목을 현대적인 언어로 적용 각색하였다. 다소 세속적인 언어로 보일 수 있지만 청중의 이해와 기억을 위해, 천국시민권은 소유의 복으로, 예수 그리스도는 인ㅅ 복으로, 영광의 몸은 건강의 복으로 명명하였다.

각 대지를 간략하게 설명하면, 초대교회 당시에 사람들이 갖고 싶어 하는 명품이 있었으니, 로마시민권이었다. 돈 있는 사람이면 누구나 탐내는 명품 중의 명품이었다. 그런데 그보다 더 비싸고 더 귀한 명품이 있으니… 이 정도 하니 벌써 성도들의 대답이 나왔다, 천국시민권이라고. 그렇게 첫째 대지를 구성하였다.

둘째 대지는 인ㅅ 복이다. 사람 복, 혹은 친구 복이다. 돈으로 둘러싸여 있어도 주변에 사람이 없으면 외로운 게 인생이다. 우리는 어떠한가? 사람이 있고 친구가 있는가? 우리에겐 많은 성도들이 있다. 믿음 안에 형제 자매, 가족이 된 사람들이 있다. 그러니 우리는 사람 부자가 아닌가. 여기서 끝이 아니다. 우리에겐 열 트럭 친구보다 귀한 최고의 친구가 있으니, 바로 우리를 "구원하는 자 곧 주 예수 그리스도"다. 우리를 위해 목숨을 내어주신 친구다. 이런 친구가 있으니 우리는 얼마나 행복한 인생이며, 얼마나 부요한 인생인가.

셋째 대지는 건강의 복이다. 흔히 말하길, 돈을 잃으면 조금 잃은 것이고, 건강을 잃으면 다 잃은 것이라고 한다. 우리에게 건강의 복이 있는가? 그렇다. 단지 무병장수의 건강이 아니다. 그런 건강과는 비교

불허의 영원한 건강이 우리에게 있다. "우리의 낮은 몸을 자기 영광의 몸의 형체와 같이 변하게 하시리라." 지금 우리의 몸을 낮은 몸이라 칭할 수밖에 없는, 영광스러운 몸이 우리를 위해 예비되어 있다. 그러고 보니 우리는 정말 큰 복을 받은 사람이다. 무관심에 지나쳐서 그렇지, 꼼꼼히 따져보면 우리는 정말로 복 받은 사람이다.

증명형 설교는 "정말 그렇구나" 혹은 "이제 보니 정말 그렇네"라는 반응을 추구한다. 같은 내용을 가지고 설명형으로 구성할 수도 있다. "우리가 받은 복이 무엇인가?"라는 우산 질문을 중심에 세우면 설명형 3대지가 된다. 그러나 이 말씀의 경우는 "이렇게 어렵고 힘든데 과연 내가 부요한가?" 하며 갸우뚱거리는 성도들을 향한다는 점에서 증명형이 더 효과적이라고 판단하였다. 그래서 증명형으로 구성하였는데, 판단과 선택은 각 설교자의 몫이다.

적용형 3대지

이제 살펴볼 유형은 적용형이다. 먼저 적용형 우산 질문을 던지고, 이어서 "구체적으로 이렇게 하라"고 지시하는 대지들로 펼쳐가는 설교다. 시편 3편을 본문으로 한 필자의 설교를 예로 들겠다.

주제: 근심을 이기고 승리하는 그리스도인이 되라.
〈적용형 우산 질문〉 근심 많은 이 세상을 이기는 비결은 무엇인가?
첫째, 하나님을 고백하라. – 하나님은 나의 반석

둘째, 나를 고백하라. - 나는 하나님이 지키시는 사람
셋째, 고백으로 하루를 시작하라. - 근심으로 시작하지 말고
결론: 고백으로 승리하라.

    염려하지 말라는 주님의 명령을 우리는 잘 안다. 믿는 자로서 근심을 떨쳐버려야 한다는 것도 잘 안다. 그런데 문제는 늘 그렇듯이, '어떻게'다. 눈만 뜨면 찾아오는 근심을 극복할 수 있는 길은 무엇일까? 오늘 설교는 본문을 통해 근심 떨치기의 구체적인 길을 모색하는 설교다. 요지는 '고백으로 극복하라.'

    시편 3편은 근심 중에 있는 사람의 노래다. 1절에 "여호와여 나의 대적이 어찌 그리 많은지요. 일어나 나를 치는 자가 많으니이다." 표현이 거칠지만 우리도 비슷한 느낌을 받을 때가 있다. 세상이 왜 이렇게 나를 미워하지? 왜 이렇게 나를 힘들게 할까? 동일한 상황에 처해 있던 시인이 이 상황을 극복해 내는데, 그 비결이 3절부터 나온다. "여호와여 주는 나의 방패시요 나의 영광이시요 나의 머리를 드시는 자이시니이다." 시인은 하나님을 고백한다. 나의 대적을 잠시 뒤로 하고 나의 주 나의 하나님을 고백함으로 근심을 이겨낸다.

    시편 3편은 크게 두 부분으로 나누어진다. 물리적으로 명확하게 구분되지는 않지만, 필자가 읽기로는 그러하다. 하나는 "하나님을 향한 고백" 그리고 다른 하나는 "나를 향한 고백"이다. 3절이 주님을 향한 고백이라면, 4-5절은 나에 대한 고백이다. 나에 대한 고백? 익숙하지 않은 언어일지 모르나 성경에는 그런 고백들이 꽤 많이 나온다. 대표적으로 "누구든지 그리스도 안에 있으면 새로운 피조물이라" 고후 5:17

고백의 대상은 단지 하나님만이 아니라, 하나님 안에 있는 나 자신도 꽤 비중 있는 고백의 대상이다.

하나님에 대한 고백이 우리 믿음의 기초이지만, 부가적으로 획득하는 나에 대한 고백 역시 우리 마음을 시원케 하고 용기를 준다. 바로 그런 의미에서 시인은 하나님 고백과 더불어 자기 고백으로 근심을 이겨낸다. 4절에 고백하기를 "나는 하나님의 응답을 받는 사람이야!" 5절은 "나는 여호와의 보호하심을 받는 사람이야!" 시쳇말로 나 이런 사람이야! 하나님을 향해, 세상을 향해, 무엇보다 나 자신을 향해 그렇게 외친다. 시인은 이 고백을 통해 삶의 질고를 이겨낸다.

셋째 대지는 목회적인 묵상에서 나온 지침이다. 언제 이 고백을 할까? 아침이면 좋겠다. 하루의 첫 시간, 특히 새벽기도회 시간이 좋겠다. 세상 근심이 나를 찾아오기도 전, 텅 빈 나의 맑은 뇌리를 이 고백으로 가득 채운다면 하루의 근심을 거뜬히 이겨낼 수 있을 것이다. 새벽기도회 참석을 종용하고자 하는 '사심'이 담긴 대지다.

익숙한 데살로니가전서 5장 16-18절도 적용형 3대지의 좋은 본문이 된다. 설교 초두에 "하나님의 마음을 시원케 하려면 어떻게 살면 될까요?"라는 적용형 질문을 던지면 된다. 본문은 항상 기뻐하고, 쉬지 말고 기도하고, 범사에 감사하는 삶을 두고 우리를 향한 하나님의 뜻이라고 소개한다.[6]

6　물론 바로 앞 12-15절의 '화목하라, 오래 참으라, 항상 선을 따르라'는 메시지도 충분히 따로 3대지로 구성할 수 있다.

주제: 하나님의 마음을 시원케 하는 성도가 되라.
〈적용형 우산 질문〉 어떻게 하면 하나님의 마음을 시원케 할 수 있을까?
첫째,   항상 기뻐하라.
둘째,   쉬지 말고 기도하라.
셋째,   범사에 감사하라.
결론: 이것이 바로 우리를 향한 하나님의 뜻이다.

"항상"과 "쉬지 말고" 그리고 "범사에"를 보다 체감적인 언어로 다듬으면 더 좋다. 항상 기뻐하라는 말은 "기뻐할 수 없는 상황에도" 기뻐하라는 말이고, 쉬지 말고 기도하라는 것은 "기도하기 싫을 때, 기도할 수 없을 때도" 기도하라는 의미다. 범사에 감사하라는 말은 "감사할 수 없는, 심지어 불평이 나올 법한 상황에서도" 먼저 감사하라는 주님의 초청이다.

기쁜 일이 먼저일까, 기뻐함이 먼저일까? 혹은 감사가 먼저일까, 감사한 일이 먼저일까? 일반적인 순서는 기쁜 일이 있어야 기뻐하고, 감사한 일이 있어야 감사한다. 그런데 신앙의 세계는 때로 일상의 원칙을 넘어서는 신비한 세계다. 때로 기쁜 일보다 기쁨이 먼저요, 먼저 감사할 때 감사한 일이 뒤에 따라온다. 내용은 그러하고, 설교를 풀어가는 방식의 측면에서는 이름 붙인 대로 추상적인 주제를 구체화하는 적용형이다.

이유제시형 3대지

이유 제시형은 명칭 그대로 "이유가 무엇인가?"라는 우산 질문으로 시작한다. 요한복음 3장 16절을 가지고 이유 제시형 3대지를 구성하였다.

주제: 하나님은 우리의 구원자이시다.
〈이유 제시형 우산 질문〉 우리가 오직 하나님을 믿어야 할 이유는 무엇인가?
첫째, 하나님이 우리를 사랑하시기 때문에
      (미워하거나 무관심하지 않고)
둘째, 하나님이 우리를 정말 많이 사랑하시기 때문에
      (독생자를 주실 정도로)
셋째, 하나님의 사랑이 우리를 구원하기 때문에
      (영생을 얻으리라)
결론: 하나님을 믿으세요.

같은 내용을 가지고 이유 제시형 대신 설명형으로 구성할 수도 있다. 우산 질문을 "이유는 무엇인가?" 대신 "하나님은 어떤 분이신가?"로 바꾸면 된다. 이때 대지는 첫째, 우리를 사랑하시는 분이시다. 둘째, 우리를 정말 많이 사랑하시는 분이시다. 셋째, 사랑으로 우리를 구원하시는 분이시다. 이러면 설명형 3대지가 된다. 두 유형 모두 가능하지만 필자로서는 이유 제시형이 더 호소력이 있다고 판단되어 그렇게 구성하였다.

여기서 말하는 이유 제시는, 설명형과 증명형에서와 마찬가지로,

설교를 풀어가는 방식을 일컫는다. 정말로 이유를 몰라서 묻는 게 아니라, 확보된 설교 내용을 펼침에 있어 이유를 제시하는 방식으로 전개한다는 말이다. 때로는 정말 이유를 몰라서 묻는 경우도 있다. 정말로 몰라서 묻고 거기서 얻은 답으로 설교를 구성할 수도 있다.

예를 들면, 하나님이 선악과를 만드신 이유는 무엇일까? 나름 화목한 공동체를 이루고 있던 바벨의 사람들을 흩어버리신 이유가 무엇일까? 구약의 하나님은 왜 그렇게 잔인해 보이실까? 로마서와 야고보서는 왜 이렇게 달라 보일까? 등등 성경에는 다루기 힘든 난제들이 군데군데 있다. 이유 제시형은 그런 난제들을 회피하지 않고 정면 돌파한다. 물론 마땅한 대답이 떠오르지 않을 때도 있다. 그럴 때는 다음 기회로 미루는 것이 지혜일 것이다. 그러나 고민하고 또 고민할 때 충분히 설교화 가능한 메시지가 확보되곤 한다. 그럴 때, 완벽한 대답은 아니지만 한계를 인정하면서 겸손하게 설교한다면, 같은 고민을 품고 성경을 대하던 성도들에게 신선하면서도 소중한 메시지가 될 것이다.

예를 들어, 선악과 문제를 고민하고 또 고민하여 필자는 다음 주제를 떠올렸다. "물건은 편리함으로 얻지만, 나의 하나님은 불편함으로 얻는다." 대상마다 소유 방식이 다른데, 물건의 경우는 말 그대로 내가 그 물건을 소유함으로 소유한다. 그러나 하나님은, 내가 그분을 소유하는 것이 아니라 오히려 그분이 나를 소유하심으로 내가 나의 하나님을 얻는다. 체감적으로 풀이하면, 내가 무슨 물건을 소유했다는 것은 그 물건으로 인해 내가 편리함을 얻는다는 의미이지만, 하나님의 경우는 그분으로 인해 내가 불편할 때, 그분 때문에 내가 못하는 것이 있을 때, 비로소 그분을 나의 하나님으로 얻은 것이다. 선악과는 그 거룩한 불편함의 총칭이다.

> **주제:** 물건은 편리함으로 얻지만 나의 하나님은 불편함으로 얻는다.
> 〈이유 제시형 우산 질문〉 하나님이 우리에게 선악과를 선물하신 이유는 무엇인가?
> 첫째, 우리에게 하나님을 선물하시기 위해 (하나님과의 관계 체결)
> 둘째, 우리에게 생명을 선물하시기 위해 (하나님과의 관계 유지)
> 셋째, 우리에게도 선악과가 있기를 바란다. (적용으로 전환)[7]

가끔은 성도들이 묻지 않는 "왜?"를 설교자가 물어야 한다. 답을 찾는 것보다 더 중요한 작업이 있으니, 질문을 찾는 일이다. 성경은 표면에도 귀한 메시지를 담고 있지만 보이지 않는 이면에도 소중한 보화를 많이 품고 있다. 표면에 드러난 메시지를 정리해주는 것도 좋은 설교지만 이면에 숨은 메시지를 발굴하여 소개하는 것도 설교자가 감당해야 할 소임이다. 이때 이면의 메시지를 추적할 때 호미처럼 요긴한 질문이 있으니, "왜?"라는 물음이다. 요나서가 왜 3장에서 끝나지 않는지 궁금해 한 적이 있는가? 그 질문이 필자의 청중에게 꽤 인상 깊은 메시지를 선물해 주었다.

---

7   보다시피 세 번째 대지는 이유 제시의 루트를 벗어난다. 차후 5장에서 소개될 "원리2+실천1" 유형이다. 3대지 설교에서 세 개의 대지가 반드시 대등한 수준의 메시지일 필요는 없다. 다시 말해 세 개의 대지가 반드시 단일 질문에 대한 대답일 필요는 없다. 필요에 따라, 통일성을 깨트리지 않는다는 전제하에 충분히 다양한 변화를 줄 수 있다. 여기서는 시작부가 이유 제시형이라는 점에서 소개하였을 뿐, 전체적으로는 이유 제시형의 변형이다. 굳이 이름을 붙이자면 "이유2+실천1"형이다.

주제: 하나님은 온 세상보다 내가 변하기를 바라신다.
〈이유 제시형 우산 질문〉 요나서가 3장에서 끝나지 않는 이유는 무엇인가?
첫째, 요나가 변하지 않았기 때문에
둘째, 요나의 마음이 변하지 않았기 때문에
셋째, 하나님은 절대 요나를 포기하지 않으시기 때문에
결론: 성령의 도우심으로 나도 변하기를 바란다.

    요나서는 문맥상 3장에서 끝나는 것이 자연스럽다. 도망간 요나가 돌아왔고, 니느웨를 향한 선포 사역도 훌륭하게 마무리되었고, 게다가 선포의 열매도 출중하였다. 그래서 하나님의 재앙도 철회되었고, 3장 말미에 "그래서 니느웨는 행복하게 살았답니다" 하고 끝나는 게 정석이다. 그런데 요나서는 4장까지 이어지고, 결국에는 끝나는데 무언가 어정쩡하게 마무리된다. 왜 요나서는 3장에서 끝나지 않았을까? 하나님은 온 세상이 변하는 것보다 요나가 변하기를 바라셨기 때문이다. 니느웨서였다면 3장에서 끝났을 테지만 요나서이기에 하나님은 끝을 내실 수가 없었다. "요나" 대신 "나"로 바꾸면 바로 나를 향한 주님의 말씀, 즉 오늘의 설교가 된다.

    "왜?"라는 질문을 자주 던져보기를 권하는 바이다. 부활하신 주님은 왜 제자들만 남겨둔 채 서둘러 승천하셨을까? 탕자의 비유에서, 아들의 불행한 앞날을 뻔히 아신 아버지가 왜 아들을 떠나보낸 것일까? 죽음을 앞에 둔 세례 요한이 주님을 의심하는 질문을 던져올 때 주님은 왜 화를 내시지 않았을까? 우리 주님은 왜 베드로가 아니라 하필 전직 교회 핍박자 바울을 복음의 선봉으로 택하셨을까?

탐색형 3대지

탐색형 우산 질문은 오직 하나로 고정된다. "오늘 본문을 통해 주님께서 우리에게 주시는 말씀이 무엇일까요?" 사실상 이 우산 질문을 위해 구분된 유형이다. 마가복음 4장 35-41절에 예수님이 바람과 바다를 잔잔케 하신 본문을 가지고 다음 설교를 구성하였다.

〈탐색형 우산 질문〉 오늘 본문이 우리에게 주는 교훈이 무엇입니까?
첫째, 성도에게도 풍랑이 있다.
둘째, 그러나 풍랑 속에도 주님이 함께하신다.
셋째, 기도로 주님을 깨우라.

앞서 언급한 대로, 탐색형 3대지는 귀납형 전개다. 오늘 설교의 주제는 "기도로 주님을 깨우라."에 초점이 있다. "어찌하여 이렇게 무서워하느냐? 너희가 어찌 믿음이 없느냐?" 하시는 주님의 꾸지람이, 얼핏 "어찌하여 나를 깨웠느냐? 너희도 그냥 나처럼 믿음으로 잠이나 잘 것이지 웬 호들갑이냐?"로 들리기도 한다. 그러나 결국 해결은 주님께 있었고, 제자들로서는 최선의 선택이 주님을 깨우는 것이었다. 그런 의미에서 오늘 성도들의 마음에 새길 한 문장 주제는 "기도로 주님을 깨우라."

그런데 이 주제로 나아가기 위해 두 개의 계단을 건너게 되는데, 그것이 첫째 그리고 둘째 대지다. 첫째, 성도에게도 풍랑이 있다. 너무나 당연한 사실인데, 가끔은 성도들이 쉽게 받아들이지 못한다. 특히 신앙의 연수가 얕은 성도들은 '아니, 예수 믿으면 복을 받아야지 왜 나한테 이런 일이 생기는 거야?' 그렇게 당황하는 마음을 향해 오늘 본문이 진실을 일깨워준다. 주님의 자녀에게도 풍랑이 닥친다. 예수 믿고 구원 받은 백성에게도 삶의 질고가 있다.

그리고 이어서 아름다운 두 번째 진실이 선포되는데, 그러나 풍랑 속에도 주님이 함께하신다. 풍랑이 닥칠 때 자주 범하는 실수가, 그냥 풍랑만 본다. 온통 눈과 정신이 풍랑에 팔려서, 풍랑이 내 삶의 전부인 줄 안다. 그런데 오늘 본문이 우리에게 보여주는 참 든든한 진실이 있으니, 그 풍랑 속에 풍랑보다 더 크신 우리 주님이 함께하신다. 풍랑 속에도 주님의 이름은 임마누엘이시다. 이 두 계단을 거쳐서 마지막 셋째, 오늘의 주제로 나아간다. 기도로 주님을 깨우라. 풍랑에 두려워말고, 풍랑 속에도 나와 함께하시는 주님을 기도로 깨우라.

그런데 이 모든 과정의 출발점이 뭐냐? 바로 투박하지만 유용한 탐색형 우산 질문이다. "오늘 본문을 통해 주님께서 우리에게 주시는 말씀이 무엇입니까?" 너무 뻔해 보이고, 그래서 다소 세련미가 떨어지는 듯해도, 현장에서는 꽤 유용한 우산 질문이다. 특히 설교 초반부를 본문 해설로 시작하는 설교자들에게 유용하다. 참신한 예화로 설교를 시작하는 설교자가 있는가 하면, 언제나 본문 해설로 시작해야 하는 설교자도 있다. 후자의 경우, 본문 해설이 끝날 무렵 이 탐색형 우산 질문을 가지고 본론으로 들어가면 좋을 것이다.

결론 : 같은 내용 다양한 틀

지금까지 소개된 설명형, 증명형, 적용형, 그리고 이유 제시형은 거듭 밝힌 대로 설교를 풀어가는 방식의 이름이다. 메시지의 내용이 아니라, 메시지를 풀어가는 방식에 붙인 명칭이다. 동일한 메시지를 배달할 수 있는 네 갈래 길인 셈이다. 가장 효과적인 길에 대한 판단과 선택은 각 설교자의 몫이다. 보다 확실히 하기 위해 시편 23편을 가지고 네 유형의 설교를 모두 구성해 보겠다. 우선 설명형으로 구성하면,

〈설명형 우산 질문〉 하나님은 누구인가?
첫째, 나의 목자이시다.
둘째, 어려움 중에도 나의 목자이시다.
셋째, 영원한 나의 목자이시다.
결론: 오직 하나님을 의지하라.

시편 23편에서 제일 먼저 눈에 들어오는 단어는 역시 목자이다. 주님은 나의 목자이시다. 이 메시지를 보다 깊이 각인시키기 위해 필자는 "하나님은 누구인가?"라는 질문을 던졌다. 첫째 대지는, 있는 그대로 목자이신 하나님을 소개한다. 양과 목자의 관계를 풀어내면서 하나님이 우리의 보호자요, 인도자이심을 드러내면 된다.

둘째 대지에서는 "사망의 음침한 골짜기를 다닐지라도"에 집중하였다. 시편 23편의 양은 푸른 풀밭 맑은 시냇가에 있는 양이 아니다. 사망의 음침한 골짜기를 다니는, 우리 같은 인생이다. 그런데 바로 거기서 시인은 여호와가 나의 목자이심을 고백한다. 이 말씀을 받아, 상황

에 휘둘리지 않는 듬직한 목자이신 하나님을 설교할 수 있다.

셋째 대지는 마지막 결론부에 기초한 대지다. "내가 여호와의 집에 영원히 살리로다." 하나님 외에도 우리의 목자가 될만한 후보들이 세상에 더러 있다. 그러나 우리 하나님은 전혀 차원이 다른 분이시니, 그는 우리의 영원한 목자이시다. 풀은 마르고 꽃은 시들지만 우리의 목자 하나님은 마르지도 시들지도 않으신다. 영원토록 의지할 수 있는 영원한 우리의 목자이시다. 그러니 오직 그분만을 의지하라.

이어서 증명형으로 구성하면,

<증명형 우산 질문> 주님은 정말 나의 목자인가?
첫째, 주님이 나를 먹이신다. (푸른 풀밭)
둘째, 주님이 나를 지키신다. (사망의 음침한 골짜기에서도)
셋째, 주님이 나를 위해 죽으신다. (요한복음 10장의 선한 목자로 연결)
결론: 오직 주님을 의지하라.

주님이 우리의 목자되심을 증명하는 설교다. 긴가민가 의심스러워서 증명하는 게 아니다. 설교를 풀어내는 방식이 증명의 방식일 뿐이다. 정말로 그분이 우리의 목자, 우리가 의지할 목자인가? 첫째 대지는 그분이 우리를 먹이시는 분임을 선포한다. 푸른 풀밭 맑은 시냇가로 양들을 인도하는 목자처럼 우리에게 먹을 것과 입을 것을 공급하시는 하나님이시다. 그러니 그분이 우리의 목자이시다. 둘째 대지는 우리를 지키시는 주님을 선포한다. 사망의 음침한 골짜기에서도 우리를 지키신다. 그러니 그분이야말로 우리의 목자이시다. 삶의 경험들을 곁들이면 보다 체험적인 설교가 될 것이다.

마지막 셋째 대지는 나를 위해 죽으시는 목자를 소개한다. 필자의 판단으로는 시편 23편은 미완의 시로서, 완성을 위해 요한복음 10장으로 이어진다. 시편 23편에는 아름다운 약속과 소망은 나오지만 대가代價가 나오지 않는다. 약하디 약한 양이 사망의 음침한 골짜기에서 어떻게 멀쩡히 살아나올 수 있는지, 그 이유가 요한복음 10장에 나온다. "나는 선한 목자라. 목자는 양을 위하여 목숨을 버리노라."11절 우리들을 위해 목숨을 버리시는 주님이야말로 우리의 진정한 목자이시다. 시편 23편의 양은 요한복음 10장의 선한 목자의 십자가 아래에서 부족함이 없는 평안을 누린다.

다음으로 적용형으로 구성하면,

〈적용형 우산 질문〉 주님을 목자로 모신 사람인 우리는 어떻게 살아야 할까?
첫째, 주님이 나의 목자임을 고백하며 살라.
둘째, 특히 어려움 중에도 고백하며 살라.
셋째, 심지어 죽음의 순간에도 고백하며 떠나라.
결론: 오직 하나님을 의지하라.

내용상 앞서 소개한 설명형 3대지와 거의 차이가 없다. 다만 "고백하라"는 실천 항목이 가미되었을 뿐이다. 이 한 단어를 통해 설명형 설교가 적용형 설교로 변모된다. 시편은 해석의 대상이기도 하지만 고백의 대사다. 시편이 전통적으로 찬양과 기도의 책으로 이해된 것이 바로 그런 이유다. 시편 23편은 주님을 목자로 고백하라고 가르친다. 특히 "사망의 음침한 골짜기에서도" 목자로 고백할 것과, 심지어 우리 인생의 마지막 나의 생명이 죽음과 만나는 순간에도 이 고백으로 승리하라는 메시지다.

다음으로 이유 제시형으로 구성하면,

⟨이유 제시형 우산 질문⟩ 우리가 오직 하나님만을 의지해야 하는 이유는?
첫째, 나를 먹이고 지키시는 목자이기 때문에
둘째, 상황을 초월하는 목자이기 때문에
셋째, 시간조차 초월하는 목자이기 때문에
결론: 오직 하나님을 의지하라.

마지막으로 탐색형으로 구성하면,

⟨탐색형 우산 질문⟩ 오늘 본문을 통해 주께서 주시는 말씀이 무엇입니까?
첫째, 주님은 나의 목자시다.
둘째, 어려움 중에도 주님은 나의 목자시다.
셋째, 그러니 오직 하나님을 의지하라.

내용은 대동소이하다. 주님은 나의 목자, 사망의 음침한 골짜기에서도 심지어 영원토록 나의 목자이시니, 오직 그분만을 의지하라는 동일한 메시지다. 다만 메시지를 풀어내는 방식이, 설명형 혹은 증명형, 적용형 혹은 이유 제시형, 심지어 담백하게 탐색형까지 다양하게 구성할 수 있다. 판단과 선택은 설교자의 몫이다. 여하튼 3대지는 다양하고 역동적이다. 3대지는 한 개체의 이름이 아니라, 하나의 군집 명칭이다.

Easy Preaching

4장

3대지의 유형(2)
– 본문과 대지의 관계를 중심으로

**Easy
Preaching**

easy

4장

3대지의 유형(2)
― 본문과 대지의 관계를 중심으로

    3대지의 역동성은 본문과 대지의 관계에서도 나타난다. 강해설교자라면 누구나 대지는 본문에서 나온다는 데 동의할 것이다. 강해설교는 나의 생각이 아니라 성경 본문의 가르침을 설교하겠다는 결단이다. 그러니 설교의 중심 골격을 이루는 대지는, 그 뿌리가 내 머릿속이 아니라 당연히 성경 본문에 있다. 그런 점에서 본문과 대지는 시쳇말로 '밀접한' 관계에 있을 수밖에 없다. 그런데 그 밀접한 관계는 하나가 아니라 여럿으로 다양하고, 이것이 3대지 설교에 또 다른 역동성을 부여한다.

    본문과 대지의 관계를 기준으로 필자는 크게 다섯 유형으로 구분하는데, 분해형, 수집형, 묶음형, 추출형, 그리고 묵상형이다. 분해형이 짤막한 본문을 쪼개고 분해해서 대지를 마련하는 유형이라면, 수집형은 필요한 대지를 본문 여기저기서 산발적으로 수집하는 방식이다. 묶음형은 이름 그대로 본문을 일정한 덩어리로 묶어서 각 덩어리를 요약하여 대지를 마련하는 방식이고, 추출형은 본문을 전체적으로 조망하고 분석한 결과를 대지로 엮는 방식이다. 한약을 달여서 엑기스를 추출하는 장면을 떠올리며 붙여본 이름이다. 마지막으로 묵상형은 말 그대로 묵상을 통해 대지를 마련하는 방식인데, 본문과의 물리적인 관계가 가장 느슨하다고 볼 수 있다. 본문을 깊이 묵상하면서, 조금은 창조적인 방식으로 대지를 마련하는 방식이다. 구체적인 예를 들면서 각 유형을 소개하도록 하겠다.

분해형 3대지

분해형은 이름 그대로 본문을 쪼개고 분해해서 대지를 마련하는 유형이다. 쪼개고 분해한다는 말이 암시하듯, 이 유형은 주로 짤막한 본문을 대상으로 한다. 앞서 소개한 스바냐 3장 17절 설교가 이 유형에 속한다.

주제:　오직 하나님을 의지하라.
〈우산 질문〉 하나님은 어떤 분인가?
첫째,　우리 가운데 계시는 분
둘째,　구원을 베푸실 전능자
셋째,　우리를 사랑하시는 분
결론:　그러니 오직 하나님을 의지하라.

사실상 한 절짜리 본문인데, 한 절을 세 개의 대지로 분해하였다. 요한복음 3장 16절 설교도 역시 동일한 분해형이다.

주제: **하나님은 우리를 사랑하신다.**
〈우산 질문〉 **우리가 오직 하나님을 믿어야 할 이유는 무엇인가?**
첫째, 하나님이 우리를 사랑하시기 때문에
      (하나님이… 사랑하사)
둘째, 하나님이 우리를 정말 많이 사랑하시기 때문에
      (독생자를 주셨으니)
셋째, 하나님의 사랑이 우리를 구원하기 때문에
      (영생을 얻게 하려 하심이라)
결론: 하나님을 믿으라.

구체적으로 어떻게 하면 분해형 3대지를 마련할 수 있을까? 일단 왕도는 없다. 다만 세밀하게 들여다보는 것이 최선이다. 인내를 가지고 본문을 깊이, 보고 또 보고, 근성을 가지고 들여다보아야 한다. 메시지가 나올 때까지. 개미의 머리, 허리, 다리가 구분되듯이, 작은 한 구절 안에 대지가 될만한 구획이 보일 때까지. 물론 실패도 있다. 아무리 들여다보아도 대지도 없고 메시지도 없는 경우도 있다. 이때 너무 낙심하지 말라. 생수 발굴이나 원유 시추에도 실패가 성공보다 많지 않은가. 발굴 실패도 설교 준비 과정의 의미 있는 일부다. 실패를 두려워말고, 파고 또 파고 메시지 발굴자로서 소임을 다하라.

될성부른 구절을 찾는 '감'과 '촉'을 기르라

물론 무턱대고 아무 구절이나 파고 또 팔 수는 없다. 애초에 메시지가 나올 법한 구절을 잘 골라야 한다. 여기서 중요한 것이 알아보는 눈이다. 흔히 하는 말로 '감' 혹은 '촉'이 있어야 한다. 땅 속 수맥을 찾아내는 탐사자처럼 말씀의 맥을 찾아내는 감이 필요하다. 솔로몬이 재판의 지혜를 구했듯이, 우리 설교자에게도 그런 기회가 주어진다면 하나님 앞에 이 감感의 은사를 구하는 것도 지혜일 것이다. 그런데 감과 촉은 은사이기도 하지만 오랜 노력의 결실이기도 하다. 말씀 연구가 깊어지고, 말씀과의 교제가 쌓이고 또 쌓일 때 말씀의 맥을 찾는 감도 길러지고 촉수도 더욱 예민해지리라 기대한다.

때로, 필자의 경험으로는 주께서 선물로 던져주시는 3대지도 있다. 설교의 맥을 잡지 못해 고민하는 설교자를 불쌍히 여기셔서 옛다 하고 던져주시는 메시지도 있는데, 받고 보면 그런 메시지가 참 귀하다. 사도행전 3장 베드로의 짤막한 한 마디에서 한 편의 설교를 건진 일이 있다. "은과 금은 내게 없거니와 내게 있는 이것을 네게 주노니 나사렛 예수 그리스도의 이름으로 일어나 걸으라."행 3:6 교사들을 위한 말씀을 준비하고 있었는데, 가운데 토막이 눈에 확 들어왔다. "내게 있는 이것을 네게 주노니." 주님 주시는 선물이라 생각하고 냉큼 받아서 아래 설교를 구성했다.

> 주제: 좋은 사역자(교사)가 되라.
> 〈우산 질문〉 사역자(교사)는 누구인가?
> 첫째, 주는 자다. (줄 마음이 있어야 한다.)

둘째, 내게 있는 것을 주는 자다. (줄 수 있는 한계가 있다.)
셋째, 먼저 받아야 하는 자다. (받아야 줄 수 있다.)
결론: 좋은 것 받아서 좋은 것을 주는 좋은 사역자가 되라.

메시지를 풀면, 교사가 누구인가? 우선은 주는 자다. 사역은 주는 것이다. 베드로가 왜 사역자였는가? 그가 주었기 때문이다. 무언가를 챙기는 데 관심이 있는 사람은 사역자로서는 부적합이다. 교사든 사역자든, 의미 있는 일을 하려는 자는 줄 마음이 있어야 한다.

둘째, 교사는 내게 있는 것을 주는 자다. 남의 것을 주는 사람이 아니라, 내 것을 주는 사람이 교사요, 사역자다. 남의 것으로 생색내려는 사람은 좋은 교사가 아니다. 그리고 사실 내게 있는 것이 아니면 주려고 해도 줄 수 없다. 있어야 줄 수 있다. 베드로가 은과 금을 줄 수 없었던 이유는, 그의 수중에 금과 은이 없었다는 데 있었다. 내게 있는 것이 우리 사역의 한계를 설정한다. 딱 거기까지 줄 수 있다.

마지막 셋째, 교사가 어떤 사람이냐? 특히 좋은 교사가 되려면 어떻게 해야 하느냐? 먼저 받아야 한다. 귀한 것을 주고 싶다면 먼저 귀한 것을 받아야 한다. 그래서 좋은 교사는 학생들 앞에 서기 전에 먼저 주님 앞에 서야 한다. 베드로와 요한이 구 시 기도 시간을 지킨 이유가 여기에 있다. 주님 주시는 선물을 받지 않으면 줄 수가 없다. 학생들 앞에 서기 전에 주님 앞에 많이 더 깊이 서는 교사들이 되라.

원어 성경을 참조하라

모든 유형에서 원어 성경이 유용하지만, 특히 분해형 설교에 원어 성경이 큰 도움이 된다.[1] 물론 잘 읽을 수 있을 경우다. 긴 단락을 원어로 읽는 것은 몇몇 실력자 외에는 참 부담스러운 일이다. 분해형 설교는 대체로 한 구절을 본문으로 삼으니, 한번 도전해 볼만할 것이다.

원어 분석 하나만으로 설교 대지가 잡히기도 하는데, 대표적으로 주님의 지상명령인 마태복음 28장 19-20절이 그러하다. 우리말 성경으로는 "가라", "제자로 삼으라", "세례를 베풀라", 그리고 "가르쳐 지키게 하라" 네 개의 동사가 단순 나열되는데, 원어를 보면 차등이 있다. "제자로 삼으라"가 본동사main verb이고, 나머지 셋은 수식하는 분사participle다.[2] 도식화하면,

제자로 삼으라.
  ㄴ 가라.
  ㄴ 세례를 베풀라.
  ㄴ 가르쳐 지키게 하라.

위 도식을 통해 주님의 의도를 보다 세밀하게 파악할 수 있다. "모든 사람을 제자로 삼으라"는 것이 중심 명령이고, 나머지 셋은 그 명령을 실천하는 세부 방법을 지시한다. 이를 토대로 3대지 설교를 구성할 수 있다.

---

1 영어 번역본을 봐도 한글판 성경에서 보이지 않는 구조를 파악하는 도움이 되는 경우가 많다.
2 Donald A. Hagner, *Matthew 13-28*, WBC 33B (Dallas: Word Books, 1995), 886-88.

주제: 모든 사람을 제자로 삼으라.
〈우산 질문〉 제자로 삼는다는 게 무슨 의미인가?
첫째, 가라.
둘째, 세례를 베풀라.
셋째, 가르쳐 지키게 하라.

설교를 위해서는 주제와 대지를 보다 적용적인 언어로 다듬으면 좋다. 설교는 해석이 아니라 적용이라는 원칙은 매 설교마다 기억되고 실천되어야 한다. 본문의 표현을 보다 체감적인 언어로 바꿀 때 석의를 넘어 설교로 한걸음 나아가게 된다.

주제: 사람(제자)을 남기라.
〈우산 질문〉 사람(제자)을 어떻게 남길 수 있는가?
첫째, 기다리지 말고 먼저 다가가라.
 (가라는 말보다 다가가라는 말이 체감적이다.)
둘째, 예수 고백을 전하라.
 (세례는 가시적인 결과물이다.)
셋째, 지속적으로 양육하라.
 (가르치고 지키는 것을 양육이라 요약할 수 있다.)

분해형은 초보 설교자의 훈련용으로 유익한 유형이라고 생각된다. 설교자의 등급을 나누는 것이 덕스럽지 못하지만, 연륜이 쌓인 설교자와 이제 막 입문한 설교자 사이에 현실적인 차이가 있는 것은 분명하다. 설교자에게도 초심이 있다면 한 말씀 한 구절도 허투루 보지 않고 세밀하게 묵상하고 연구하는 태도일 것이다. 입문 시절부터 분해형 3대지를 통해 짤막한 한 구절을 진중하게 보고 또 보고, 연구하고 또 연구하는 습성을 배양할 수 있다.

수집형 3대지

수집형은 대지를 본문 여기저기서 산발적으로 수집하는 유형이다. 분해형이 파고 또 파는 유형이라면, 수집형은 본문을 훑어보면서 필요한 부분을 잽싸게 챙기는 방식이다. 시편 42편을 본문으로 한 설교인데, 제목은 "목마른 자는 복이 있나니"이고, 괄호 안 숫자는 각 대지의 기초가 되는 성경 구절이다.

> 주제: 하나님을 향하여 갈급한 사람이 하나님의 사람이다.
> 〈우산 질문〉 영이 살아있는 하나님의 사람은 어떤 사람인가?
> 첫째, 목마른 사람 (1절)
> 둘째, 눈물의 사람 (3절)
> 셋째, 몸부림의 사람 (5절)
> 결론: 우리에게도 이러한 갈급함이 있기를 바란다.

시편 42편은 영혼이 건강한 사람, 혹은 영이 살아있는 사람의 노래다. 목마름은 살아있는 사람의 특징이고, 살아있다는 증거다. 며칠을 물을 마시지 않아도 목마름을 느끼지 못한다면 필시 죽은 시체일 것이다. 물론 낙타는 그럴 수 있겠지만 그래서 시인은 낙타가 아니라 사슴에 비유한다. 지구상에 있는 동물 중에 목마름을 제일 못 참는 동물이 사슴이라고 하지 않는가. 시인의 갈급함은 비록 그 모양이 안쓰러워도 그가 살아있음을 증거한다.

목마름, 눈물, 그리고 몸부림은 공히 하나님을 향한 갈급함을 그리는데, 점차 강화되는 흐름이다. 목마름이 깊어질 때 눈물이 터져 나오고, 하나님을 향한 갈급함이 더 깊어질 때 몸부림이 나온다는 메시지다. 그리고 우리도 좀 그렇게 되기를 바란다는 권면의 메시지다. 각각 1절, 3절, 5절에 기초하고 있다. 1절의 갈급함을 목마름으로 각색하였고, 3절에서 눈물, 그리고 5절에 스스로를 향하여 호통 치는 시인의 모습을 몸부림이라는 이름으로 정리하였다. 대지의 표현은 설명형이지만 의미는 거룩한 갈급함으로의 초청형이다.

대지 구성에 본문을 균등하게 반영할 필요는 없다

본문을 설교에 균등하게 반영할 필요는 없다. 수집형은 원리적으로 본문의 균등한 반영을 내려놓는다. 양적으로 혹은 질적으로 애초부터 본문을 차등적으로 반영하겠다는 유형이다. 중요한 부분은 중요하게 다루고, 상대적으로 부차적인 부분은 그에 맞게 부차적으로 반영하면 된다. 판단의 기준은 주제다. 선포되는 주제를 가장 효과적으로 제시할 수 있는 구성을, 조금은 자유롭게 마련하면 된다. 앞 장에서 소개한 이동원 목사의 설교가 좋은 예가 된다. 본문은 마가복음 7장 31-35절이다.

주제: 예수님을 향해 닫힌 마음을 열 때, 우리는 그의 VIP가 된다.[3]
〈우산 질문〉 닫힌 마음의 인생에게 예수님은 어떤 존재인가?
첫째,   닫힌 인생을 보고 탄식하시는 분 (34a절)
둘째,   닫힌 인생을 친히 만져 주시는 분 (33절)
셋째,   닫힌 인생을 향해 말씀하시는 분 (34b절)
결론: 주님께로 나아오라.

설교 본문은 31-35절이지만, 보다시피 대지에 활용되는 것은 33절과 34절 뿐이다. 나머지 부분이 설교에서 제외되는 것은 아니며, 다만 덜 중요하게 다루어질 뿐이다. 본문을 향한 설교자의 신실함은, 본문에 대한 기계적인 답습이 아니라 본문이 전하는 메시지의 효과적인 제시로 나타나야 한다. 이를 위해 어떤 부분은 강하게, 어떤 부분은 메시지 흐름상 상대적으로 가볍게 다루어야 한다. 주제라는 주관을 가지고, 본문에서 능동적으로 대지를 수집하라.

주제에 집중할 때 대지가 보인다

여기서도 감과 촉이 필요하다. 분해형에서 될성부른 구절을 찾아내는 감과 촉이 중요하다고 했는데, 수집형에서도 그러하다. 오늘 선포될 주제를 효과적으로 드러낼 수 있는 구절 혹은 대목을 찾아내는 감이 매우 요긴하다. 어떻게 그 감을 얻을 수 있을까? 주님께서 주시는 은사가 있겠지만, 더불어 본문과 씨름하는 땀이 필요하고, 탁월한 능력을 보인 선배 설교자의 방법을 창조적으로 모방하는 것도 좋은 방

---

3   이동원,『당신은 예수님의 VIP』, 33-43.

법이다.

그러나 무엇보다 중요한 것은 주제에 대한 집중이다. 주제에 집중할 때 대지가 보인다. 눈의 초점을 주제에 맞출 때, 본문에 흩어져 있는 대지들이 질서를 잡는다. 컴퓨터로 자료를 찾을 때, 먼저 키워드를 입력하는 것이 지혜다. 무턱대고 모든 자료를 들여다보는 것은 성실함이 아니라 어리석음이다. 필요한 자료가 무엇인지를 지시하는, 분명한 키워드 혹은 잣대를 가지고 자료를 대할 때 작업이 훨씬 수월하다. 그 키워드가 바로 주제다.

설교자가 본문을 대할 때, 주제라는 분명한 키워드를 가지고 접근해야 한다. 그래야 효과적인 설교 준비가 가능하다. 물론 이 주제는 본문에서 나온 주제다. 외부에서 유입되거나 하늘에서 떨어진 주제가 아니라, 지금 씨름하고 있는 본문에 나온 주제다. 그런 의미에서 설교자의 본문 연구는 원리상 2회 이루어진다고 볼 수 있다. 우선 1차 연구는 주제 확보를 위한 연구이고, 이어지는 2차 연구는 대지를 마련하기 위한 연구다. 1차 연구의 결과로 확보된 주제를 가지고 본문을 다시 들여다보면서 대지를 찾아내는 것이다.

요한일서 1장 5-10절을 본문으로 한 설교를 소개하겠다. 제목은 "우리의 빛이신 하나님"이다. 1차 본문 연구를 통해 "하나님이 우리의 빛이 되신다"라는 주제를 잡았다. 여기서 얻은 빛이라는 키워드를 가지고 2차 본문 연구를 통해 다음과 같은 개요를 구상하였다. 수집을 통해 대지를 마련한 수집형 3대지다.

주제: 하나님은 우리의 빛이 되신다.
〈우산 질문〉 하나님은 우리에게 어떤 빛이신가?
첫째, 우리의 죄/어둠을 드러내시는 빛이시다. (8절)
둘째, 우리의 죄/어둠을 깨끗케 하시는 빛이시다. (9절)
셋째, 그래서 우리 죄인의 소망이 되는 빛이시다.
　　　　빛이신 하나님께로 나아오라.

하나님은 우리의 죄를 드러내시는 부담스러운 빛이면서, 동시에 우리의 죄를 씻어주시는 은혜의 빛임을 선포하는 설교다. 우리의 죄를 드러내고는 정죄로 끝나는 빛이 아니다. 드러내고는 이내 치유하시는 빛이시다. 의사가 우리의 병을 들추어내듯 우리 하나님은 우리의 죄를 들추어내신다. 그리고 좋은 의사가 그 병을 치료하듯, 우리 하나님은 우리의 죄를 깨끗이 씻어주신다는 메시지다.

"하나님이 우리에게 누구인가?"라는 질문으로 접근하면 너무 포괄적이어서 정리가 쉽지 않다. 보다 초점 있는 질문이 필요한데, 1차 연구를 통해 얻은 "빛"이라는 주제어를 가지고 하나님의 정체를 물어야 한다. 하나님은 우리의 빛이신데, 구체적으로 어떤 빛인가? 이렇게 설교자가 세밀한 기준을 제시할 때 본문도 그 기준을 따라 세밀한 대지를 내준다.

성경 전체에서 수집하기

보다 거대한 수집도 가능하다. 특정한 단락passage 본문에서 대지를 얻는 게 아니라, 성경 전체에서 대지를 수집하는 방식이다. 사실상 주제 설교 방식인데, 강해설교자로서 꽤 부담되는 방식이지만, 현장의 필요가 있을 경우에 한하여 조심스럽게 활용 가능할 것이다. 특별한 이슈로 모인 대형 집회나 교회 설립일 등 포괄적인 비전을 나누는 자리에 꽤 잘 어울리는 방식이라고 생각된다. 한 베스트셀러 서적의 서문에서 좋은 예를 발견하였다. 설교로 간주하여 요약하면 다음과 같다.

> **주제: 하나님의 백성으로서 세상을 이기는 철인이 되라.**
> **〈우산 질문〉 세상을 이기기 위해서는 어떤 준비가 필요한가?**
> 첫째, 말씀 앞에 세워져야 한다. (암 8:11-13)
> 둘째, 온전한 예배자로 준비되어야 한다. (요 4;41-24)
> 셋째, 세상을 이기는 철인으로 준비되어야 한다. (롬 8:35-37)[4]

앞서 말한 대로 주제의 설교의 향취가 강하고, 심지어 '짜깁기' 설교라는 비판을 받을 수도 있다. 그러나 '세상을 이기기 위한 준비'라는 주제 초점이 워낙 선명하고, 여기에 '철인'이라는 이미지가 주는 선명함까지 더하여, 짜깁기의 위험은 충분히 극복하는 것으로 보인다. 설교가 반드시 예닐곱 구절로 구성된 단일 단락에서 나와야 하는 건 아니다. 주제 초점만 분명하고, 대지의 기초가 되는 본문에 대한 주석만 건강하다면, 성경 전체에서 대지를 수집해 온다 해도 충분히 성경적 설교라는 이름을 붙일 수 있을 것이다.

---

4 다니엘 김, 『철인』 (서울: 규장, 2013), 4-9.

묶음형 3대지

묶음형 3대지는 본문을 적당량의 덩어리로 구분한 뒤 각 덩어리를 대지화하는 방식이다. 누가복음 4장 1-13절을 본문으로 한 설교를 소개하겠다. 예수님이 마귀에게 시험을 받으시는 장면인데, 첫 사람 아담의 실패를 극복하신 새 사람 예수님의 모습을 그리는 본문이다. 본문 자체가 세 개의 덩어리로 구성되어 있는데, 각 덩어리에 적절한 이름을 붙이면 자연스럽게 3대지 설교가 마련된다.

주제: 주님 닮은 새 사람이 되라.
〈우산 질문〉 새 사람은 어떤 사람인가?
첫째, 밥 앞에서 멈칫할 줄 아는 사람 (1-4절)
둘째, 성공 앞에서 멈칫할 줄 아는 사람 (5-8절)
셋째, 영광의 무대 앞에서 멈칫할 줄 아는 사람 (9-13절)

설교 제목을 "멈칫할 줄 아는 사람"으로 잡았는데, 유혹을 이기는 주님의 비결이 "멈칫함"에 있다고 판단했기 때문이다. (이 본문에 대한 자세한 해석 과정은 7장 강해설교의 본문 연구에서 다루었다.)[5] 배고프다고 주님은 덥석 밥을 잡지 않으신다. 성공이 눈앞에 보인다 해서 섣불리 달려들

---

5 설교 준비에 있어 가장 많은 에너지가 소모된 부분은 "멈칫"이라는 단어다. 이 단어를 통해 자칫 산만할 수 있는 세 개의 대지가 하나의 초점으로 모아진다. "멈칫"이라는 단어의 적합성에 대해서는 다른 의견을 환영하지만, 이런 '골격 단어'(중심 단어 혹은 핵심 단어)의 필요성에 대해서는 이견이 없기를 바란다. 설교 준비는 단지 본문에서 메시지를 획득하는 작업만은 아니다. 획득이 절반이라면 나머지 절반은 어떻게 전달할 것인가에 대한 고민이어야 한다. 메시지의 핵심부를 체감적인 단어로 표현해낼 수 있다면 설교의 전달에 상당한 탄력을 붙여줄 것인데, 본 설교에서는 "멈칫"이다.

지 않으시며, 신앙의 호기를 부릴 수 있는 영광의 무대에도 함부로 오르지 않으신다. 밥보다 말씀을 더 찾으셨고, 성공보다 하나님 앞에 신실함을, 사람들의 주목이나 영광보다 오직 하나님을 찾으셨다. 그것이 둘째 아담 예수님의 모습이고, 우리가 좇아야 할 길이라는 메시지다. 본문이 이미 나누어준 세 덩어리를 각각 요약하여 세 개의 대지를 마련하였다.

다음은 디모데전서 3장 1-13절을 본문으로 한 설교인데, 개요는 다음과 같다.

> 주제: 좋은 직분자가 되라.
> 〈우산 질문〉 좋은 직분자는 어떤 사람인가?
> 첫째, 삶이 건강한 사람 (1-3절, 7-9절)
> 둘째, 특히 가정생활이 건강한 사람 (4-5절, 12절)
> 셋째, 세월을 통해 검증된 사람 (6절, 10절)
> 결론: 좋은 직분자가 되라.

본문은 감독과 집사의 자격 혹은 덕목을 나열식으로 가르친다. 한 구절 한 단어 차근차근 뜻을 풀어가며 설교하는 것도 좋은 방법이다. 그러나 보다 체계 있고 그래서 청중이 보다 쉽게 소화할 수 있는 설교를 위해 묶음형 3대지를 시도하였다. 본문을 읽으면서 유사한 내용을 추려서 덩어리화하고, 각 덩어리에 이름을 붙이는 방식이다.

간략히 풀면, 1-3절과 7-9절에 절제와 단정함, 나그네 대접과 관용 등 다양한 내용이 나오는데, 이를 한 데 묶어 "삶이 건강한 사람"이라고 칭하였다. 흔히 말하는 사회적으로 인정받는 사람이라는 의미다. 이어서 다른 덩어리로, 집을 잘 다스리고 한 아내의 남편이어야 한다는 내용의 4-5절과 12절을 가정생활이라는 이름으로 묶었다. 사회생활과 가정생활이라는 대칭적인 이름이 메시지를 가지런하게 정리한다. 새로 입교한 자를 함부로 직분에 세우지 말라는 6절과, 먼저 시험하여 본 후에 직분자로 세우라는 10절을 묶어서 "세월을 통해 검증된 사람"이라는 대지를 잡았다.

이름 붙이기 (naming)

묶음형 3대지에 필요한 은사가 있다면 "이름 붙이기"의 은사다. 이름 붙이기란 자칫 산발적으로 흩어질 수 있는 조각들을 하나의 이름으로 묶어내는 작업을 말하는데, 모든 유형의 설교 준비에 필요하지만 특히 묶음형에 요긴하다.[6]

위의 딤전 3장 1-13절 설교의 첫째 대지를 예로 들면, 나그네 대접과 관용, 절제와 단정함, 그래서 사람들의 인정을 받는 삶을 표현할 수 있는 말은 다양하다. 칭찬 받는 삶, 베푸는 삶, 혹은 사회성이 좋은 사람 등 다양한 가능성이 열려 있다. 필자가 고른 단어는 건강함이다. 왜 하필 건강함이냐? 콕 집어서 말할 순 없지만, 쓰고 보니 본문의 의미를 담아내면서도 이해도 쉽고 품위도 있어 보인다. 물론 설교자에 따라 평가는 다르겠지만.

이름 붙이기는 생각보다 고된 작업이다.[7] 그러나 그만큼 가치가 있

---

6 "이름 붙이기"라는 명칭도 일종의 이름 붙이기의 결과물이다.
7 이름 붙이기가 얼마나 고된 일인지는 첫 사람 아담이 잘 안다. 창세기에 아담이 각종 들짐승과 공중의

는 작업이다. 전하는 메시지를 보다 선명하게 하고, 때로 준비 과정에서도 갈피를 잡아준다. 말씀으로 천지를 창조하셨다는데, 말 한 마디가 무질서한 설교에 질서를 부여한다는 느낌을 자주 받는다.[8]

다음은 출애굽기 20장 8-11절의 안식일 계명을 본문으로 준비한 묶음형 설교인데, 이름 붙이기에 꽤 공을 들였던 설교다.[9] 안식일의 정신을 "사람이 사람되는 날" 그리고 "하나님이 하나님되는 날"이라는 말로 표현하였다.

> 주제: 안식일을 기억하여 지키라.
> 〈우산 질문〉 안식일은 어떤 날인가?
> 첫째, 사람이 사람되는 날 (9-10절)
> 둘째, 하나님이 하나님되는 날 (11절, 그리고 의미상 2절도 포함)
> 셋째, 기억으로도 지키는 날 (8절)

사람이 사람되는 날? 사람은 언제나 사람이고, 하나님은 언제나 하나님이시다. 그러나 때로 삶에 지쳐서 내 곁에 있는 사람의 존귀함을 잊어먹기도 하고, 거룩하신 하나님을 소홀히 대하기도 한다. 마치 사람이 사람이 아닌 듯, 하나님이 하나님이 아닌 듯이 말이다. 이에 안식일은 이런 흐트러진 마음을 다잡고 다시 사람을 사람으로 대하고,

---

각종 새에게 이름을 붙이는 장면이 나오는데, 재미도 있었겠지만 굉장히 힘든 작업이었을 것이다(창 2:19). 아담뿐만이 아니다. 첫째 딸을 낳고 이름을 짓기 위해 필자는 근 보름을 씨름했었다. 엄살이 아니라 정말 힘들었다. 고된 작업이지만 아이를 낳은 아비로서 마땅히 해야 할 일이고, 지금에 와서는 설교자로 있는 한 매주 해야 할 일이다.

8 제목만으로도 김지찬, 『언어의 직공이 되라』(서울: 생명의 말씀사, 1996)는 조언에 많이 공감하게 된다.
9 「그 말씀」 2011년 8월호 필자의 글, "안식 설교, 이렇게 준비하라" 참조.

거룩하신 하나님을 다시금 거룩한 마음으로 모시는 날이다.

왜 안식일에 일을 금하셨을까? 사람을 사람으로 대하지 못하는 걸림돌 가운데 하나가 일이기 때문이다. 일이 들어오면 사람을 있는 그대로 존귀한 사람으로 보지 않고 일하는 기능으로, 심지어 일의 수단으로 대하는 경우가 있다. 능력 있는 사람과 무능한 사람을 가르고, 그래서 가난한 자와 부자, 주인과 노예를 가르는 것도 결국은 일이다. 이에 안식일은 일이라는 꼬리표를 떼고 있는 그대로의 사람을 대하는 날이다. 바로 그런 의미에서 사람이 사람되는 날이다.

일은 심지어 하나님의 자리를 차지하기도 한다. 하나님을 믿고 의지해야 할 우리가, 때로 일을 의지하고 산다. 하나님이 나의 목자가 아니라, 나의 일 그래서 일을 통해 벌어들이는 돈이 나의 목자가 되기도 한다. 이에 안식일은 일을 버리고 오직 하나님만을 붙드는 날이다. 일이 아니라 오직 하나님이 나의 주님이심을 고백하는 날이다.

셋째 대지의 핵심어는 기억이다. 안식일은 당일만 지키는 게 아니라, 기억 속에서 다른 날에도 지키는 계명이다. 안식일만 사람으로 대하는 게 아니라, 기억 속에서 다른 날에도 동일하게 사람을 존귀하게 대해야 한다. 안식일만 하나님을 의지하는 게 아니라 땀 흘리는 일터에서도 일이 아니라 하나님이 나의 주님이심을 기억하는 게 진정한 안식일 준수다. 바로 그런 의미에서 안식일을 "기억하여" 거룩하게 지키라.

추출형 3대지

이제 네 번째로 추출형을 알아보자. 추출형은 본문을 쪼개거나 덩어리로 묶는 대신, 전체 본문을 통으로 바라보는 방식이다. 본문 전체를 조망하면서 본문이 주는 메시지를 포괄적으로 추적하여 대지를 마련하는 유형인데, 특히 내러티브 본문에 잘 들어맞는다. 앞서 말했듯이, 각양의 약재를 달여서 꾹 엑기스를 추출하는 장면을 떠올리면서 붙인 이름이다. 본문이라는 약재를 마음의 약탕기에 넣어 꾹 대지를 추출해 보자.

마태복음 15장 21-28절을 본문으로 한 설교를 소개하겠다. 귀신들린 딸의 치유를 간청하는 여인에게 주님이 하시는 말씀이 적잖이 당황스럽다. "자녀의 떡을 취하여 개들에게 던짐이 마땅하지 아니하니라."(26절) 우회적이지만 여인을 개에 빗대신다. 지렁이도 밟으면 꿈틀거린다고 여인이 반발할 법한데, 하는 말이 "주여 옳소이다."27a절 그렇지만 "개들도 제 주인의 상에서 떨어지는 부스러기를 먹나이다."27b절 이 여인을 향하여 주님 말씀하시길 "네 믿음이 크도다."28a절 꼭 무슨 선문답 같다.

떠오르는 질문이 있다. 믿음이란 무엇인가? 주님이 말씀하신 여인의 큰 믿음은 구체적으로 무엇을 말하는가? 묵상을 통해 필자가 얻은 결론은 "겸손"이다. 자기를 낮추는 겸손. 심지어 내가 '개 같은 자'임을 인정하는 겸손이다. 이를 토대로 3대지를 구성하였다. 내용상으로 "원리2+실천1" 형식이다. (5장을 참조하라.)

주제: 믿음은 겸손이다.
〈우산 질문〉 믿음이란 무엇인가?
첫째, 나를 낮추는 것이다.
둘째, 나의 낮음을 아는 것이다. (믿음의 사람으로 어떻게 살아야 할까?)
셋째, 가장 낮은 마음으로 주께 나아오라.

앞서 3장에서 소개한 요나서 설교도 추출형 설교로 볼 수 있다. 구체적인 본문을 명시하지 않았는데, 사실상 요나서 전체가 설교 본문이다. 각 대지들이 딱히 어느 대목에서 따왔다고 말하기는 어렵다. 다만 본문 전체를 조망하면서 추출한 대지들이다.

주제: 하나님은 요나(그리고 나)를 변화시키는 일꾼이시다.
〈우산 질문〉 요나서는 왜 3장에서 끝나지 않는가?
첫째, 하나님은 "요나가" 변하기를 기다리시기 때문에
둘째, 하나님은 특히 요나의 "마음이" 변하기를 기다리시기 때문에
셋째, 하나님은 절대 요나를 포기하지 않으시기 때문에
결론: 하나님의 열심으로 나도 변하기를!

"요나" 대신 "나"로 바꾸면 바로 나에게 주시는 설교가 된다. 하나님은 니느웨도 사랑하시지만, 요나를 사랑하신다. 그래서 니느웨의 변화로 만족하실 수가 없으시다. 사랑하는 요나의 변화를 기다리신다. 그래서 니느웨가 변한 3장에서도 요나서를 끝내지 않으신다.

둘째 대지는 요나의 마음이 변하기를 기다리시는 하나님의 소망을 그린다. 요나도 꽤 변했다. 도망쳤다가 돌아왔고 설교도 잘해서 수많은 니느웨 사람들이 회개했다. 그런데도 하나님은 만족하지 않으신

다. 요나의 마음이 변하지 않았기 때문이다. 비록 외형은 변했어도 그 중심이 변하지 않았다. 하나님은 요나의 능력이나 재주보다 요나 자체를 원하신다. 성형외과 의사는 내 얼굴만 변하면 만족하고, 학원강사는 내 성적에 관심이 있지만 하나님은 나 자체의 변화를 고대하시고, 나 자체를 원하신다. 얼마나 고마운가.

마지막 셋째 대지는 요나를 끝까지 포기하지 않으시는 하나님의 사랑과 열심을 담았다. 끝나도 끝나지 않는 요나서의 어정쩡한 마무리는, 지금도 요나를 향해 일하시는 하나님을 암시한다. 끝까지 요나를 포기하지 않는 하나님은 요나의 아버지시다. 아버지는 은퇴도 없고 포기도 없다. "요나" 대신 "나"를 넣으면 그렇게 든든하고 행복할 수가 없다.

나무 너머의 숲을 보라

추출형 설교는 나무보다 숲에 집중하는 유형이다. 나무라는 디테일이 아니라 숲이라는 큰 흐름에 집중한다. 바싹 다가선 디테일에도 귀한 메시지가 있지만, 한걸음 물러난 여유로운 조망에도 요긴한 메시지가 있다. 분해형이 디테일에 집중한다면, 추출형은 큰 흐름에 집중하는 이른바 숲 설교인데, 조금 극단적인 경우도 생각할 수 있다. 창세기 한 권 전체를 본문으로 한 설교가 가능할까? 가능하다. 하나의 주제를 뽑아낼 수 있다면 본문의 길이는 상관없다. 실제로 필자의 지도 교수는 소선지서를 한 주에 한 권씩 12주 연속 시리즈로 설교한 일이 있다. 매우 성경적이고 감동적인 설교였다고 한다.

나무보다 큰 숲을 본다고 해서 메시지의 양이 늘어나는 것은 아니다. 숲을 읽는 기본은 단순화다. 현실 지형은 복잡하지만 지도는 윤곽만을 잡아서 단순화시키듯, 숲 설교는 본문의 얼개 혹은 굵직한 흐름을 단순하게 잡아낸다. 세밀한 디테일이 아니라 전체적인 흐름을 터치하는 것이다. 그래서 바라보는 본문의 물리적인 크기는 엄청 크지만 제시하는 메시지의 양은 한 절 설교와 별반 차이가 없다. 결국 한 편의 설교다.

묵상형 3대지

마지막으로 묵상형 설교다. 이름 그대로 본문을 앞에 두고, 깊은 묵상을 통해 대지를 확보하는 방식이다. 묵상은 다분히 창조적인 행위다. 주석이 문자와 문맥에 담긴 본문의 의미를 추적한다면, 묵상은 때로 본문의 울타리를 넘어 드넓은 대지로 의미의 지평을 넓히기도 한다. 앞서 소개한 네 방식에 비해 비교적 본문에서 자유로운 방식이다. 그렇다고 성경의 울타리를 넘어서는 것은 금물이다. 이는 묵상이 아니라 일탈이라고 해야 할 것이다. 본문과의 느슨함 때문에 강해설교자에게 조금 부담스러운 방식일 수 있지만 지혜롭게 그리고 가끔 사용한다면 보다 풍성한 설교로 나아가는 길이 될 수 있을 것이다.

전도서 3장 11절을 본문으로 한 설교를 소개하겠다. "하나님이… 사람들에게는 영원을 사모하는 마음을 주셨느니라." 한 절 본문은 분해형도 좋지만, 묵상형도 좋다. 짤막한 한 절을 잘게 쪼개는 것이 분해형이라면, 쪼갠 말씀을 마음의 되새김질을 통해 씹고 또 씹는 것이 묵상이라고 할 수 있다. 깊은 묵상을 위해서는, 한 절 심지어 한 단어면 충분하다. 물론 대여섯 절로 된 단락도 묵상의 대상이 될 수 있겠지만, 그때도 대표격의 한 단어를 잡아서 묵상하는 것이 좋다. "영원을 사모하는 마음"을 묵상하여 다음 설교를 구상하였다.

> **주제: 영원을 사모하고 쟁취하라.**
> **〈우산 질문〉 우리 안에 있는 영원을 사모하는 마음, 이것은 무엇일까?**
> 첫째, 연기(煙氣)다.
> (아니 뗀 굴뚝에 연기 날까. 영원을 사모하는 우리의 마음은 어딘가 영원이 존재함을 알리는 연기다.)
> 둘째, 아픈 추억이다.
> (우리는 한 때 영원한 존재였다. 지금은 잃어버렸지만. 영원을 잃어버린 아픈 추억이 우리 마음에 흔적처럼 남아 있다.)
> 셋째, 하나님의 초청장이다.
> (하나님이 우리에게 영원을 사모하는 마음을 주신 이유는, 우리에게 영생을 주시기 위함이다. 전 3:11은 요 3:16로 부르시는 하나님의 초청장이다.)

영원에 관하여 사람은 참 안쓰러운 존재다. 영원을 사모하지만 영원하지 않은 존재이니 말이다. 차라리 짐승처럼 영원을 모른다면, 영원을 사모하는 마음이 없다면 속이라도 편하련만 짐승과 같이 유한한 존재이면서 짐승과 달리 영생의 소망을 품고 있다. 성경은 이것이 하나님이 주신 마음이라는데, 설교자의 고민이 여기서 시작된다. 하나님이 이 마음을 주신 이유가 무엇일까? 괴로우라고, 약오르라고? 원어 분석한다고 나오는 답이 아니다. 한 걸음 물러난 묵상이 필요하다. 이런 설교를 준비하는 데는 책상보다 산책이 좋다.

　　이사야 45편을 가지고 쓴 묵상 에세이를 소개하겠다. 조금 더 펼치면 묵상형 3대지 설교가 될 것이다. "숨어계시는 하나님"이라는 묘한 이름을 만났다. 낯설면서도 묘한 분위기의 이름이다. 익히 알려진 임마누엘이나 여호와 이레 등의 이름과는 분위기가 많이 다르다. 묵상이 필요한 이름이다. 심지어 대놓고 우리를 묵상의 세계로 초대하는 이름이다. 이럴 땐 만사 제쳐놓고 묵상하는 것이 설교자의 소임일 것이다.

숨어계시는 하나님 (사 45:15-17)[10]

　　하나님을 칭하는 이름들이 많은데, 오늘 참 절묘한 이름을 만납니다. "숨어계시는 하나님." 무슨 뜻일까요? 꼭꼭 숨어라 머리카락 보인다, 심심해서 술래잡기 중인 하나님? 이건 아니겠죠. 혹은 아담처럼 부끄러움에 나무 뒤에 숨은 하나님? 이건 더더욱 아닐 테고. 이름의 뜻도 꽤 숨어있는 듯합니다. 하나님을 묵상하는 마음으로 이 묘한 이름을 묵상해 보았습니다.

　　우선, "살아계신 하나님." 하나님은 우리 눈에 보이지 않습니다. 세상은 그래서 하나님이 없다고 단정하기도 합니다. 그러나 우리는 알고 있습니다, 그분이 살아계신다는 것을. 믿음으로 우리는 그분의 향취를 느낍니다. 그 고백을 담은 이름이 숨어계시는 하나님이 아닐까요. 눈에 보이지 않지만 분명히 살아계신 하나님, 그래서 숨어계시는 하나님.

　　또 "우리 곁에 계신 하나님." 숨어있다는 말에는 왠지 가까움이 느껴집니다. 나의 등 바로 뒤, 혹은 나의 등잔 바로 밑. 멀리 있는 분이라면, 멀찍이 거리를 두고 있는 분이라면, 그냥 떠나버린 하나님 혹은 아득한 하나님이라

---

10 총회교육원 편, 「복있는 사람」 2015년 9-10월호(101호), 82-83.

고 불렀겠죠. 우리의 어둔 눈이 보지 못할 뿐, 늘 우리 곁에 계신 하나님께 붙인 이름이 숨어계신 하나님이 아닐까요. 그러고 보니 임마누엘이라는 이름과 많이 겹쳐 보입니다.

하나 더, "겸손하신 하나님." 하나님은 겸손한 사람을 참 좋아하시는데, 그분이 누구보다 겸손하시기 때문이 아닐까요. 세상은 드러내기를 좋아합니다. 어떡하든 눈에 띠고 싶어 하고, 어떡하든 사람들이 알아주기를 바라고, 안 알아주면 속상해하고. 그런데 우리 하나님은 숨어계신 하나님. 누가 알아주지 않아도 새벽녘 청소부처럼 해야 할 일을 묵묵히 행하시는 우리 하나님의 이름은 숨어계신 하나님. 주섬주섬 생각해보았는데, 다음은 여러분이 채워주시면 좋겠습니다.

설교와 묵상

묵상은 단지 묵상형 설교에 국한된 방법론은 아니다. 모든 유형의 설교 준비에 매우 요긴하게 사용할 수 있는 도구가 묵상이다. 묵상 중에 본문을 읽고, 묵상 중에 본문을 연구하고, 묵상 중에 대지를 마련한다면, 보다 풍성한 설교가 마련될 것이다. 사실 이미 많은 설교자들이 그렇게 하고 있다.

간혹 QT식 설교에 대해 거부감을 표하는 이들이 있다. 설교는 주관적인 자기 생각이 아니라 객관적인 본문 연구에 기초해야 하기 때문이다. 충분히 동의한다. 설교는 설교자 개인의 생각이 아니라 주님 주신 말씀을 선포하는 행위다. 그러나 그렇다고 묵상을 배제하는 것은 구더기 무서워 장 못 담그는 어리석음이다. 본문에 충분히 기초하되 깊은 묵상을 통해 설교에 창조적인 생기를 불어넣을 수 있다면 정말 귀한 일이 아니겠는가.

묵상을 위한 산책을 추천한다. 책과의 씨름이 좋은 설교의 바탕이 되지만 산책로에서의 묵상도 설교를 풍성하게 하는 요긴한 플러스알파가 된다. 일단 서재에서 설교를 준비하고, 어느 정도 연구가 마무리될 무렵 책을 덮고 산책을 떠나라. 개인적인 경험이지만, 웬만한 책보다 깊은 깨달음을 산책로에서 얻을 때가 많다.

Easy
Preaching

5장
3대지의 유형(3)
– 대지와 대지의 관계를 중심으로

**Easy
Preaching**

5장

3대지의 유형(3)
- 대지와 대지의 관계를 중심으로

3대지의 역동성은 무엇보다 대지와 대지의 관계에서 나타난다. 화석처럼 죽은 듯한 3대지가 여전히 꿈틀꿈틀 살아있음을 처음 감지한 곳이 바로 이 대목이다. 3대지는 죽은 격자가 아니라 살아있는 물줄기다. 대지의 흐름이 하나로 고정되어 있지 않고 여럿으로 개방되어 있으며, 상황에 따라 적절하게 변신할 수 있는 유연성을 확보한 틀이다. 죽은 것은 움직임도 변화도 없지만, 살아있는 것은 상황에 따라 역동적으로 변화 가능한 법인데, 단언컨대 3대지는 후자다. 3대지는 역동적으로 살아있다.

현재까지 필자가 정리한 3대지의 흐름은 다음과 같다. "현재까지"라는 단서를 다는 것은 앞으로도 계속 추가될 수 있기 때문이다. 소개하면, 대등형, 점층형, 진전형, 심지어 반전형, 그리고 '원리2+실천1'형과 '원리1+실천2'형까지 다양하다. 다음(6장)에 소개하겠지만 3대지는 다른 형식을 포섭하는 능력도 가지고 있다. 내러티브 설교, 기승전결,

귀납형 설교도 3대지의 틀에 충분히 담아낼 수 있다. 이래저래 3대지는 정말로 살아있는 틀이다.

대등형 3대지

우선 가장 기본적인 형태에서 시작하자. 대등형인데, 이름 그대로 각 대지들이 서로 대등한 관계에 있는 구조다. 쉬운 예로 데살로니가전서 5장 16-18절을 본문으로 한 설교를 소개하겠다.

> 주제: 하나님의 뜻을 이루는 삶을 살라.
> 〈우산 질문〉 우리를 향한 하나님의 뜻은 무엇인가?
> 첫째, 항상 기뻐하라.
> 둘째, 쉬지 말고 기도하라.
> 셋째, 범사에 감사하라.
> 결론: 하나님의 뜻을 이루라.

대등형은 하나의 우산 질문에 대한 대등한 세 개의 답으로 대지가 구성되는데, 제일 큰 장점은 쉽다는 것이다. 설교자가 준비하기가 비교적 쉽고 청중이 듣고 이해하기도 그리 어렵지 않다.[1] 대등형의 특징은 순서를 바꾸어도 메시지에 별 영향이 없다는 것이다. "항상 기뻐하라"

---

[1] 쉽다는 것은 설교에 있어 매우 의미 있는 장점이다. 어려운 설교는 고차원적인 설교일 수도 있지만, 덜 다듬은 미완성 설교인 경우가 많다. 다소 밋밋하지만, 쉽다는 것만으로도 대등형은 가치 있는 설교 틀이다.

가 셋째 대지로 가고 "쉬지 말고 기도하라"가 첫째로 올라와도 메시지에 큰 변화는 없다. 왜냐하면 대등적인 관계에 있기 때문이다.

다른 예로, 요한삼서 2절을 본문으로 한 설교를 소개하겠다. 주제와 대지의 관계 면에서는(3장 참조) 설명형이고, 본문과 대지의 관계 면에서는(4장 참조) 분해형으로 볼 수 있다. 그리고 지금 우리의 관심인 대지와 대지의 관계 면에서는 대등형 3대지에 속하는 설교다.

> 주제: 하나님의 복을 받으라.
> 〈우산 질문〉 우리에게 주시는 하나님의 복은 무엇인가?
> 첫째, 영혼의 복
> 둘째, 범사의 복
> 셋째, 건강의 복
> 결론: 하나님의 복이 풍성하게 임하기 바란다.

대등형의 단점을 지적하라면, 무엇보다 정적인 흐름이 주는 밋밋함이다. 평평한 땅에 흐르는 물처럼 역동적인 흐름의 부족으로 인해 청중의 주의를 끄는 데 다소 어려움을 겪을 수 있다. 그러나 메시지가 쉽고 단순하다는 강점을 통해 충분히 극복 가능하다고 생각한다. 청중은 역동적인 메시지에도 귀를 기울이지만 필자의 경험으로는 오히려 단순하고 이해하기 쉬운 메시지에 더 집중하는 듯하다.

짜깁기의 위험성도 유의해야 한다. 3대지가 짜깁기의 비판을 받을 때 주로 지목되는 형태가 바로 대등형이다.[2] 기술적으로 긴밀하게

---

2 3대지를 짜깁기 설교라고 비판하는 분들은, 대등형 3대지가 3대지의 전부로 보는 것 같기도 하다. 사실

연결되지 않으면 자칫 파편화된 세 편의 설교가 될 가능성이 있으니, 설교자의 주의가 필요하다. 위의 요한삼서 설교에서는 "복"이라는 단어가 세 대지를 긴밀하게 엮어준다. 먼저 소개한 데살로니가전서 설교는 "하나님의 뜻"이라는 매개가 대지들을 하나로 연결한다. 또한 본문 자체의 유명세가 통일성에 한몫한다. 이 세 절은 상당수 청중의 뇌리 안에 이미 견고한 연결고리를 확보하고 있다. 여하튼 대등형은 각 대지가 모래알처럼 흩어지지 않도록 유의해야 한다.

대등형 설교에서도 순서를 고민하라

대등형에도 '더 효과적인 순서'는 존재한다. 대지 순서의 변화가 설교에 미세하지만 의미 있는 변화를 일으킬 수 있다. 때로 그 미세한 변화가 설교의 성패를 가를 수도 있다. 대지 순서에 변화를 줄 때, 어떤 결과가 나오는지 다음 예를 통해 살펴보자. 위 설교의 첫째 대지를 마지막 셋째로 옮겨보았다.[3]

〈우산 질문〉 우리에게 주시는 하나님의 복은 무엇인가?
첫째, 범사의 복 (가정과 생업)
둘째, 건강의 복
셋째, 영혼의 복
결론: 하나님의 복이 풍성하게 임하기 바란다.

은 3대지라는 거대한 세계의 작은 일부에 불과한데 말이다.
3 헬라어 원문의 순서를 반영한 대지다. 원문의 순서를 고려하여 직역하면 "사랑하는 자여 네가 범사에 잘되고 강건하기를 내가 간구하노라, 네 영혼이 잘됨 같이"가 된다.

메시지에 변화가 발생하는가? 내용은 대동소이하지만, 초점 혹은 강조점에서 '미세하지만 의미 있는 변화'가 일어난다. 아무래도 마지막 순서에 무게가 실리는 법이다. 마지막 셋째 대지인 영혼의 복에 무게가 실림으로써, 다른 복도 좋지만 영혼의 복이 최고라는 뉘앙스의 설교가 될 가능성이 크다. 사업(범사)의 복과 건강의 복에 골몰한 나머지 영혼의 복에 소홀한 세태를 고발하는 설교로 제격이다. 한편, 바꾸기 이전 원래의 구성(영혼-범사-건강)은 영혼 구원의 복을 받은 자로서 이 땅에서도 더 풍성한 복을 받기를 바란다는 축복형 메시지가 될 수 있다. 둘 중 어느 길을 택할지 판단은 각 설교자의 몫이다. 본문 연구와 더불어 목회적 판단을 통해 설교자가 결정해야 한다.[4]

대지 순서에 관한 설교학적인 원칙은, "본문의 흐름보다 생각의 흐름에 따라 대지를 배열하라"이다.[5] 설교 주제를 가장 효과적으로 드러내는 순서를 찾아야 한다. 대체로 본문 자체가 이미 효과적인 흐름으로 구성되어 있지만, 오늘 주제를 전하기에 더 효과적인 순서가 있다면 그것을 따르는 것이 설교학의 원칙이다.

---

4 설교 주제는 단지 본문 해석의 결과물만은 아니다. 청중을 향한 적용과 더불어 목회적 판단도 가미될 수 있다. 물론 그럼에도 불구하고 그 뿌리와 기초는 당연히 성경본문이어야 한다.
5 필자의 『퇴고 설교학』, 63-66 참조.

점층형 3대지

다음으로 점층형인데, 대등형의 정적인 밋밋함을 극복하기 위해 필자가 자주 사용하는 방법이다. 앞선 대지에다 "아주" 혹은 "매우" 등의 부사, 혹은 "어려움 중에도"와 같은 부사구를 붙여서 후속 대지를 마련하는 방식이다. 선행 대지의 몸통을 그대로 살림으로써 통일성을 확보하고, 후속 대지에 점층의 부사를 가미하여 메시지의 역동성을 확보한다. 노파심에 하는 말이지만 여기서 부사는 설교자의 잔재주 창작물이 아니라 강해설교의 원리를 좇아 본문 주해에 기초해야 한다. 요한복음 3장 16절 설교를 예로 소개하겠다.

> 주제: 하나님은 우리를 사랑하신다.
> 〈우산 질문〉 왜 우리는 오직 하나님을 믿어야 하는가?
> 첫째, 하나님이 우리를 사랑하시기 때문에 (미워하거나 무관심하지 않고)
> 둘째, 하나님이 우리를 "정말 많이" 사랑하시기 때문에 (독생자를 주실 정도로)
> 셋째, 하나님의 사랑이 우리를 구원하기 때문에 (영생을 얻으리라)
> 결론: 하나님을 믿으라.

첫째 대지는 "하나님이 우리를 사랑하신다"이고, 둘째 대지는 여기에 "정말 많이"라는 부사를 덧붙였다. 동일한 '하나님의 사랑'을 선포하지만, 첫째 대지는 하나님이 '우리를 미워하거나 무관심하지 않고' 우리를 사랑하신다는 의미이고, 둘째 대지는 하나님이 '건성으로 사랑하시지 않고 독생자를 주실 정도로' 우리를 아주 많이 사랑하신다는 메시지다. 양 대지의 몸통인 하나님의 사랑을 일관되게 유지함으로써 통일성(주제 초점)을 확보하면서, 동시에 "정말 많이"라는 부사를 통해 메시지의 진전을 이룬다. 이를 통해 선포하는 메시지의 양은 줄이면서도 선포의 강도와 신선함을 더할 수 있다.

점층을 통해 의미가 강화되기도 하지만 메시지가 구체화되기도 한다. 구체화 역시 일종의 점층이라고 볼 수도 있다. 앞서 소개한 시편 23편 설교가 좋은 예가 된다.

> 〈우산 질문〉 하나님은 누구인가?
> 첫째, 나의 목자이시다.
> 둘째, "어려움 중에도" 나의 목자이시다.
> 셋째, "영원한" 나의 목자이시다.
> 결론: 오직 하나님을 의지하라.

여기서 핵심어는 "목자"다. 첫째 대지가 주님을 나의 목자로 선포한 후, 둘째 대지는 "어려움 중에도" 주님께서 여전히 나의 목자이심을 고백한다. "어려움 중에도"라는 수식어는 4절의 "내가 사망의 음침한 골짜기를 다닐지라도"에 주석적인 기초를 두고 있다. 사망의 음침한 골짜기에서도 여호와는 나의 목자시니 내게 부족함이 없다는 메시지다. "아주 많이" 류의 부사가 메시지의 강도를 높인다면, 상황을 묘사하는 "어려움 중에도"는 메시지의 깊이를 더한다. 나의 목자이신 주님은 상황을 초월하여 나의 주님이시고, 심지어 시간도 초월하여 영원한 나의 목자이심을 선포하는 점층형 설교다.

시간을 나타내는 부사인 "지금도"를 통해서도 점층의 효과를 낼 수 있다. 다니엘 7장을 본문으로 한 설교를 예로 들겠다.

〈우산 질문〉 묵시를 통해 주께서 우리에게 주시는 메시지는 무엇인가?

첫째, 하나님이 통치하신다.
　　　(제국이나 군왕이 아니라 하나님이 통치하신다.)
둘째, "지금도" 하나님이 통치하신다.
　　　(다니엘의 시대만이 아니라 지금도)
셋째, 하나님을 왕으로 모시라.
　　　(하나님의 통치에 순종하며 살라.)[6]

　　첫째 대지는 '세상 권력이나 군왕이 아니라' 하나님이 통치하신다는 메시지고, 둘째 대지는 하나님의 통치가 "지금도" 유효함을 선포한다. 하나님의 통치를 믿으면서도, 지금 당장 내 현안에 대해서는 그분의 통치를 믿지 못하는 불신앙을 고발하는 메시지다. "지금도"를 통해 일반적인 하나님의 주권 '신학'을 '일상의 신앙'으로 구체화한다. 의미상으로 첫째와 둘째는 선포 혹은 원리 대지라면, 셋째 대지는 실천 대지다. 차후에 소개되겠지만 원리와 실천을 혼재한 3대지도 충분히 가능하다.

진전형 3대지

　　세 번째 유형은 진전형이다. 이름 그대로 대지와 대지 사이에 모종

---

[6] 전체적으로 보면 본고 후반부에 소개되는 '원리2+실천1'형에 속한다. 첫째와 둘째 대지는 점층을 이루고, 전체적으로는 '원리2+실천1' 구도다.

의 진전progress 혹은 흐름이 감지되는 유형이다. 대등형과 달리 대지의 순서를 변경하면 메시지에 대폭 변화가 일어나거나, 숫제 메시지가 망가질 수도 있다. 음식을 요리할 때 재료를 넣는 순서에 따라 전혀 다른 맛, 심지어 전혀 다른 음식이 나올 수도 있다. 설교에서도 대지의 순서 자체가 메시지의 의미 있는 골격을 형성한다. 앞서 소개한 직분자 설교 딤전 3:1-13가 이 유형에 해당한다. (주제와 대지의 관계 면에서는 설명형, 본문과 대지의 관계 면에서는 묶음형이다.)

주제: 좋은 직분자가 되라.
〈우산 질문〉 좋은 직분자는 어떤 사람인가?
첫째, 삶이 건강한 사람
둘째, 특히 가정생활이 건강한 사람
셋째, 세월을 통해 검증된 사람
결론: 좋은 직분자를 우리에게 주소서.[7]

첫째 대지의 악센트가 "건강한"에 있다면, 둘째 대지는 "가정생활"에 있다. 삶 일반의 건강성을 다룬 후, 후속 대지는 가정생활의 건강성으로 축소 전진한다. 셋째 대지는 "세월을 통한 검증"으로 다시 한 번 초점 진전을 보인다. 대등형이 단순 옮겨다님이라면, 진전형은 꼬리에 꼬리를 무는 전략적 연결이다. 선행 대지를 발판 삼아 후속 대지가 한 걸음 의미의 진전을 이루는 흐름이다. 이로써 설교의 주제 초점이 보다

---

[7] 기원형 결론이다. 결론부에는 주로 명령 내지는 권면형을 사용하는데, 경우에 따라서는 하나님을 향해 기도하는 기원형 혹은 청중을 정중하게 초대하는 초청형도 요긴하게 사용할 수 있다.

선명하게 유지될 수 있다.

보다 물리적인 진전으로 대지를 구성할 수도 있는데, 혈루증 여인 사건눅 8:44-48을 본문으로 한 설교를 예로 제시하겠다. 제목은 "참된 예배자"인데, 물리적인 움직임이 설교의 골격을 이루면서 메시지에 감각적인 선명성을 더한다.

주제: 참된 예배자가 되라.
〈우산 질문〉 예배로 나오는 우리의 태도는 어떠해야 하는가?
첫째, 기대를 품고 나아오라. (집에서)
둘째, 대가를 치르고 나아오라. (오는 길에)
셋째, 기억을 품고 돌아가라. (돌아가는 길에)
결론: 참된 예배자가 되라.

주님을 찾아온 혈루증 여인의 걸음을 예배에 비유하였다. 혈루증 여인이 예배자다? 예배도 주님께로 나오는 걸음이라는 점에서 충분히 적용 가능하다고 판단하였다. 주님 앞으로 나오는 여인의 처음 마음은 기대였다. 필시 치유의 기대를 품고 주님께 나왔을 것이다. 우리의 예배 생활에 적용하면, 주님을 향한 기대를 품고 나오는 것이 진정한 예배를 향한 첫걸음일 것이다. 여인처럼 우리도 기대를 품고 예배로 나오기를 권면하는 것이 첫째 대지다.

둘째 대지는 예배를 위한 대가에 초점을 맞춘다. 당시 혈루증은 부정한 병으로 간주되어 환자가 거리에 나오면 돌에 맞아 죽을 수도 있었다. 여인은 그 위험을 무릅쓰고 주님께로 나왔고, 그것이 어쩌면 예배를 위해 여인이 치른 대가였다. 예배로 나오는 길은 사실 누구에게

나 대가의 길이다. 금전적인 대가일 수도 있고, 즐거움 포기의 대가일 수도 있다. 물론 주님이 치르신 대가에 비하면 아무것도 아니지만, 우리가 치러야 할 대가도 분명히 있다. 이에 둘째 대지는 혈루증 여인처럼 우리도 대가를 치르고 예배로 나오라고 권면한다.

마지막 셋째는 기억을 품고 집으로 돌아가라는 권면이다. 예배는 나오는 것으로 끝나지 않는다. 돌아가는 길도 예배의 길이다. 여인이 얻은 것은 단지 병의 치유만이 아니다. 주님과의 만남을 얻었고, "내 딸아" 하면서 주님이 들려주신 말씀을 가슴에 품었다. 이 만남의 기억과 내게 주신 말씀을 품고 삶의 현장으로 돌아가는 것 역시 예배의 연장이다.

이렇게 세 개의 대지가 제시되었는데, 각 대지는 정체되지 않고 잔잔하지만 분명한 흐름을 보인다. 기대에서 대가로, 그리고 대가에서 기억으로 진전하는 흐름이다. 여기에 물리적인 공간 이동의 이미지를 가미함으로써, 청중으로 하여금 보다 체감적인 진전을 느끼도록 배려하였다. 첫째 대지는 대문을 나서는 상황이고, 둘째 대지는 집을 나와 교회로 향하는 길이다. 마지막 셋째 대지는 다시 집으로 돌아가는 길이다. 예배로 나오는 성도들의 동선을 설교에 그대로 반영하였는데, 그 연결성으로 인해 한 획에 그리는 한 걸음 설교가 된다.

반전형 3대지

반전의 흐름도 가능하다. 반전도 진전의 일종으로 볼 수 있지만 이름 그대로 그 방향이 역방향이다. 3대지 설교가 얼마나 다양한 변신을 보일 수 있는지를 보여주는 좋은 예라고 생각한다. 아래는 여호수아 7장의 아간 사건을 본문으로 한 설교인데, 제목은 "겨우 한 사람?"이다. 본문과 대지의 관계 면에서는 추출형으로 분류될 것이고, 대지의 흐름 측면에서는 반전형이다. 첫째와 셋째의 반전에 주목하라.

> 〈우산 질문〉 아간 사건을 통해 주시는 교훈은?
> 첫째, 그 한 사람이 되지 말라.
> 둘째, 회개하라.
> 셋째, 다른 한 사람이 되라.

한 사람은 '단지' 한 사람이 아니고, 결코 '겨우' 한 사람이 아니다. 아간 한 사람의 범죄로 인해 온 공동체가 하나님의 심판 아래 좌초되었다. 우리 속담에 미꾸라지 한 마리가 온 도랑물 흐려놓는다고 했는데, 문자 그대로 한 사람이 공동체 전체의 거룩성을 완전히 흐려놓았다. 분노와 안타까움을 안고, 첫째 대지는 "그 한 사람이 되지 말라"고 권면한다. 주께서 아간의 사건을 기록해주신 주요 목적 가운데 하나가 바로 이 타산지석형 경고일 것이다. 너희는 아간이 되지 말라.

둘째 대지는 "회개하라"고 도전한다. 결코 원치 않지만 나도 모르게 아간의 자리에 서 버린 경우도 있을 것이다. 어떻게 할 것인가? 우리가 취할 길은 오직 하나, 회개다. 애초에 범죄를 저지르지 않는 것이 최선이지만 마음은 원이로되 육신이 약하도다. 일단 죄를 범했다면 정직하게 회개하는 것이 최선이다. 본문에서 하나님도 아간에게 회개의 기회를 주시는 듯하다. 아간 색출을 단번에 하지 않고, 여러 차례 제비를 뽑게 하신 이유가 무엇일까? 짐작컨대 아간에게 회개의 기회를 준 것으로 보인다. 그런데 제비가 자기 앞에 당도하기까지 끝까지 버티는 모습에서도 아간은 어두운 타산지석이다.

본 설교를 반전형이라 부른 것은 셋째 대지 때문이다. 셋째 대지에서 반전이 일어나는데, 그 한 사람이 "되지 말라"에서 다른 한 사람이 "되라"로의 반전이다. 공동체를 흐리는 한 사람도 있지만 허물어져 가는 공동체를 일으켜 세우는 한 사람도 있다. 로마서 5장 19절은 "한 사람이 순종하지 아니함으로 많은 사람이 죄인된 것 같이 한 사람이 순종하심으로 많은 사람이 의인이 되리라"고 선포한다. 그렇게 공동체를 흐리는 한 사람이 아니라 공동체를 살리는 한 사람이 되라는 권면이다.

물론 로마서 5장은 예수님 이야기이고, 우리는 예수님 같은 한 사람이 될 수 없다. 그러나 시대마다 하나님이 귀하게 사용하신 아름다운 '한 사람'들이 있다. 아간이 아니라, 그런 한 사람이 되라는 권면으로 설교를 마무리하면 된다. 한 사람은 결코 겨우 한 사람이 아니다. 공동체를 타락시키는 어둔 면에서도 그렇지만 쓰러진 공동체를 일으켜 세우는 밝은 면에서도 마찬가지다. 회복의 시작도 그 '겨우'라는 한 사람이다. 주님 손에 붙들리면 어둔 상황을 뒤집을 수도 있는 거대한 한 사람이 된다.[8]

주님께 향유를 부은 여인 사건눅 7:36-50으로도 반전형 설교가 가능하다.

---

8 복수 본문으로 볼 수도 있다. 한 편의 설교지만, 여호수아 7장과 로마서 5장을 동시에 본문으로 삼고 있다. 그러나 셋째 대지 "다른 한 사람이 되라" 역시 뿌리는 여호수아 7장에 있다고 볼 수도 있다. 문자적인 주석을 넘어 조금은 창조적인 묵상을 통해(3장을 참조하라) 확보한 대지로 볼 수도 있다. 그렇게 본다면 로마서 5장은 오늘 설교의 인용구로서, 오늘 설교도 단일 본문에서 얻은 설교로 볼 수 있다.

〈우산 질문〉 주님 앞에 머리를 푼 여인의 행동은 무엇이었나?
첫째, 감사
둘째, "적절한" 감사
셋째, 우리를 향한 주님의 서운함
결론: 우리의 감사가 더욱 깊어지기를

향유를 붓는 것도 그렇지만 여인이 주님 앞에 머리를 풀어헤치는 장면이 인상적이다. 백주대낮에 여인이 남편도 아닌 외간남자 앞에서 머리를 풀어헤치는데, 이 도발적인 행동의 의미는 무엇일까? 우선 첫째, 감사라고 대답하였다. 내막을 모르는 사람의 눈엔 조신하지 못한 여인의 헤픈 행동으로 보일 수도 있다. 혹은 남의 집에 온 손님에게 괜히 오지랖을 떠는 것으로 볼 수도 있다. 그러나 주님은 여인의 행동이 주님을 향한 "사랑"47절이라고 명명하였고, 필자는 감사로 번안하였다. 여인의 행동은 다소 파격적이었지만 주님을 향한 사랑과 감사의 표현이었다.

본격적으로 반전이 일어나는 대목은 둘째 대지다. 주님을 향한 여인의 감사는 어떤 감사였는가? 너무 과한 게 아니었는지를 묻는 의도적 질문이다. 제자들은 너무 과하다고 생각한 듯하다. 그런데 둘째 대지는, 반전의 뉘앙스를 담아 "적절한" 감사였다고 대답한다. 과하지도 않고 파격적이지도 않고, 그저 적절한 감사였다. 정말 그러한가? 백주대낮에 여인이 머리를 풀고, 값비싼 향유를 부었는데 과하지 않단 말인가? 그렇다. 주님의 은혜를 생각하면 결코 과하지 않다. 오히려 부족하다. 주님은 여인을 위해 목숨을 내주셨는데, 그에 대한 감사로 향유 붓고 머리 푼 게 대수인가. "부족한 감사"로 잡을까도 생각했지만, "적절한"이라는 수식어가 오히려 더 큰 반전의 효과를 내는 듯하다.

여인의 "적절한 감사"는 사실 우리를 향한 질타다. 본문에서 주님은 여인을 두둔하심으로 감사를 모르는 바리새인을 은근히 나무라시는데, 그 나무라심은 다름 아닌 우리를 향한다. 우리의 감사가 너무 부족하지 않은가. 주님 앞에 우리의 마음이 너무 침착하고 차분하지 않은가. 그래서 마지막 셋째 대지는 "우리를 향한 주님의 서운함"이라는 이름으로, 설교자를 비롯한 모든 성도들의 감사 분발을 촉구한다.

3대지의 흐름은 무궁무진하다. 대등에서 점층으로, 진전에서 반전으로, 변신에 변신을 거듭할 수 있다. 목표는 하나다. 본문의 메시지를 보다 선명하게 성도들의 마음에 각인시키는 것이다. 변신의 기교에 과한 관심을 두는 것은 거룩한 말씀을 혼잡케 하는 허영이 될 수 있다. 그러나 적절한 변신을 통해 주신 메시지를 보다 선명하게 선포할 수 있다면, 이는 설교자에게 요구되는 신실함의 일부일 것이다.

'원리1+실천2'형 3대지

다음으로 소개할 유형은 혼재형이다. 대지 설교에서 각 대지들이 반드시 동일 수준의 대지일 필요는 없다. 원리와 실천, 혹은 해석과 적용이 얼마든지 혼재 가능하다. 다시 말해, 한 편의 설교 안에 원리(해석)를 소개하는 대지와 실천(적용)을 촉구하는 대지가 협력 가능하다. 3대지를 고수하려면 원리 하나에 실천 둘을 배합하거나, 다음에 소개하는 대로 원리 둘에 실천 하나('원리2+실천1'형)로 구성해도 좋다.

현대 설교학은 적용에 무게를 둔 나머지 해석에 다소 소홀함을 보일 때가 있다. 설교가 현 청중을 대상으로 한다는 점에서 적용적일 수밖에 없지만, 그럼에도 불구하고 해석적인 뿌리가 보다 튼실하기를 바라는 설교자들이 많다. 본 유형이 그런 아쉬움에 대한 해결책이 될 수 있을 것이다. 출애굽기 17장 8-16절을 본문으로 한 설교를 소개하겠다. 르비딤 전투 장면인데, 제목은 "승리를 주시는 하나님"이다.

주제: 주님과 함께 승리하라.
〈우산 질문〉 르비딤 전투를 통해 주께서 우리에게 주시는 메시지는?
첫째, 하나님은 우리에게 승리를 주시기를 원하신다.
둘째, (그러니) 싸우라.
셋째, (그러니) 하나님과 함께 싸우라. (다른 말로 기도하라.)

르비딤 전투는 이스라엘이 앞으로 치러야 할 모든 전투의 원형이다. 칼의 싸움과 더불어 기도의 싸움이다. 산 아래는 칼을 들고 싸우고, 산 위에는 손을 들고 기도로 싸운다. 묵상을 통해 첫째 대지를 확보하였다. "하나님은 우리에게 승리를 주시기를 원하신다." 승리를 원하는 것은 우리만이 아니다. 하나님 역시 우리의 승리를 바라시고, 심지어 우리보다 더 간절히 우리의 승리를 응원하신다. 이 본문을 우리에게 주신 이유가 무엇이겠는가? 저 옛날의 승전보를 전하는 의미도 있겠지만 지금 우리도 승리하라는 촉구요 하나님의 응원이 아니겠는가.

이어지는 둘째와 셋째 대지는 이 원리에 기초한 실천이다. 모세를 통해 하나님은 이스라엘 백성을 향하여 명령하신다. 싸우라! 왜냐하면, 승리를 주시기 위해서다. 괜히 고생하라고 주시는 명령이 아니다.

우리에게 승리를 주시기 위해 내리시는 명령이, 싸우라! 물러서지 말고 싸우라! 싸우기를 거부하고, 그저 값싼 은혜 안에 머물기 좋아하는 나약한 성도들에게 꼭 필요한 말씀일 것이다.

더불어 셋째 대지는 "하나님과 함께 싸우라"고 명령한다. 이는 모세의 기도에 기초한 대지인데, 우리의 싸움도 르비딤의 싸움처럼 칼의 싸움과 더불어 기도의 싸움이 되어야 한다. 기도의 싸움은 다른 말로, 하나님과 함께 하는 싸움이다. "기도하라"고 쓰고 "하나님과 함께 싸우라"로 읽으면 된다. 이것이 우리에게 승리를 보장한다. 기도하지 않았다면 최선을 다한 게 아니다. 아무리 고군분투해도 하나님의 도우심을 구하지 않았다면 최선을 다한 게 아니다.

이찬수 목사의 설교에서 거의 동일한 구조를 발견할 수 있다.[9] "영적 상상력을 회복하라"는 제목의 설교인데, 원리 하나에 실천 둘, 해서 세 개의 덩어리가 분명하게 만져진다. 본문은 여자와 용의 환상이 나오는 요한계시록 12장인데, 개요를 정리하면 다음과 같다.

> 1. 영적 상상력을 회복하라.
> 2. (그리하면) 첫째, 현실의 두려움과 맞설 담대함이 생긴다.
> 3. (그리하면) 둘째, 교회를 바라보는 눈이 달라진다.

첫째 대지는, 육신의 눈은 현실에 고착되지만 성도는 영적 상상력을 가져야 한다는 권면이다. 고난이라는 현실에 있는, 우리를 보호하

---

9 2013년 8월 18일 주일 설교. 분당우리교회 홈페이지 참조.

시는 하나님의 손길을 바라보라는 메시지다. 눈에 보이는 고난과 혼란에만 집중하지 말고, 영안을 열어 보이지 않는 하나님의 손을 보라는 권면이다. 이렇게 오늘 메시지의 발판을 확보한 후, 이어서 영적 상상력을 회복할 때 우리에게 주어지는 유익을 소개한다. 첫째 영적인 상상력이 우리에게 두려움을 이기는 담대함을 준다. 그리고 둘째, 교회를 향한 소망을 잃지 않게 한다. 현실적으로 흠도 많고 탈도 많고, 이런 저런 부족함이 많이 드러난 교회이지만 그럼에도 불구하고 교회를 돌보시는 하나님에게서 희망을 찾으라는 권면의 설교다. 희망은 영적 시력의 회복에서 시작된다.

내용을 그대로 유지하면서, 필자의 '원리1+실천2'형의 틀에 가깝게 각색하면 다음과 같다.

> 주제: 영적 상상력을 회복하라.
> 〈우산 질문〉 여자와 용의 계시를 통해 주께서 우리에게 도전하는 바는 무엇인가?
> 첫째, 영적 상상력을 회복하라. (현실 넘어 하나님을 바라보라.)
> 둘째, 그 눈으로 현실을 바라보라. (현실 앞에 담대하라.)
> 셋째, 그 눈으로 교회를 바라보라. (교회를 향한 희망을 잃지 말라.)

선악과 본문으로도 같은 유형의 설교가 가능하다. 선악과는 참 골치 아픈 과일이다. 구원사적으로도 그렇지만 설교적으로도 난제다. 하나님이 선악과를 주신 목적이 무엇일까, 단지 죄의 단초가 되는 함정으로 주신 것일까? 결과적으로는 그렇게 되었지만 하나님의 따뜻함을 감안하면 더 깊고 따뜻한 목적이 있을 것이다. 묵상 끝에 내린 결론은,

하나님 당신을 우리에게 주시기 위함이었다. 선악과는 죄의 단초가 아니라 하나님을 얻는 실마리로 주신 과일이다. 묵상의 결과를 설교화하면 다음과 같다.

> **주제: 나의 선악과로 나의 하나님을 모시라.**
> **〈우산 질문〉 선악과를 주신 목적이 무엇일까?**
> 첫째, 하나님을 우리에게 주시기 위해서
> 둘째, 시간의 선악과로 나의 하나님을 모시라. (대표적으로 안식일)
> 셋째, 재물의 선악과로 나의 하나님의 모시라. (대표적으로 십일조)

대상마다 얻는 방식이 다르다. 물건은 편리함으로 얻지만 사람은 불편함으로 얻는다. 핸드폰이나 자동차 따위의 물건은 나에게 편리함으로 다가온다. 그러나 사람은 다르다. 나에게도 내 사람이 생겼다는 것은 불편함을 의미한다. 물론 행복하지만, 그럼에도 불편하다. 입덧이 대표적인데, 참 불편하지만 이 불편함이야말로 나에게도 아이가 생겼다는 증표다. 그렇다면, 거룩한 하나님을 모셨다는 증표는 무엇일까? 더 큰 불편함을 각오해야 한다. 존귀함과 행복함이 따르지만, 불가피하게 불편함이 따른다. 하찮은 물건을 얻은 게 아니라, 지극히 존귀하고 거룩하신 분을 모셨기 때문이다. 요컨대 하나님으로 인해 내 맘대로 못하는 거룩한 불편함이 있을 때, 비로소 나도 하나님을 모셨다고 할 수 있다. 그리고 선악과는 하나님을 얻은 사람의 행복하고도 두려운 불편함의 총칭이다.

첫째 대지가 원리라면, 둘째와 셋째 대지는 실천이다. 시간의 선악과도 있고, 재물의 선악과도 있다. 확대하면 기술의 선악과도 생각할 수 있다. 무분별한 유전자 조작이나 인간 복제 등이 포함될 것이다. 기술이 아무리 발달되어도 하나님의 영역으로 남겨둔 채 범접하지 않는 영역이 있다면, 나의 하나님을 모시는 의미 있는 고백이 될 것이다.

'원리2+실천1'형 3대지

마지막으로 '원리2+실천1'형을 소개하겠다. 위에 소개한 '원리1+실천2'형과 크게 다를 바 없지만 다양한 구성이 가능함을 보여주기 위해 따로 구분하였다. 시편 23편 설교를 이 유형으로 구성하면 다음과 같다.

> 〈우산 질문〉 하나님은 누구인가?
> 첫째, 나의 목자이시다. (여호와는 나의 목자시니)
> 둘째, 어려움 중에도 나의 목자이시다. (사망의 음침한 골짜기를 다닐지라도)
> 셋째, 그러니 오직 하나님을 따르라.

첫째와 둘째 대지는 셋째 대지를 위한 기초석이다. 앞선 두 개의 대지로 하나님이 나의 목자시라는 성경적인 원리 혹은 진리를 충분히 묵상할 수 있다. 특히 둘째 대지를 통해 어려움 중에도 하나님이 나의 목자이심을 마음에 새긴다. 그리고 이어서 셋째 대지는, 그러니 오직 하나님을 따르고 의지하라고 권면한다.

설교는 지식 전달이 아니라 삶의 변화를 향한 권면이 아닌가. 물론 경우에 따라 지식의 전달만으로도 어느 정도 삶의 변화를 일으킬 수는 있다. 하나님이 나의 목자라는 사실을 강하게 전달하면 듣는 이의 마음에 하나님을 의지하고 따를 마음이 조금은 생길 것이다. 그러나 본 유형은 아예 하나의 대지를 통으로 할애하여 "그러니 오직 하나님을 따르라"고 권면한다. 경우에 따라서는 알아서 하도록 맡겨두는 설교가 필요하겠지만 일반 원칙은 해야 할 말이 있으면 분명한 언어로 선포하는 설교가 좋다.

마태복음 21장 1-11절을 가지고도 이 유형의 설교를 준비할 수 있다. 예수님께서 예루살렘 입성을 앞두고 제자들을 보내 어린 나귀를 구해오는 장면이다. 제목은 나귀 주인에게 일러주라고 하신 말씀을 따와서 "주가 쓰시겠다!"로 잡았다. 흐름을 미리 말해두면, 첫째와 둘째 대지는 우리가 왜 주님께 순종해야 하는지를 다루고, 셋째 대지는 답을 알았으니 정말로 순종하자는 권면이다.

〈우산 질문〉 왜 우리는 주님의 부르심에 순종해야 하는가?
첫째, 주인의 부르심이기 때문에
둘째, 영광스러운 부르심이기 때문에
셋째, 다음 순서는 우리이기를…
결론: 순종으로 섬기자.

우리는 주님의 부르심에 순종해야 하는데, 왜일까? 우선은 주인의 부르심이기 때문이다. 나귀 임자가 그래서 주님께 순종했다. "주(主)가 쓰시겠다"고 하는데, 어찌 거절하겠는가. 우리가 늘 주님을 주님이라 부르는데, 알다시피 주인 주(主)다. 주인님의 부르심이니 종인 우리가 마땅히 순종해야 한다. 그렇게 나귀 주인도 순종하고, 나귀도 순종했다. 우리도 그리해야 한다.

이어서 둘째 대지는 주님께 순종할 더 큰 이유를 소개한다. 그 부르심. 너무나 영광스럽다는 것이 그 이유이다. 동화적 상상력을 발휘하면, 필시 그 나귀는 나귀들 사이에 부러움의 대상이 되었을 것이다. 산타 할아버지의 부름을 받은 루돌프 사슴처럼 말이다. 벤치에 앉은 선수가 감독의 부름을 받을 때 얼마나 행복한가. 주종 관계의 의무감에도 순종하지만, 순종이 주는 영광으로 인해 더욱 기꺼이 순종해야 한다는 메시지다.

마지막으로, 이 기초 위에 마지막 셋째 대지는 우리의 실천 의지를 다진다. 이제 설교의 절정부로서 주님의 부르심에 대한 순종 의지를 다지는 대목이다. "다음 순서는 우리이기를…." 나귀를 사용하신 주님이 이제는 나를 그리고 우리를 사용하기를 바란다는 소망을 담은 대지이며, 주님의 부르심 앞에 겸손히 순종하겠다는 다짐을 촉구하는 대지다.

추가

글의 흐름을 놓치지 않기 위해 생략한 대목이 있는데, 앞서 논한 진전형의 범주 안에 다음 유형도 포함시킬 수 있다. 필자가 이름 붙이기를, '전진 또 전진'형 그리고 '이보전진을 위한 일보후퇴'형이다.

'전진 또 전진'형 3대지

메시지의 흐름이 이름 그대로 전진하고 또 전진한다. 여호수아 8장 아이 성 전투를 본문으로 참된 순종의 길을 선포하는 설교를 예로 들겠다.

<우산 질문> 승리를 가져다주는 참된 순종이란 무엇인가?
첫째, "상황이 아니라" 말씀에 순종하는 것
(상황은 2천 명이면 충분하지만, 말씀은 모두 올라가라고 한다.)
둘째, "더 좋은 길보다" 말씀에 순종하는 것
(이미 이긴 전투이니 짐승을 진멸할 필요가 없어 보이지만, 말씀은 진멸하라고 한다.)
셋째, "내가 아니라" 오직 하나님께 순종하는 것
(결국 순종은 나를 내려놓고 하나님의 말씀을 따르는 것이다.)

결국 선포하고자 하는 메시지는 "하나님께 순종하라"이다. 이를 위해 "상황이 아니라" 말씀에 순종하라, "더 좋은 길이 아니라" 말씀에 순종하라, 그리고 "내가 아니라" 오직 하나님께 순종하라. 다그치고 또 다그치고, 촉구하고 또 촉구하는 방식의 설교다. 순종의 궁극적 대상은 우리 하나님이 아닌가. 그런데 그분께 순종하러 가는 길목에는 이런저런 방해물이 있다. 내가 처한 상황이 하나님께 순종하는 것을 방해하고, '내 생각에는 이게 더 효율적인데' 하는 교만이 또 순종을 방해한다. 이외에도 순종을 방해하는 요소들이 많이 있다. 이에 설교는 걸림돌을 넘어서 오직 하나님께 순종하라, 혹은 하나님께 순종을 향하여 전진 또 전진을 외친다.

'이보전진을 위한 일보후퇴'형 3대지

설교의 성패를 가르는 열쇠 가운데 하나는 공감(共感)이다. 청중의 마음을 얻어야 메시지가 들어갈 수 있는 법인데, 성도들의 마음을 여는 요긴한 열쇠가 바로 공감이다. 지금 소개하는 '이보전진을 위한 일보후퇴'형의 핵심은 공감에 있다. 일보후퇴는 다름 아닌 공감을 위한 후퇴 혹은 공감의 후퇴다. 마태복음 18장 11-20절을 본문으로 한 설교인데, 제목은 "길 잃은 양을 대하는 우리의 태도"로 잡았다.

〈우산 질문〉 길 잃은 양을 향하여 우리는 어떻게 해야 하는가?
첫째, 찾으라. 돌아오도록 최선을 다하라.
둘째, 그러나 우리의 한계를 인정하라.
(아무리 해도 안 되는 경우도 있다. 오죽하면 이방인과 세리와 같이 여기라고 말씀하신다.)
셋째, 그러나 끝까지 포기하지 말고 찾으라.
(14절과 19절을 통해 주님은 포기를 모르는 양 찾기로 초대하신다.)

둘째 대지를 '공감의 둘째 대지'라고 부르고 싶다. 첫째 대지는 말씀이 가르치는 원리를 있는 그대로 선포한다. 길 잃은 양을 우리는 찾아야 하고, 돌아올 수 있도록 최선을 다해야 한다. 교과서적인 말이다. 그런데 해본 사람은 알지만, 그게 쉽지가 않다. 어렵다. 마음은 원이로되 육신이 무겁다. 주님도 그 마음을 아시는 듯, 아무리 설득해도 마음을 돌이키지 않는 자는 이방인과 세리와 같이 여기라고 하신다. 그러니 길 잃은 양을 대함에 있어 우리의 한계를 겸손하게 인정하는 것도 좋다. 이것이 '공감의 둘째 대지'다.

그런데 이 공감은 단지 공감을 위한 공감이 아니다. 다시 한 번 '교과서적인 선포'로 나아가기 위한 발판으로서의 공감이다. 비록 한계가 있지만 그럼에도 불구하고 길 잃은 양이 돌아올 수 있도록 최선을 다하자는 권면의 설교다. '공감의 둘째 대지'를 발판 삼아, 셋째 대지는 다시 한 번 선포하기를, 그러나 끝까지 포기하지 말고 찾으라. 앞서 소개한 유형처럼 '전진 또 전진'으로 밀어붙일 수도 있겠지만, 너무 밀어붙이기만 하면 지레 낙심할 수 있다. 중간에 한 번쯤 공감의 여유를 주는 것도 지혜일 것이다. 그게 우리 주님의 마음이 아니겠는가.

마태복음 18장의 용서할 줄 모르는 종의 비유를 가지고도 이 구도의 설교를 구성할 수 있다.

〈우산 질문〉 용서할 줄 모르는 종의 비유를 통해 주님 주시는 말씀은?
첫째, 용서하라. 왜냐? 나도 용서 받았으니까.
둘째, 용서는 어렵다. 왜냐? 비용이 드니까, 백 데나리온.
셋째, 그러나 용서하라. 왜냐? 나는 더 비싼 용서를 받았으니까.

비유의 메시지는 분명하다. 주님이 우리를 용서하셨으니, 우리도 형제를 용서하라는 메시지다. 그러나 해본 사람은 알지만 용서하는 것이 결코 쉽지 않다. '공감의 둘째 대지'가 그 어려움을 공감해준다. "성도 여러분, 그런데 말이죠, 이게 어려워요. 목사로서 저도 해봤는데 누군가를 용서하는 것은 참 어려워요." 이 공감을 발판 삼아 셋째 대지의 보다 강도 높은 용서 촉구로 나아간다. 얼핏 '공감의 둘째 대지'는 속보이는 잔재주로 비칠 수 있다. 그런데 잔재주와 설교의 열정은 때로 종이 한 장 차이다. 설교가 잔재주 기술일 수는 없다. 그러나 지혜롭게 사용하면 그 또한 귀한 설교의 길이 아니겠는가.

지금까지 3대지 설교의 대지들이 품을 수 있는 역동성을 살펴보았다. 대등형이 기본이지만 그건 시작에 불과하다. 부사/구를 동원하는 점층형, 내재적인 움직임을 골격으로 삼는 진전형, 혹은 대칭 효과를 활용한 반전형, 거기에 원리와 실천을 배합한 혼재형까지, 3대지의 변신은 다양하고도 역동적이다. 여기서도 끝이 아니다. 오늘도 현장에서 분투하는 동료 설교자들의 경험과 손때가 묻은 많은 유형들이 추가되기를 바란다.

Easy Preaching

6장

3대지의 유형(4)
– 통일성을 부여하는 틀

Easy Preaching

easy

6장

3대지의 유형(4)
– 통일성을 부여하는 틀

3대지 설교자가 늘 관심을 기울여야 할 과업이 있는데, 통일성이다. 셋을 어떻게 하나로 엮어낼 것인가. 통일성은 설교를 포함한 모든 연설이 견지해야 할 기본 조건이고, 3대지 설교도 예외가 아니다. 세 개의 덩어리를 가진다는 것은 메시지를 풍성하게 하는 장점인 동시에, 하나로 모아야 하는 통일성 과업에는 걸림돌이 될 수 있다. 셋이 주는 풍성함을 유지하면서도 마치 하나인 듯 일사불란한 통일성을 확보하는 것이 3대지 설교의 이상이다.

어떻게 통일성을 확보할 것인가? 기본 장치는 우산 질문이다. 보석들을 하나로 엮어내는 목걸이 줄처럼 우산 질문이 줄이 되어 세 대지를 하나로 엮어낸다. 보통 각 대지를 시작할 즈음에 우산 질문을 반복함으로써 통일성을 확보하는데, 도식화하면 다음과 같다.

〈우산 질문〉 예수님은 누구입니까?
첫째, 예수님은 길입니다.
〈한 번 더 우산 질문〉 예수님은 누구입니까?
둘째, 예수님은 진리입니다.
〈마지막으로 우산 질문〉 예수님은 누구입니까?
셋째, 예수님은 생명입니다.

그런데 다른 방법은 없을까? 우산 질문 외에 통일성을 기할 수 있는 다른 방법은 없을까? 외부 혹은 바깥 틀을 활용할 수도 있다. 이미 긴밀한 통일성을 확보한 틀을 외부에서 들여와서 준비된 메시지를 담아낼 수 있다.

미리 밝혀두건대 일반적인 방법은 아니다. 어느 분야나 그러하듯, 설교의 세계도 이론과 현장의 간격이 존재한다. 이론은 깔끔하지만 현장은 거칠고, 이론은 규범적이지만 현장은 예외 투성이다. 그래서 다소 변칙의 향취가 나는 '특별한' 도구도 준비할 필요가 있다. 여기 소개하는 틀들이 바로 그러한 도구들이다. 뚜렷한 우산 질문을 찾을 수 없는 경우, 있다 하더라도 보다 체감적인 통일성을 확보하기 위한 보조 장치로 사용하기를 바란다.

육하원칙

제일 먼저 육하원칙이다. 누가, 언제, 어디서, 무엇을, 어떻게, 왜. 육하원칙은 이름 그대로 여섯 항목이면서도 육하원칙이라는 하나의 이름 아래 긴밀한 연계성을 확보하고 있다. 이 틀을 설교에 활용할 수는 없을까? 이동원 목사의 설교에서 그 가능성을 발견한다. 요한복음 3장 1-7절을 본문으로 한 설교인데, 눈여겨볼 점은 통일된 우산 질문이 없다는 것과, 그럼에도 불구하고 설교가 흩어지지 않고 하나로 모아진다는 점이다.

주제: 거듭나야 하리라.[1]
첫째, 누가(who) 거듭나야 하는가?
　　　모든 사람이 그러하되 특히 내가 그러하다.
둘째, 왜(why) 거듭나야 하는가?
　　　그래야 하나님의 자녀이기 때문이다.
셋째, 어떻게(how) 거듭날 수 있는가?
　　　예수님을 영접함으로 거듭날 수 있다.

각 대지를 이끄는 질문이 서로 다르다. 이런 경우 일반적으로는 세 편의 짜깁기 설교로 전락하기 십상인데, 보다시피 이 설교는 탄탄한 통일성을 보인다. 비결이 뭘까? 육하원칙이 가진 내재적인 통일성이다. 대지 자체의 통일성은 약하지만 육하원칙이라는 틀의 견고함이 설교에 짜임새를 부여한다. 육하원칙의 고리 없이 대지를 구성하면 어떻게 될까?

1　이동원, 『당신은 예수님의 VIP』, 10-19. 실제 책에 소개된 대지는 "1.거듭나야 하는 사람, 2.거듭나야 하는 이유, 3.거듭날 수 있는 방법"인데, 내용을 유지하면서 필자가 각색하였다.

주제: **거듭나야 하리라.**
첫째, 모든 사람이 거듭나야 하되 특히 내가 거듭나야 한다.
둘째, 거듭나야 하나님의 자녀다.
셋째, 예수님을 영접함으로 거듭날 수 있다.

전형적인 '한 지붕 세 가족' 짜깁기 설교다. (1장을 참조하라.) 세 대지는 같은 본문에 기초하고 있다는 것 외에 연결고리가 없다. 그야말로 모래알처럼 흩어지는 설교다. 그런데 위에서 보았듯이, 육하원칙의 꼬리표를 달아주니 흩어지던 대지들이 하나로 모아진다. 육하원칙과 설교의 만남이라, 참 기발하고도 신선한 접근이다. 다양한 조합으로의 변신도 가능하다. '누가, 왜, 어떻게' 조합도 가능하고, '무엇을, 언제, 어떻게' 혹은 '누가, 어디서, 왜' 등의 조합도 가능할 것이다.

이런 질문을 던져본다. 설교자는 왜 육하원칙을 사용하였을까? 처음부터 육하원칙으로 설교해야겠다는 결심이 있었을까? 그렇지는 않은 듯하다. 육하원칙이 반드시 설교에 들어올 이유는 없지 않은가. 그렇다면 왜 육하원칙을 도입했을까? 이유인즉 두 마리 토끼를 다 잡기 위해서다. 본문 메시지를 충분히 살린다는 첫째 토끼와, 그러면서도 설교에 통일성을 부여한다는 둘째 토끼다.

본문 주석을 통해 설교자가 확보한 메시지는 짐작컨대 두 번째 도식이었을 것이다. 모래알처럼 흩어지는 두 번째 개요 말이다. 그런데 보다시피 내용은 본문에서 나온 게 분명한데, 통일성이 확보되지 않는다. 통일성을 확보하자니 준비된 메시지를 설교에 제대로 담아낼 수 없고, 준비된 메시지를 살리자니 설교의 통일성이 흔들린다. 방법이 없을까… 고민 끝에 육하원칙 틀을 도입한 것으로 보인다. 확보된 메시지를 다 살리면서도, 육하원칙의 내재적 결속력을 통해 통일성을 확보하였다. 설교자는 메시지 발굴만이 아니라 효과적인 전달을 위한 틀 짜기에도 듬뿍 땀을 흘려야 한다.

이미지 활용

다음으로 소개할 틀은 이미지다. 육하원칙 외에도 상호 긴밀한 연결성을 확보하고 있는 이미지를 매개로 하여 3대지에 통일성을 부여할 수 있다. 예를 들어 뿌리-줄기-열매의 이미지다. 고린도전서 13장 13절을 본문으로 다음과 같이 대지를 구성해 보았다.

주제: **참된 신앙인이 되라.**
첫째, 신앙의 뿌리는 믿음입니다. (예수 그리스도에 대한 믿음)
둘째, 신앙의 줄기는 소망입니다. (어려움에도 흔들리지 않는 소망)
셋째, 신앙의 열매는 사랑입니다. (구체적인 실천으로서의 사랑)
결론: 튼튼한 믿음의 뿌리 위에, 듬직한 소망의 줄기가 자라고,
　　　탐스러운 사랑의 열매를 맺는 귀한 신앙인이 되기를 바랍니다.

본문 자체는 믿음을 뿌리로 소개하거나 사랑을 신앙의 열매로 소개하지 않는다. 하여 이런 이미지를 도입한 주석적인 근거를 대라고 다그치면 머뭇거릴 수밖에 없다. 그런데 본문의 저자인 바울에게 이러한 이미지 활용이 가능한지를 물을 수 있다면, 그의 대답이 무엇일지 자

못 궁금하다. 조심스럽지만 크게 거부감을 나타내지는 않으리라고 짐작한다. 필자의 짐작은 에베소서 6장에 기초하고 있는데, 거기서 바울이 먼저 유사한 이미지 활용을 실천하고 있기 때문이다.

에베소서 6장에서 사도 바울은 성도들이 입어야 할 "하나님의 전신갑주"를 소개한다. 진리와 의, 평안의 복음과 믿음 등 신앙의 요체들을 열거하면서, 각 항목을 로마 병사가 입고 있던 전신갑주의 각 부품에 일대일로 대비한다. 진리는 허리띠에, 의는 호심경에, 그리고 믿음은 방패에 견주었다. 이렇게 하는 이유가 무엇일까? 여러 이유가 있겠지만 통일성 확보가 큰 이유였을 것이다. 자칫 흩어질 수 있는 덕목들이 로마 병사의 복장을 통해 하나로 모아진다.

산상수훈의 팔복은, 많은 학자들이 말하길, 여덟 사람이 아니라 사실은 한 사람을 염두에 두고 있다. 하나님의 백성의 삶이 어떠한지를 여덟 각도에서 소개한, 말하자면 팔(八)방에서 바라본 일(一)인에 관한 메시지다. 전신갑주의 여섯 항목도 마찬가지, 여섯이지만 한 사람의 성숙한 그리스도인을 묘사한다. 그런데 이 여섯을 어떻게 하나로 엮어낼 수 있을까? 산상수훈에서 예수님은 "복이 있나니"라는 후렴구_{원어에서는 선두어}로 통일성을 확보했다면, 사도 바울은 전신갑주 이미지를 활용하고 있다. 이해를 돕기 위해, 다소 상상력을 동원하여, 대지 설교 형식으로 본문을 도식화하면 다음과 같다.

주제: 승리하는 신앙인이 되라.
〈우산 질문〉 승리를 위해 신앙인이 갖추어야 할 무기는 무엇이 있을까요?
첫째, 승리의 허리띠는 진리입니다.

> 둘째, 승리의 호심경은 의로움입니다.
> …
> 마지막으로 여섯째, 승리의 검은 하나님의 말씀입니다.

어린이 대상 설교일 경우에는 다음 이미지도 활용해 볼 수 있다. 태권도의 승급 띠와 대지를 연결한 설교인데, 본문은 빌립보서 4장 9a절이다. "너희는 내게 배우고 받고 듣고 본 바를 행하라."

> 주제: 신앙의 고수가 되라.
> 첫째, 신앙의 노란 띠는 복음을 받는 것이다. (이제 시작이다.)
> 둘째, 신앙의 푸른 띠는 복음대로 사는 것이다. (중요한 한 걸음이다.)
> 셋째, 신앙의 검은 띠는 복음을 전하는 것이다. (최고의 걸음이다.)

앞서 소개한 뿌리-줄기-열매의 이미지에 대입할 수도 있다. 내용은 바뀌지 않은 채, 담아내는 틀만 바꾸었다. 어린 아이들 경우에는 태권도 이미지가 통하겠지만, 장년 성도들에겐 다소 가벼워 보일 수 있다. 청중의 연령이나 성향에 어울리는 이미지를 선택하는 지혜가 필요하다.

> 주제: 열매 맺는 신앙인이 되라.
> 첫째, 신앙의 뿌리는 복음을 받는 것이다. (신앙의 기초)
> 둘째, 신앙의 줄기는 복음대로 사는 것이다. (신앙의 성숙)
> 셋째, 신앙의 열매는 복음을 전하는 것이다. (신앙의 열매)

다소 차이가 있지만 사도 요한에게서도 유사한 틀을 발견한다. 굳이 이름을 붙이자면, 인생 이미지라고 할 수 있겠다. 식물의 성장이 아니라 인생의 성장 과정을 이미지화한다. 요한일서 2장 12-14절에서 요한은 "자녀들아… 아비들아… 청년들아…"로 이어지는 세 묶음의 메시지를 선포한다. 당시 교회도 연령별로 초등부, 장년부, 청년부가 나뉘어져 있어서 각각에게 주시는 말씀일까? 그렇지는 않다. 사실은 동일한 성도들을 향한 말씀인데, 한 번은 자녀로 호칭하고, 한 번은 아비로, 또 한 번은 청년이라 부르면서 메시지를 전한다. 사실은 그 호칭 자체에 메시지가 담겨 있다. 의미를 풀어서 대지 형식으로 구성하면 다음과 같다.

> **주제: 성도들이야말로 최고의 사람들이다. (요일 2:12-14)**
> **〈우산 질문〉 어째서 그러한가?**[2]
>
> 첫째, 성도는 순결한 '하나님의 자녀'들이다.
> (너희 죄가… 사함을 받았음이요)
> 둘째, 성도는 삶의 진리를 아는 '어른'이다.
> (태초부터 계신 이를 알았음이요)
> 셋째, 성도는 악한 권세를 이기는 힘센 '청년'이다.
> (악한 자를 이기었음이라.)

사도의 의도는, 성도들의 깨끗함과 지혜로움, 그리고 힘셈을 선포하려 했던 것으로 보인다. 당시 성도들의 자의식은 그와는 많이 달랐을 수 있다. 어쩌면 당시 그리스도인들은 사회에서 가장 연약하고 비천한 존재로 내몰리고 있었다. 그런 성도들에게, 사실은 그렇지 않음을

---

[2] 증명형 3대지로 볼 수 있다. 본서 3장을 참조하라.

웅변적으로 각인시키는 말씀이다.

"자녀"는 깨끗함과 거룩함의 상징으로 도입된 듯하다. 혹은 존귀함을 더해도 좋겠다. 세상에 존귀한 사람들이 많이 있지만 가장 존귀한 사람은 예수 십자가로 깨끗함을 입고 거룩한 하나님의 자녀가 된 성도들이 아니겠는가. 바로 그런 의미에서 사도는 성도들을 "(하나님의) 자녀들"이라고 부른다.[3] 13절의 "아비"는 "어른"으로 바꾸어도 좋을 듯하다. 어느 공동체나 어른은 지혜의 보고寶庫다. 그래서 어른이 아닌가. 그런데 최고의 지혜를 품은 최고의 어른이 누구일까? 요한의 대답은 성도들이다. 비록 학력은 변변치 않아도, 창조주를 알고, 예수 그리스도를 아는 성도들이야말로 진정 지혜로운 어른이 아니겠는가. 힘의 측면에서도 그리스도인은 최고의 사람들이다. 주의 도우심으로 사탄의 권세를 이기니 정말로 강하고 힘센 사람이 아닌가. 물론 자신의 힘이 아니라 주님 주신 힘이요, 주님의 힘이다.

이 설교를 준비하면서 "내 동생, 곱슬머리 … 이름은 하나인데 별명은 서너 개"라는 노래가 생각났다. 가족들의 사랑을 담아 각자 동생에게 꿀돼지, 두꺼비, 왕자님 따위의 별명을 붙여주는 노래, 그 별명으로 얻은 동생의 행복한 얼굴이 떠오르는 노래다. 그런데 그 동생보다 더 아름다운 별명을 소유한 사람들이 있으니, 바로 성도들이다. 사도 요한을 통해 하나님이 성도들에게 아름다운 별명을 선물하신다. 성도의 별명은 각각의 의미도 귀하지만 집단으로서의 별명들의 통일성에도 매우 탁월한 별명이다. 내 동생의 별명은 꿀돼지, 두꺼비, 왕자님 등

---

[3] 깨끗함 혹은 순결함을 상징한다는 점에서, '어린이' 혹은 '아기'로 의역해도 좋을 듯하다.

산발적으로 여기저기서 구해온 것들이지만 성도들의 별명은 인생 추이를 따라 일관되게 수집되었다. 아름다운 별명이 주는 행복도 크지만 통일성으로 인해 한결 이해도 쉽고 기억도 용이하다.

이미지 활용이 주는 효과는 통일성 외에도 하나 더 있다. 기억의 접착제다. 설교가 끝난 후 성도들은 삶의 현장으로 돌아가는데, 그만 설교는 예배당에 두고 오는 경우가 있다. 그런데 이미지가 접착제가 되어 설교를 삶의 현장까지 배달할 수 있다. 아이들이 태권도장에 갈 때 노란 띠, 푸른 띠 설교가 생각나지 않겠는가. 어른들은 텃밭을 가꿀 때에 생각날 수 있다. '나의 신앙도 이 토마토처럼 뿌리, 줄기, 열매로 잘 자라야 할 텐데…' 에베소 성도들도 길거리에서 전신갑주를 입은 로마 병사를 볼 때마다 사도 바울의 말씀을 자연스레 떠올렸을 것이다. 설교의 역할은 단지 말씀을 풀어주는 데 있지 않다. 테이크아웃 커피처럼 삶 속에 말씀을 품고 갈 수 있도록, 말씀을 성도들의 몸에 단단히 달아주는 것도 설교의 중요한 역할이다. 이때 이미지가 좋은 도구가 된다.

언어유희

다음으로 소개할 틀은 언어유희다. 단어의 발음 혹은 글자의 유사성을 매개로 대지에 통일성을 부여하는 방식이다. 서양 설교자들 중에는 두운 혹은 각운을 애용하는 이들이 꽤 있다고 한다. 예를 들어 P로 시작하는 세 단어로 대지를 짜거나, 아니면 -ful로 끝나는 세 단어로 대지를 구성하는 식이다. 적절하게 사용한다면 설교에 통일성을 부여하는 유용한 도구가 될 것이다. 물론 어떤 이들의 우려대로, 운을 맞추는 데 급급하여 본문의 의미를 왜곡하거나 지나친 언어유희로 인해 설교의 품위를 떨어트린다면, 득보다는 독이 될 수도 있다. 설교자의 사명은 세련된 언어구사가 아니라 신실한 말씀 선포이기 때문이다.

본문 메시지에 충실하면서도, 설교의 품위를 잃지 않는 언어유희는 없을까? 정현구 목사의 설교에서 좋은 예를 발견할 수 있다.[4]

주제: 교회다운 교회가 되라.
〈우산 질문〉 교회다운 교회는 어떤 교회인가?
첫째, 참된 가르침이 있는 교(敎)회
둘째, 참된 사귐이 있는 교(交)회
셋째, 참된 사역이 있는 교(橋)회

'교회'라는 한글을 유지하되, 한문 표기를 가르칠 교敎, 사귈 교交, 그리고 다리 교橋로 바꾸는 식으로 대지를 구성하였다. 단일 본문이 아닌 일종의 주제 설교였는데, 기술적으로 세련되면서도 성경의 가르침을 풍성하게 드러낸다는 점에서 매우 인상적인 설교였다.

교회를 뜻하는 '에클레시아'의 문자적 풀이는 '밖으로 부름 받은 자들' 정도가 적합하다. 그런데 우리 믿음의 선배들은 가르칠 교敎에 모일 회會를 써서 교회로 번역하였다. 전통적으로 학문(배움)을 중시하는 우리 민족의 풍토가 한몫했겠지만, 성경적으로도 교회의 특성을 잘 드러낸다. 복음의 기본 루트는 가르침과 배움이 아닌가. 선지자와 사도들

---

4 서울영동교회 정현구 목사가 어느 교회 임직식에서 행한 설교다.

은 말씀을 가르치는 자였고, 성도들은 배우는 자였다.[5]

두 번째 대지는 사귈 교를 써서 사귐이 있는 교회를 권면하는데, 이 또한 성경의 가르침에 충분히 기초하고 있다. 사도행전 성령 공동체가 보여주듯, 처음부터 교회는 배움 공동체를 넘어 나눔과 사귐의 공동체였다. '모임'을 넘어 한 '몸'을 추구하였다. 마지막 다리 교는 세상을 향한 교회의 사역을 상징하는데, 복음을 세상으로 연결하는 다리로서의 교회다. 품위를 유지하면서도 성경의 가르침을 조밀하게 전하는 언어유희 설교의 좋은 예라고 생각된다.

청년들처럼 영어에 익숙한 성도들이라면 영어를 활용한 언어유희도 가능하다. W로 시작하는 영어 단어 셋으로 대지를 구성하였는데, 메시지는 동일하다.

주제: 교회다운 교회가 되라.
〈우산 질문〉 교회다운 교회는 어떤 교회인가?
첫째, church of the Word (말씀이 있는 교회)
둘째, church of the With (함께 사귐이 있는 교회)
셋째, church of the World (세상으로 나아가는 교회)

---

5 그런 한자는 없지만 '배울 교' 자가 있다면, '가르칠 교'보다 낫지 않을까라는 생각을 해본다. 가르침은 목회자의 입장이고, '배울 교'의 교회라면 성도들의 입장에 보다 근접해 있기 때문이다.

시간의 추이: 과거-현재-미래

다음으로 소개할 틀은, 필자가 이름 붙이기를, '시간의 추이' 틀이다. 항목을 그대로 담아서 '과거-현재-미래' 틀이라 불러도 좋겠다. 과거, 현재, 미래는 셋이지만 이미 하나로 묶여진 하나의 조합이다. 이 틀을 설교에 활용할 수는 없을까?

신대원 시절 연로한 선배 목사님의 설교가 지금도 기억에 생생하다. 여호수아 24장의 백성들을 향한 마지막 권면을 본문으로, 거의 두 시간에 이르는 긴 설교였다. 필자가 속한 교단의 과거, 현재, 그리고 미래를 그리는 내용이었다. 크게는 하나님 나라의 일꾼으로서, 작게는 한 교단의 일꾼으로서 한 세대를 잘 감당해 달라는 권면의 목소리를 지금까지 잊을 수가 없다. 그분의 열정 때문인지, 아니면 과거-현재-미래라는 구조의 선명함 때문인지 지루한 줄 모르고 빠져들었던 설교로 기억한다.

> 주제: 오직 하나님만 섬기라. (여호수아 24장)
> 1. 우리의 과거[6]
> 2. 우리의 현재
> 3. 우리의 미래

여호수아가 과거를 회고하듯 설교자는 교단의 과거를 회상하였

---

[6] 대지 문장은 구 혹은 단어가 아니라 완결된 문장으로 쓰는 것이 원칙이다. 설교자가 사용한 대지를 그대로 제시하였는데, 풀어서 문장화하면 다음과 같다. 1.우리의 과거를 하나님께서 인도하셨습니다. 2.우리의 현재가 우리의 죄로 얼룩져 있습니다. 3.우리의 미래는 하나님의 은혜로 아름답기를 바랍니다.

다. 출애굽과 광야 40년, 가나안 정복에 함께 하셨던 하나님의 은혜를 풀면서, 우리 교단에 함께 하셨던 하나님의 역사를 회고하였다. 두 번째 대지는 주로 회개의 논조였는데, 주님의 크신 은혜를 입었지만 설교자 자신을 비롯한 후배들의 부족함으로 주님의 질책을 많이 받았다는 내용으로 기억한다. 마지막 셋째 대지에는 교단의 미래를 부탁하면서, 여호수아가 그러하였듯이, 오직 하나님만 섬기고 의지하라고 권면하였다. 교회 혹은 교단의 설립기념일 즈음에 의미 있게 사용할 수 있는 구도라고 생각한다.

조금 다른 차원에서 '과거-현재-미래' 구도를 설교에 활용할 수도 있는데, 개요는 아래와 같다. 요한계시록 21장 1-7절을 본문으로 "나의 과거와 미래이신 예수님"이라는 제목으로 행한 설교인데, 현재와 미래의 순서를 바꾸었다.

주제: 예수님은 나의 모든 것입니다.
1. 예수님은 나의 든든한 과거입니다. (나를 위해 십자가에 달리신 예수님)
2. 예수님은 나의 확실한 미래입니다. (새 예루살렘 혹은 예수님의 품)
3. 예수님은 현재도 나의 선한 목자입니다. (주님만을 의지하겠습니다.)

"나에겐 과거가 있습니다." 이 말은 굉장히 부담스러운 말일 수 있다. 과거란 대체로 부끄러운 죄 혹은 허물과 관련되기 때문이다. 그러나 예수님 안에 있는 사람에게는 그 말이 부끄러움이 아니라 영광이 될 수 있다. 왜냐하면, 우리의 가장 큰 과거는 예수님이기 때문이다. 나를 위해 십자가에 달리신 예수님이 나의 가장 큰 과거다. 나의 과거가 오늘 나의 존재를 결정한다면, 나는 예수 십자가 안에 있는 사람이다. 그런 의미에서 기분 좋게 고백하기를, 나는 과거가 있는 사람입니다. 아멘.

그리고 이 과거가 나에게 확실한 미래를 선물하는데, 죽은 자 가운데서 부활하여 영원한 새 예루살렘에 입성하는 것이다. 나의 내일은 잘 모르고, 모레도 사실 불확실하다. 그러나 나의 마지막은 확실하니, 예수 그리스도의 은혜로운 품이다. 이 땅에서의 삶은 불확실성으로 가득하다. 그래서 매일매일 불안하고 걱정되는 면이 없지 않아 있다. 그러나 이미 결정되어 있는 우리의 마지막 미래가 오늘 우리의 걱정을 덮어버린다. 그리고 마지막 셋째는 자기 다짐의 대지인데, 지금 현재도 나와 동행하시는 주님만을 의지하고 따르겠다는 다짐이다. '과거-미래-현재'라는 구도가 메시지에 보다 체계적인 초점을 부여한다고 자평한다.

대상 이동: for this, for that

다음은 대상 이동의 틀이다. 해돈 로빈슨의 설교에서 아이디어를 얻은 틀인데, 말 그대로 바라보는 대상을 이동하는 방식이다. 골로새서 1장 15-18절을 본문으로 "예수님은 만물의 으뜸이다"라는 주제로 한 설교인데, 개요는 다음과 같다.

> **주제: 예수님은 만물의 으뜸이다. (골 1:15-18)**[7]
> **〈우산 질문〉 예수님은 누구인가?**
> 첫째, 하나님께 대하여, 그는 하나님의 형상이다.
> 둘째, 피조물에 대하여, 그는 모든 피조물보다 먼저 나신 분이다.
> 셋째, 교회에 대하여, 그는 몸인 교회의 머리다.

예수님의 정체를 설명하는 대지들인데, 설교자는 "하나님께 대하여", "피조물에 대하여", "교회에 대하여"라는 대상을 순차적으로 지정한다. 마치 예수님이 120도 간격으로 한 바퀴 돌면서, 세 대상을 향해서 그분의 정체를 선포하는 듯하다. 혹은 보다 기하학적인 구조 안에서, 고개를 들어 위로는 하나님 앞에서, 아래로는 피조물 앞에서, 그리고 고개를 옆으로 돌려 교회 앞에서 그분의 정체가 선포되는 방식으로 볼 수도 있다. 그런데 꼭 이런 대상 순환이 필요했을까? 내용면에서도 그렇지만, 통일성 측면에서 꼭 필요했다고 판단된다. 그 필요성을 확인하기 위해, 대상을 지정하는 문구를 한번 삭제해 보자.

> **〈우산 질문〉 예수님은 누구인가?**
> 첫째, 그는 하나님의 형상이다.
> 둘째, 그는 모든 피조물보다 먼저 나신 분이다.
> 셋째, 그는 몸인 교회의 머리다.

내용적으로 틀리거나 다른 부분은 없다. 그러나 원래의 대지구성

---

[7] 해돈 로빈슨, 『강해설교』, 박영호 역 (서울: CLC, 2007), 144-145. 실제 로빈슨이 제시한 대지는 상당히 긴 문장인데, 필자가 내용을 유지하면서 단축 각색하였다.

에 비해서 하나로 모아주는 통일력이 현저히 떨어진다. 앞서 소개한 육하원칙의 틀이 주는 효과와 유사하다. "…에 대하여"라는 대상이 순차적으로 규정됨으로써 산발적으로 흩어질 수 있는 설교가 탄탄한 구심력을 갖춘 통일성 있는 설교가 된다.

에베소서의 가정 윤리 본문을 가지고 유사한 구도의 설교 구성이 가능하다.

> **주제: 일상에서 성령 충만한 사람이 되라.**
> **〈우산 질문〉 성령 충만한 사람은 누구인가?**
> 첫째, 배우자를 향하여, 사랑과 존경을 다하는 사람이다.[8]
> 둘째, 부모를 향하여, 순종과 공경을 다하는 사람이다.
> 셋째, 자녀를 향하여, 주의 교훈과 훈계로 양육하는 사람이다.

에베소서 5-6장은 흔히 말하는 가정 윤리를 다루는 본문인데, 그 중심에는 성령 충만이 있다. 5장 18절의 성령 충만은 21절의 "피차 복종"으로 이어지고, 이것이 다시 가정 내 구체적인 대상을 향한 적용으로 이어진다.[9] 가정에서 나라는 존재는 몸은 하나지만 관계는 여럿이다. 아내의 남편이고, 남편의 아내이고, 부모에게는 자녀요, 자녀 앞에서는 부모가 된다. 본문은 성령 충만이 이러한 개별 관계에서 구체적으로 드러나야 한다고 가르친다. 이에 설교자는 본문의 흐름을 그대로

---

[8] 그냥 투박하게 다음 대지도 가능하다. 1. 배우자를 사랑하고 존경하는 사람이다. 2. 부모를 공경하고 순종하는 사람이다. 3. 자녀를 주의 교훈과 훈계로 양육하는 사람이다. 그런데 "배우자를 향하여" 등 "…향하여"라는 대상어를 배치하여 보다 청중이 쉽게 이해할 수 있는 가지런한 구성이 되었다고 자평한다.
[9] 길성남, 『에베소서 어떻게 읽을 것인가』 (서울: 성서유니온, 2005), 403, 416.

좇아가면서도 대지 선두에 대상을 구체적으로 지목함으로써 보다 가지런하게 하나로 모아지는 설교를 마련하였다.

돼지 3형제 (not A, not B, but C)

돼지 3형제 이야기도 유용한 설교 틀이 될 수 있다. 옛날 옛날에 돼지 3형제가 살았다. (하필 3형제다.) 형제는 각자 취향대로 혹은 소신대로 집을 짓고 살던 어느 날, 늑대가 들이닥친다. 첫째 돼지는 지푸라기 집에 살았는데, 늑대가 후! 하고 부니 날아가 버린다. 둘째는 나뭇가지로 집을 지었는데, 역시 늑대의 후! 입김에 날아가 버린다. 두 형제 모두 급히 셋째네 집으로 피신하는데, 셋째는 튼튼한 벽돌로 집을 지은 터였다. 감사하게도 벽돌집은 늑대의 공격 앞에 꿈쩍도 하지 않고 형제들을 보호해 주었다는 내용이다.

이 틀이 3대지 설교에 또 하나의 흐름을 제공한다. 영어식으로 표기하면 "not A, not B, but C" 형식이라 부를 수 있다. 귀납적 전개로 볼 수 있는데, A와 B의 부정적인 그림자가 일종의 보색효과를 일으켜 중심 진리인 C를 보다 선명하게 드러내는 구도다. 복음송에도 이 구도가 들어와 있다. 어린 시절 부르던 "돈으로도 못가요" 노래가 바로 그 구도다. "돈으로도 못 가요not A 지식으로 못 가요not B 거듭나면 가는 나라 하나님 나라but C 믿음으로 가는 나라 하나님 나라C 반복 겸 결론." 아이들 동화에서부터 복음송까지 "not A, not B, but C" 구도는 우리 안에 꽤 깊숙이 들어와 있는 것이, 어쩌면 우리의 본성에 잇닿은 패턴인지 모

른다.[10]

이 틀을 가지고 재림 설교를 준비해 보았다. 본문은 마태복음 2장의 초림 장면인데, 초림 상황과 재림 상황 사이에 평행이 있으리라는 전제 하에 준비된 설교다.

주제: **주님의 재림을 준비하라.**
〈우산 질문〉 재림에 관하여 사람이 할 수 있는 일은 무엇일까?
첫째, 부인할 수 있다. 믿지 않을 수 있다. (not A, 많은 백성들)
둘째, 무시 혹은 거부할 수 있다. 믿지만 상관하지 않거나 방해할 수 있다. (not B, 헤롯과 대제사장과 서기관들)[11]
셋째, 그러나 주님의 재림을 막을 수는 없다. (C 준비)
결론: 믿음으로 주님의 재림을 준비하라. (but C, 동방 박사들)

첫째와 둘째는, 셋째와 결론(넷째)을 위한 보색 배경이다. 재림에 관하여 부인할 수 있고, 무시하거나 노골적으로 거부할 수도 있다. 그러나 셋째 대지가 선포하기를, 주님의 재림을 막을 수는 없다. 본문이 소개하듯 초림 시에 헤롯과 대제사장은 주님의 오심을 감지하면서도

---

[10] 아이들이 어릴 적에 필자도 이 이야기를 자주 들려주었다. 토끼 3형제, 송아지 3형제를 즉석에서 들려주기도 하고, 나중에는 송충이 3형제, 지렁이 3형제로까지 발전되었다. 이야기 패턴은 늘 동일하였다. 처음 두 형제는 누군가에게 잡아먹혔는데, 마지막 셋째는 기지를 발휘해 살아남았다는 이야기였다. 지루할 법도 한데, 아이들은 항상 초롱초롱한 눈으로 재미있게 잘 들어주었다. 녹슨 머리로 이야기를 만들어내는 아빠의 수고에 대한 아이들의 배려도 있었겠지만 이 패턴 자체가 가진 마르지 않는 신선함인지도 모른다.

[11] 무시와 거부를 다른 항목으로 분리할 수도 있겠지만 3대지의 구도를 지킨다는 의미에서 하나로 합쳤다. 그리고 내용적으로도, 4절에 무시하는 부류와 거부하는 부류들이 한 통속이 되어 있는 걸 보면, 둘은 사실상 같은 반응으로 볼 수도 있을 듯하다. 주님에 대한 무시는 사실상의 거부라는 의미다.

무시하거나 거부하였고, 이방인들을 포함한 상당수 유대인들은 주님의 오심을 믿지 않았다. 그러나 주님은 기어코 오셨다. 지혜로운 자들이 있었으니, 동방에서 온 박사들은 주님의 오심을 정성스럽게 준비하고 맞이하였다. 재림 시에도 동일한 일들이 벌어질 것이니, 우리는 어리석은 길이 아니라 지혜로운 길을 택하라는 권면의 설교다.

잠시 곁길로 나가면, 같은 내용을 기-승-전-결의 구도로 이해할 수도 있다. 내용과 흐름을 그대로 유지하되, 돼지 3형제 대신 기승전결 흐름을 따라 도식화하면 다음과 같다.

주제: **주님의 재림을 준비하라.**
도입. 재림에 관하여 사람이 할 수 있는 일이 무엇이 있을까?
  기. 부인할 수 있다.
  승. 무시 혹은 거부할 수 있다.
  전. 그러나 주님의 재림을 막을 수는 없다.
  결. 믿음으로 주님의 재림을 준비하라 (but C, 동방 박사들)

돼지 3형제 구도가 기승전결의 흐름과 거의 일치하기 때문에 빚어지는 일이다. 셋째 돼지가 전 단계가 되고, 마지막 결론 "집은 튼튼하게 지어야 합니다"를 결 단계로 보면, 그대로 기승전결이 된다. 틀 이름 자체가 무엇이든 우리에게 크게 중요치는 않다. 어느 쪽이든 본문 메시지를 보다 선명하게 드러내려는 설교자의 수고에 도움이 되기를 바란다.[12]

---

12 억지로 3대지로 끼어 맞춘 듯한 느낌이 있다. 솔직히 없지 않아 그런 면이 있다. 필자가 그렇게 한 이유

다른 예로, 구약 열왕기하의 게하시 사건을 가지고 돼지 3형제 구도로 설교를 작성해 보았다. (이 구도 역시 기승전결로 도식화할 수도 있다.)

주제: 유혹 보기를 나병 같이 하라. (왕하 5:15-27)
〈우산 질문〉 유혹이란 무엇인가?
첫째, 유혹은 늘 곁에 있는 친구다. (not A, 가장 거룩한 순간에도 끼어든다.)
둘째, 유혹은 꽤 매력 있는 친구다. (not B, 끌어들이는 흡입력이 있다.)
셋째, 그러나 유혹은 나병이다. (but C, 유혹의 결과는 나병이었다.)
결론: 나병을 뿌리치듯 유혹을 뿌리치라. (유혹 보기를 나병 같이 하라.)

왜 유혹에 넘어가는가? 나름 끄는 매력이 있기 때문이다. 매력이 없다면 넘어갈 이유가 없다. 그래서 유혹에 관한 설교는 항상 유혹이 가진 매력을 어느 정도 소개하는 것이 현실적인 지혜일 것이다. 그런 의미에서 첫째와 둘째는 유혹이 가진 매력을 소개하였다.

유혹은 늘 곁에 있는 친구, 게다가 꽤 매력 있는 친구다. 그래서 그 친구와 우정을 쌓으라는 말은 아니다. 다만 셋째 대지가 선포하는 유혹의 해악을 극적으로 드러내기 위한 배경일 뿐이다. 늘 곁에 있고, 나름 매력이 있지만 유혹은 나병일 뿐이다. 그러니 나병을 뿌리치듯 유혹을 뿌리치라, 혹은 저 옛날 한 장군의 어법을 좇아, 유혹 보기를

는 청중의 메시지 수납을 보다 쉽게 하기 위함이었다. 3대지에 익숙한 필자의 성도들이 보다 메시지를 수월하게 받아들이게 하는 형식을 고민하다 얻은 결과이다. 새로운 것이 항상 좋은 것만은 아닌데, 설교 형식도 그러하다. 매주 새로운 메시지가 선포되는데, 틀까지 자주 바뀌면 청중에게 오히려 부담이 될 수 있다. 그런 의미에서 틀은 어느 정도 일관성을 유지하는 게 좋다. 그런 의미에서 기승전결을 3대지 틀에 끌어들인 것인데, 어느 쪽이 좋을지 판단은 독자에게 맡긴다.

나병 같이 하라는 권면의 설교다. 'not A, not B, but C'의 구도든 기승전결이든, 한 호흡에 읽히는 구조적인 통일성이 설교에 짜임새를 부여한다.

쉬운 길이 어디 있으랴마는 설교자의 길도 녹록한 길이 아니다. 때로 지하 광산 같은 본문을 뚫어서 주의 말씀을 찾는 수고가 필요하고, 그러면서도 성도들이 들음직하게 깔끔하게 재구성하는 지혜도 필요하다. 들음직한 설교를 위해 불가결한 요소 가운데 하나가 통일성이다. 풍성한 성경 진리를 선포하면서도, 하나로 모아지는 통일성을 유지해야 한다. 꽤 힘든 작업이다. 그렇지만 해야 하는 작업이다. 본서가 주의 말씀의 역동성을 훼손하지 않으면서도 긴밀한 통일성을 갖춘 말씀을 준비하려고 애쓰는 설교자들의 노고에 작은 도움이 되기를 바란다.

Easy Preaching

7장
강해설교의 본문 연구

**Easy
Preaching**

easy

7장

강해설교의
본문 연구[1]

이제 3대지 설교의 실제 준비과정을 살펴보려 한다. 이미 상당 부분 살펴보았다고도 할 수 있는데, 3대지 설교 준비의 가장 중요한 대목이 바로 대지의 결정이기 때문이다. 하나의 선명한 주제를 중심으로 통일성 있는 대지를 마련하는 작업이야말로 3대지 설교 준비의 승부처라고 할 수 있는데, 지금까지 줄곧 우리가 고민하고 논의해 온 바다. 그러나 알다시피 그게 전부는 아니다. 대지를 결정하기 이전에 본문 해석과 주제 결정의 과정이 필요하고, 더 이전에는 본문 선택의 과정을 거쳐야 한다. 여기에 더하여 서론과 결론, 적절한 예화 등을 가미할 때 비로소 한 편의 3대지 설교가 완성된다.

---

1   본문 '해석'이라 부를 수도 있겠지만 '적용을 지향하는 해석'이라는 의미에서 보다 포괄적인 본문 '연구'라는 이름을 붙였다.

우선 본문 해석부터 살펴보자. 3대지 설교를 위한 본문 해석은 어떻게 이루어져야 하는가?

3대지 설교도 강해설교다

일단 대원칙이 있는데, 3대지 설교는 본문 해석에서 시작한다는 것이다. 너무나 당연한 말이지만, 이 점을 분명히 하고 싶다. 3대지 설교도 본문 해석 혹은 본문 연구에서 시작한다. 왜냐하면, 3대지 설교도 강해설교이기 때문이다. 간혹 3대지 설교를 오해하는 이들이 있다. 3대지 설교는 강해설교가 아니라고, 심지어 3대지가 강해설교와는 양자택일의 대립 관계에 있는 것으로 오해하는 경우가 있는데, 이는 3대지 설교에 대한 오해를 넘어 강해설교에 대한 무지의 소치다.

강해설교는, 해돈 로빈슨이 간파한 대로, 특정한 설교 방법론이 아니라 하나의 설교 철학이다. 설교자 자신의 생각이 아니라 성경 본문의 의미를 설교하겠다는 철학, 그리고 성경 말씀을 오늘의 청중에게 적용하여 선포하겠다는 의지의 총칭이 강해설교다. 특정한 형식에 붙인 이름이 아니라는 말이다. 설교의 형식이 3대지든 내러티브 형식이든 상관없고, 귀납식 전개인지, 연역식 전개인지를 따지지도 않는다. 오직 선포되는 메시지가 본문에서 나왔는지, 그리고 그 본문의 의미가 청중에게 적용되었는지를 묻는다. 그런 의미에서 3대지 설교도 당연히 강해설교이고, 그 준비도 당연히 강해설교의 원리를 따라 본문 해

석에서 시작된다.[2]

해석의 원리 : 저자-, 적용-, 주제-지향적 해석

본문을 해석하는 원리 면에서도 3대지는 강해설교의 해석 원리를 따른다. 강해설교에는 나름의 해석 원리가 존재하는데, 필자의 이해로는 다음 세 가지다. 저자-지향적 해석, 적용-지향적 해석, 주제-지향적 해석이다. 이 셋은 단계별로 구분되는 별도의 과정이라기보다 논리적인 순서를 지칭한다.[3] 현실적으로 순서가 정해지지만 완전히 분리된 단계는 아니라는 말이다. 본문을 펼치는 순간부터 해석을 완료하기까지 설교자가 줄곧 염두에 두고 있어야 할 원리적인 지침이라고 할 수 있다.

우선 강해설교는 저자-지향적 해석을 추구한다. 현대 해석학은 본문 의미의 결정자를 기준으로 크게 세 흐름으로 분류되는데, 저자-지향적 해석, 본문-지향적 해석, 독자-지향적 해석이다. 그 가운데 강해설교는 원리적으로 저자-지향적 해석을 추구한다. 본문의 의미를 독자가 결정한다는 소위 독자반응비평을 거부하고, '본문에 나타난 저자의 의도'를 '본문의 의미'로 간주한다.[4] 강해설교자들이 실천하는 문

---

2 강해설교가 무엇인지, 그리고 어떤 의미에서 3대지 설교가 강해설교인지에 대해서는 본서의 부록 1. "3대지 설교도 강해설교인가?"에서 자세히 다루도록 하겠다.
3 구원의 서정이 논리적인 순서일 뿐, 물리적으로 구분되는 신앙의 단계가 아닌 것과 같다.
4 강해설교자들에게 해석은 '주입'(eisegesis)이 아니라 철저히 '발굴'(exegesis)이고, 발굴의 목표는 저자

법적 연구, 역사적 연구 혹은 문맥을 고려한 문학적 연구 등은 공히 저자의 의도에 접근하기 위한 도구들이다. 3대지 설교자도 강해설교자로서 동일한 해석 도구를 가지고, 저자의 의도라는 동일한 목표를 추구한다. 해석과정에서 지속적으로 던지는 질문이 있으니, 오늘 본문에 나타난 저자의 의도가 무엇이냐다. 저자-지향적 해석의 결과물을 일컬어 석의 주제라고 부른다.

둘째, 적용-지향적 해석이다. 강해설교는 본문 해석과 더불어 청중 적용을 설교의 본질로 간주한다. 본문을 설교하지만 청중에게 설교하며, 설교는 해석을 넘어 적용이다. 따라서 설교를 위한 해석이라면, 해석에 머물기 위한 해석이 아니라 적용으로 나아가기 위한 해석이어야 한다. 해석에 머문 설교를 두고 존 스토트는, 이륙은 했으나 착륙하지 않은 미완성 비행에 비유했다.[5] 아무리 본문에 기초한 설교라고 해도 청중의 삶에 도달하지 않았다면, 그 설교는 미완성이라는 말이다.

적용-지향적 해석이라는 이름이 과하다고 느낄 수도 있다. 해석이 완료되지도 않았는데 미리 적용을 생각하면 혼돈을 일으킬 수 있고, 심지어 해석의 순수성을 해칠 수 있다는 우려도 있다. 그럼에도 적용-지향적 해석을 강조하는 이유는, 미리 적용을 생각하는 바람에 초래되는 혼돈보다 적용에 대한 관심 없이 해석에만 골몰하는 경직성의

의 의도 혹은 저자의 의미다.

[5] John Stott, *Between Two Worlds: The Challenge of Preaching Today* (Grand Rapids: Eerdmans, 1982), 140.

폐해가 더 크다고 판단했기 때문이다. 적용은 해석을 방해하기보다 오히려 해석의 갈피를 잡아준다. 길바닥에만 집중하다가 자칫 길을 잃는 수가 있다. 눈을 들어 조금은 멀리 내가 가야 할 길을 응시할 때, 비로소 방향을 잃지 않고 제대로 걸음을 뗄 수 있다. 본문만 바라보는 해석이 아니라 적용을 응시하는 해석이 되어야 한다는 말이다.

적용-지향적 해석의 결과물을 일컬어, 적용 주제 "들"이라고 부르고자 한다.[6] 석의 주제를 나의 청중에게 적용한 결과물인데, 보다시피 "들"이라는 복수형이다. 해석은 하나로 수렴되지만 적용은 다양한 각도로 나아갈 수 있기 때문이다. 석의 주제는 하나이지만, 적용 주제는 여럿이 될 수 있고, 이것이 오늘 설교 주제의 후보들이 된다.

마지막 셋째는, 주제-지향적 해석이다. 여기서 말하는 주제는 당연히 석의 주제가 아니라 설교 주제다. 강해설교자가 본문 연구를 통해 수확해야 할 궁극적인 열매가 있으니, 오늘 설교의 주제다. 주제는 설교의 씨앗으로서 주제가 있어야 설교가 될 수 있기 때문이다. 설교 준비의 일차 목표는, 앞서 2장에서 논의한 대로 설교 주제를 확보하는 것이다. 본문을 펼치는 순간부터 강해설교자는 주제를 향하여 촉을 세워야 한다. 설교를 위한 해석이 아니라면, 다른 말로 단지 본문 이해를 위한 해석이라면, 주제에 관심을 두지 않아도 좋다. 그러나 설교를 위한 해석이라면 첫걸음부터 주제를 겨냥하고 주제를 염두에 두어야 한다. 이러한 설교자의 자세에 붙인 이름이 주제-지향적 해석이다.

---

[6] 독자에게 생경한 이름일 수 있다. 석의 주제와 설교 주제는 익숙한데, 적용 주제는 생소한 용어다. 석의 주제를 청중에게 적용하여 설교 주제의 후보들을 확보하게 되는데, 최종 설교 주제와 구별하여 적용 주제라는 이름을 제안하는 바이다.

본문에서 주제까지 : 석의 주제, 적용 주제, 그래서 설교 주제

지금까지 우리는 강해설교의 해석 원리를 정리하였다. 이제는 각 원리가 추구하는 목표를 중심으로 재구성해서 살펴보겠다. 사실은 이미 각 원리가 겨냥하는 목표를 언급하였다. 저자-지향적 해석은 석의 주제를 낳고, 적용-지향적 해석은 적용 주제를, 그리고 주제-지향적 해석은 설교 주제를 목표로 한다는 사실을 이미 언급하였다. 그럼에도 여기서 다시 논의하는 것은, 목표 중심의 이해가 현장 활용에 매우 유용하기 때문이다. 목표를 알고 본문을 연구한다면, 보다 효율적인 연구가 가능할 것이다. 논의할 내용을 먼저 도표로 정리하면 다음과 같다.

구분	추구하는 목표
저자 – 지향적 해석	석의 주제
적용 – 지향적 해석	적용 주제들 (설교 주제의 후보들)
주제 – 지향적 해석	설교 주제

〈저자-지향적 해석〉의 목표는 석의 주제다. 석의 주제는 본문에 나타난 저자의 의도를 요약한 한 문장이다. 문법적 연구와 역사적 배경 연구, 장르와 문맥을 고려한 문학적 연구 등의 도구를 활용하여 본문에 나타난 저자의 의도를 파악하고, 그것을 한 문장으로 정리해 내어야 한다. 설교 주제로 나아가기 위한 발판이라고 할 수 있는데, 우리는 그 한 문장을 석의 주제라고 부른다.

다음으로, 〈적용-지향적 해석〉의 목표는 적용 주제다. 일반적으로 설교학은 석의 주제와 설교 주제라는 용어만 사용하는데, 그 중간 단계로 필자는 적용 주제라는 개념을 제안한다. 약간의 터치를 거쳐서 설교 주제가 될 수 있는 후보들이다. 적용 주제는 이름 그대로 석의 주제를 현 청중에게 적용한 결과물인데, 하나의 석의 주제에서 다수의 적용 주제가 나올 수 있다.

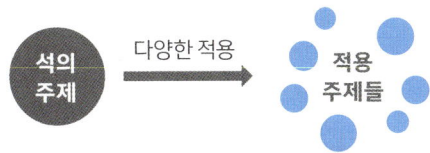

예를 들어, 시편 23편을 본문으로 "하나님은 우리의 목자입니다."라는 석의 주제를 얻었다고 가정해 보자. 이 석의 주제를 나의 청중에게 적용하면 어떤 결과를 얻을 수 있을까? 우선은 석의 주제 그대로 "하나님은 우리의 목자입니다"라는 적용 주제가 가능하다. 또 "우리의 목자이신 하나님을 의지하라"는 적용 주제도 가능하다. 혹은 "하나님을 나의 목자로 고백하라"는 적용 주제도 가능하다. 혹은 구속사적인 적용을 통하여 "십자가에 달리신 예수님이 우리의 선한 목자입니다"라는 적용 주제도 가능하다. 이렇게 다양한 적용 주제를 확보하는 것이 적용-지향적 해석의 목표다. 도식화하면 다음과 같다.

석의 주제: 하나님은 우리의 목자입니다.
➡ 적용 주제(1): 하나님은 우리의 목자입니다.
➡ 적용 주제(2): 우리의 목자이신 하나님을 의지하라.

➡ 적용 주제(3): 하나님을 나의 목자로 고백하라.
➡ 적용 주제(4): 십자가에 달리신 예수님이 우리의 선한 목자입니다.

마지막으로, 〈주제-지향적 해석〉의 목표는 오늘 설교의 주제다. 단에 올라가서 성도들의 가슴에 새기고 내려와야 할 바로 그 한 문장이다. 적용 주제에서 설교 주제로 넘어가는 과정은 크게 두 과정, 선택과 다듬기다.

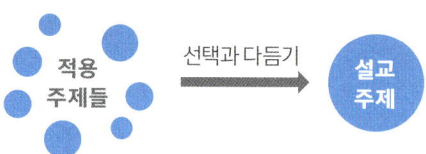

우선 선택. 다양한 적용 주제들이 확보되는데, 그 가운데 하나를 선택해야 한다. 무슨 선택이든 선택은 어렵다. 그러나 선택하지 않으면 자칫 설교가 중구난방 내지는 초점이 무딘 설교가 될 수 있으니 어려워도 선택해야 한다. 그러나 모든 적용 주제들이 사실은 하나의 석의 주제에서 나왔기 때문에 그렇게 가혹한 선택은 아니다. 나머지를 완전히 버리는 선택이 아니라 오늘 설교의 중심과 변두리를 결정하는 선택이다. 선택받지 못한 적용 주제들도, 중심부는 아니더라도 적당한 자리에서 나름의 역할을 감당할 수 있다. 여하튼 선택해야 한다.

마지막으로 다듬기다.[7] 선택된 적용 주제를 다듬고 수정하여, 최종

---

7 설교 주제에 대한 필자의 이해는 수누키안, 『성경적 설교의 초대』, 채경락 역 (서울: CLC, 2009)의 방법

적으로 오늘 설교의 주제를 결정한다. 좋은 설교는 작성과 더불어 성실한 퇴고로 마련되는데, 지혜로운 설교자는 퇴고의 땀의 상당 부분을 좋은 주제를 마련하는 데 쏟아 부을 것이다. 주제는 단지 한 문장이 아니다. 설교의 씨앗으로서 설교 전체의 판도를 결정하는 밑그림이다. 완성도 높은 설교를 원한다면, 그 무엇보다 완성도 높은 주제를 마련해야 한다. 선명하게 전달되는 설교를 원한다면, 그 무엇보다 선명한 주제를 확보해야 한다.

지금까지 우리가 논의한 바를 도표로 정리하면 다음과 같다.

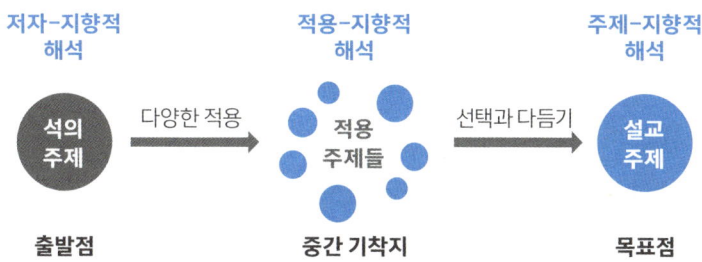

설교 자체가 목표가 있는 행위이지만 설교 준비도 분명한 목표가 있는 행위다. 설교의 목표가 청중의 변화라면, 설교 준비의 목표는 설교를 마련하는 것이다. 본문에서 설교로 가는 길은 가까운 듯 꽤 먼 길이다. 게다가 제한된 시간 안에 완주해야 할 분주한 길이기도 하다. 우왕좌왕하지 말고, 목표 지향적으로 효율적으로 움직여야 한다. 설교자

론에 많은 빚을 지고 있다. 특히 "집으로 진리"(take-home truth, 83-84쪽)라는 개념과, 이를 위해 그가 강조하는 주제 다듬기 혹은 주제 버리기(175-82쪽)의 필요성에 적극 공감한다.

가 먼저 확보해야 할 일차 목표는 오늘 설교의 주제인데, 그 일차 목표로 가는 길도 한 걸음이 아니라 중간 기착지를 거쳐야 한다. 석의 주제와 적용 주제들을 거쳐서 비로소 일차 목표인 설교 주제에 당도할 수 있다. 매주 이 길을 걷는 설교자들에게 이 도표가 작은 길잡이가 되기를 바란다.

본문 연구의 실제 – 예수님의 시험 (눅 4:1-13)

이제 위의 해석 원칙에 따라 실제로 본문을 연구해 보자. 본문은 누가복음 4장 1-13절, 예수님이 마귀에게 시험을 받으시는 장면이다. 우선 저자-지향적 해석을 통해 석의 주제를 찾고, 이어서 적용-지향적 해석을 통해 적용 주제들을 확보하고, 마지막으로 주제-지향적 해석을 통해 최종적으로 오늘 설교의 주제를 결정하도록 하겠다.

저자-지향적 해석 : 석의 주제 찾기

우선 저자-지향적 해석이다. 오늘 본문을 통해 저자인 누가가 전하려는 메시지는 무엇일까? 일단 떠오르는 메시지는 참된 이스라엘로 오신 예수님이다. 40일을 굶주린 채 시험을 받으시는 주님의 모습은 출애굽한 이스라엘의 광야 40년과 많이 겹쳐 보인다. 주님이 인용하신 성경 구절이 대체로 신명기에서 나온 것도 이런 이해를 뒷받침한다. 이스라엘의 40년 광야 생활은 훈련의 시간이기도 했지만 또한 시험의 시간이기도 했다. 그들이 진정한 하나님의 백성인지를 시험하는 시간이었는데, 그들은 자주 실패하였다. 그런데 예수님은 모든 시험을 정갈하게 통과하심으로써 스스로 참된 이스라엘이심을 드러내신다.[8] 이 해석이 맞다면 석의 주제는 다음과 같을 것이다. "예수님은 참 이스라엘이다."

그런데 오늘은 여기서 한 걸음 더 나아가야 할 듯하다. 오늘 본문이 마태복음이 아니라 누가복음이기 때문이다. 본문의 정확한 의미는 문맥 안에서 결정될 수 있는데, 장절 문맥도 중요하지만 권별 문맥을 충분히 고려해야 한다. 예수님을 "아브라함과 다윗의 자손"마 1:1으로 소개하는 마태복음과 달리, 누가복음은 예수님의 족보를 아담까지 연결한다눅 3:23-38. 인류의 조상인 아담까지 거슬러 올라가는 족보 바로 뒤에 주님의 시험 장면을 소개하는데, 저자인 누가가 이렇게 하는 의도가 무엇일까? 필시 예수님은 아담의 실패를 극복하는 둘째 아담이라는 메시지를 전달하기 위함일 것이다고전 15:47.

누가의 의도 속에, 오늘 주님의 시험은 이스라엘의 광야 시험을 넘어 창세기 3장의 아담의 시험으로까지 연결된다. 마귀가 직접 주님을 시험한 점도 이러한 이해를 뒷받침한다. 에덴에서 뱀이 아담에게 다가와 그를 시험하였고, 불행히도 아담은 실패하였다. 이것이 온 인류의 타락과 불행이 되었다롬 5:19a. 그런데 오늘은 예수님이 시험대에 서시고, 마침내 승리하신다롬 5:19b.[9] 아담의 실패가 온 인류의 불행이 되었지만, 주님의 승리는 인류 구원의 문을 여셨다. 요컨대 주님의 시험 승

---

8 양용의, 『마태복음 어떻게 읽을 것인가』 (서울: 성서유니온, 2005), 72-78.
9 Walter L. Liefeld, *Luke*, EBC 10 (Grand Rapids: Zondervan, 2007), 101.

리는 광야 이스라엘의 실패 극복이 아니라 창세기 아담의 실패 극복이라고 볼 수 있다. 이를 종합하여 석의 주제를 도출하면 다음과 같다. "예수님은 둘째 아담이시다."

적용-지향적 해석 : 설교 주제의 후보들 찾기

다음으로 적용-지향적 해석이다. 석의 주제인 "예수님은 둘째 아담이시다"를 현시대 성도들에게 적용하면 어떤 메시지가 될까? 다른 말로, 예수님이 둘째 아담으로 오셨다는 사실이 현대의 청중에게는 어떤 의미가 있을까? 크게 두 가지 방향의 적용이 가능하겠다. 하나는 예수님을 우리가 믿어야 할 구원자로 적용(혹은 고백)할 수 있고, 다른 하나는 우리가 따라야 할 모범으로 적용할 수 있다.

우선 '구원자' 적용은, 석의 주제의 중심 단어인 '둘째 아담'을 '우리의 구원자'로 번안하여 읽는다. 첫째 아담이 타락한 죄인이었다면, 둘째 아담으로 오신 주님은 그 이름도 아름다운 우리의 구원자이시다. 창세기 3장이 첫째 아담을 통해 어떻게 인류에게 죄와 사망이 이르렀는지를 보여준다면, 누가복음 4장은 어떻게 둘째 아담이 인류를 위한 구원의 문을 여셨는지를 보여준다. 십자가와 부활로 완성되는 구원 역사의 장도가 바로 여기서 시작된다. 이를 정리하여 적용 주제(설교 주제의 후보)를 도출하면, "예수님은 우리의 구원자로 오신 둘째 아담이시다."

반면에 '모범' 적용은 예수님을 우리가 본받아야 할 모범으로 상정한다. 예수님은 우리가 믿고 의지할 주님이기도 하지만 우리가 본받고 따라야 할 '새 사람'(둘째 아담)의 원형이기도 하다. 첫째 아담이 타락한 인간의 원형이라면, 둘째 아담으로 오신 우리 주님은 장차 나타날 새 사람 혹은 우리 안에 이루어질 하나님 나라 백성의 원형이다. 누가복음 4장은 주님이 친히 마귀에게 시험을 받으시고 첫째 아담과 달리 승리하시는 장면을 소개함으로써 이 땅에 새 사람이 나타났음을 선포한다. 우리 주님이 부활을 통해 부활의 첫 열매가 되셨다고 했는데, 사실은 그 이전에 오늘 본문의 시험 통과를 통해 주님은 새 사람의 첫 열매가 되셨다. 이를 정리하여 적용 주제를 만들면, "예수님은 우리가 본받아야 할 새 사람이시다."

구원자 적용과 모범 적용은 어쩌면 모든 성경 본문에 활용될 수 있는 한 쌍의 대표적인 적용 방향이라고 할 수 있다. 전자는 주님이 누구신지, 주님의 정체에 초점을 둔 적용이고, 후자는 우리가 어떻게 살아야 할지, 우리의 삶에 초점을 둔 적용이다. 동사verb로 풀이하면 다음과 같이 정리할 수 있다.

주님은 믿음의 대상이면서, 동시에 우리가 따라야 할 모범이시다. 이 둘은 어쩌면 모든 성경 본문의 적용이 취할 수 있는 두 가지 기본 방향이다. 웨스트민스터 교리문답이 성경을 요약하기를, 우리가 믿어야 할 것과 우리가 행해야 할 것을 가르친다고 정리하는 것과 맥을 같이 한다.[10] 오늘의 본문인 누가복음 4장을 가지고도, 한 편으로는 우리가 주님에 대해 믿어야 할 진리를 설교할 수 있고, 다른 한 편으로는 하나님의 사람으로서 우리가 어떻게 행해야 할지를 설교할 수도 있다.

> **석의 주제: 예수님은 둘째 아담이시다.**
> ➡ 적용 주제(1): 예수님은 우리의 구원자로 오신 둘째 아담이시다.
> ➡ 적용 주제(2): 예수님은 우리가 본받아야 할 새 사람(둘째 아담)이시다.

이어지는 주제-지향적 해석에서 우리는 둘 가운데 하나를 택하게 될 것이다. 물론 한 편의 설교에 둘 모두를 담아내지 못하란 법은 없다. 충분히 포함될 수 있지만, 다만 주된 초점이 무엇인지를 결정해야 한다.

주제-지향적 해석 : 설교 주제를 선택하고 다듬기

이제 마지막으로 주제-지향적 해석이다. 적용 주제에서 설교 주제로 가는 길은 대체로 두 가지 과정을 거친다. 선택, 그리고 다듬기다. 우선은 적용-지향적 해석에서 확보한 적용 주제들 가운데 오늘 설교를 위해 하나를 선택해야 한다. 그리고 선택된 적용 주제를 보다 선명한 표현으로 다듬어서 오늘 설교의 주제로 삼으면 된다.

우선은 선택이다. 앞서 우리는 두 개의 적용 주제를 잡아 보았다.

---

10 소교리문답 "문3 성경은 주로 무엇을 가르칩니까? (대5문) 답 성경은 주로 사람이 하나님에 관하여 믿어야 할 바(1)와 하나님께서 사람에게 요구하시는 의무를 가르칩니다(2)." (고신헌법, 193.)

첫째는 예수님을 구원자로 고백하였고, 둘째는 예수님을 우리가 본받을 새 사람으로 적용하였다. 둘 중에 우리는 어느 쪽을 택해야 할까? 필자는 고민 끝에 후자를 택하기로 했다. 본문에 나타난 주님의 모습은 구원자의 그것보다 새 사람의 면모에 가깝다고 판단되었기 때문이다. 혹은 필자가 내심 본문을 통해 성도들에게 구원자 예수보다 새 사람 예수를 더 선포하고 싶었기 때문인지도 모른다. 주제의 결정은 많은 경우 옳고 그름의 문제가 아니라 선택의 문제다.

본문에 구원자의 면모가 나타나지 않는 것은 아니다. 흠없고 순전한 희생양이신 우리 구원자의 모습이 또렷하게 잘 드러난다. 우리의 구원자는 가이사 아구스도처럼 칼과 창을 휘두르는 전제 군주가 아니라, 흠없고 순전한 희생양이다. 오늘 시험을 통해 우리 주님이 얼마나 순결한 양인지, 얼마나 흠없는 양인지, 그래서 우리를 위해 얼마나 완전한 구원자이신지가 잘 드러난다. 그런데 필자의 귀에 자꾸만 이런 다그침이 들리는 듯하다. "아담의 전철을 밟지 말고 새 사람으로 오신 주님을 따르라." 아담이 실패한 자리에서 주님은 승리하셨다. 그리고 우리를 그 길로 초대하신다. 유혹을 물리치시는 주님은 입술을 열지는 않으시지만 제자들을 향하여 무언의 함성으로 "나를 따르라"고 외치시는 듯하다. 해서 필자는 오늘 설교의 주제를 "예수님은 우리가 본받아야 할 새 사람이시다"로 잡기로 한다.

이제 다듬기 시간이다. 선택된 적용 주제를 다듬어서 최종적으로 설교 주제를 결정할 시간이다. 처음 떠올린 문구는 "예수님처럼 말씀으로 시험을 이기라"였다. 예수님이 보이신 새 사람의 모범은 구체적으로 무엇인가? 혹은 아담이 시험 앞에 실패하였지만 주님은 승리하신 비결은 무엇인가? 다름 아닌 말씀이었다. 말씀으로 승리하셨다. 다듬기는 단지 표현을 다듬는 것을 넘어서, 보다 구체적인 적용으로 나아가는 것도 포함된다.

매 시험마다 주님은 말씀을 떠올리셨다. 그리고 그 말씀으로 시험을 이기셨다. 그 중에서도 첫 번째 시험이 참 인상적인데, 40일 굶은 주님에게 돌로 밥을 지어 먹으란다. 이게 과연 시험이 될까? 안 그래도 지금 돌이라도 씹어 먹을 상황이 아닌가. 그런데 마귀는 그렇게 주님을 시험하고, 주님은 그 시험을 이겨낸다. 주님의 반응은 "사람이 떡(밥)으로 살 것이 아니라"였다. 그 급박한 배고픔의 상황에서도 주님은 말씀을 찾으셨다. 광야 40일 동안 주님이 굶주린 것은 밥 이전에 말씀이었던 모양이다. 그리고 이제 보니 그게 새 사람의 모습이다. 새 사람은 40일을 굶고도 밥보다 말씀이 더 그리운 사람이다. 정리하면 삶의 여러 유혹 앞에서도 말씀으로 시험을 이기라는 메시지다.

"예수님처럼 시험을 이기는 새 사람이 되라."
➡ "예수님처럼 말씀으로 시험을 이기라."

그런데 여기서 필자에게 다시 떠오르는 생각이 있었는데, "멈칫함"이었다. 주님이 승리하신 또 다른 비결은 없을까? 우리 같은 죄인에게 보다 체감적인 비결이 없을까? 멈칫함이다. 유혹에 넘어가는 이유는 덥석 잡는다는 데 있다. 말씀을 돌아볼 여유도 없이, 먹기 좋고 탐스러운 과일이면 일단 먹고 보는 덤벙댐이 우리를 실패자로 몰아간다. 유혹이 다가올 때, 주님은 멈칫할 줄 아셨다. 무턱대고 덥석 잡지 않고, 멈칫… 그래서 말씀을 돌아보시는 게 아닐까. 그런 차원에서 필자는 오늘 설교에서 말씀 사랑도 좋지만 멈칫함에 중심을 두기로 했다. (앞서 말한 대로 설교를 위한 해석과 적용은 옳고 그름의 문제이기도 하지만 많은 경우 선택의 문제다.) 이렇게 잡은 오늘 설교의 주제는 "유혹 앞에 주님처럼 멈칫할 줄 아는 새 사람이 되라."

> "예수님처럼 시험을 이기는 새 사람이 되라."
> ➡ "예수님처럼 말씀으로 시험을 이기라."
> ➡ "예수님처럼 멈칫할 줄 아는 새 사람이 되라."

주님 앞에 세 가지 유혹이 닥쳤는데, 첫째는 배고플 때 밥을 먹으라는 유혹이었고, 둘째는 성공을 위해 신앙을 상대화하라는 유혹, 그리고 마지막 셋째는 종교적인 영웅이 되라는 유혹으로 명명할 수 있다. (자세한 해석은 뒤에 소개될 설교문에 담아내도록 하겠다.) 어쩌면 우리 신앙인에게 닥치는 모든 유혹의 대표격인 세 가지다. 왜 이런 유혹에 넘어가는 것일까? 생각 없이 덤비기 때문이고, 본능을 따라 덥석 잡기 때문이다. 그때 멈칫할 수 있다면, 주님처럼 멈칫할 수 있다면, 우리 역시 주님을 좇아 새 사람으로 나아가는 의미 있는 진일보가 될 것이다. 결정된 주제를 가지고 우산 질문을 토대로 3대지로 확대하면 다음과 같다. (주제와 대지의 관계 면에서는 적용형, 본문과 대지의 관계 면에서는 묶음형, 그리고 대지와 대지의 관계 면에서는 대등형 3대지로 볼 수 있다.)

주제: 멈칫할 줄 아는 사람이 되라.

〈우산 질문〉 언제, 혹은 무엇 앞에서 멈칫해야 할까?

1. 밥 앞에서 (멈칫할 줄 아는 사람이 되라.)

2. 성공 앞에서 (멈칫할 줄 아는 사람이 되라.)

3. 무대 앞에서 (멈칫할 줄 아는 사람이 되라.)

설교문 – 멈칫할 줄 아는 사람 (누가복음 4장 1-13절)

서론: 멈칫할 줄 아는 사람

오늘 주님께서 우리에게 주시는 말씀은 '멈칫할 줄 아는 사람'입니다. 혹은 다른 말로 '새 사람'입니다. 역사는 사람이고, 새로운 역사는 새로운 사람으로 시작되는 법입니다. 그런데 새 사람이 어떤 사람이냐? 오늘 주께서 친히 모범을 보여주십니다. 멈칫할 줄 아는 사람입니다. 유혹 앞에서 멈칫할 줄 아는 사람.

예수님을 흔히 마지막 아담 혹은 둘째 아담이라고 부릅니다. 첫째 아담은 창세기에 나오죠. 하나님이 금하신 열매를 따먹은 범죄한 아담입니다. 실패한 첫째 사람, 혹은 실패한 옛 사람입니다. 그런데 오늘 새로운 사람이 등장합니다. 바로 우리 예수님. 주님이 친히 새 사람의 문을 여십니다. 오늘 시험은 아담 시험의 재현이라고 보시면 돼요. 물론 결과가 다릅니다. 아담은 실패하였지만, 주님은 승리합니다. 그래서 우리를 위한 새 사람의 문, 새 역사의 문을 열어주셨습니다.

그런데 비결이 뭘까요? 주님이 승리하신 비결이 뭘까? 멈칫함입니다. 그냥 덥석 잡지 않아요. 아담의 실패가 여기 있었어요. 멈칫할 줄을 모르고, 그냥 덥석 잡아요. 그런데 우리 주님은 멈칫. 주님은 우리의 구원자이면서 동시에 우리가 좇아야 할 모범이기도 합니다. 우리를 하나님의 형상대로 지으셨다 했는데, 하나님의 형상이 곧 예수님입니다. 애초에 우리는 예수님을 닮도록 지음 받았습니다. 오늘 그 한 면을 묵상합니다. 주의 말씀 함께 받을 때에, 상처에 새 살 돋아나듯이 우리 안에도 새 사람이 돋아날 수 있기를 바랍니다. 언제 멈칫하느냐? 뭐 앞에서 멈칫하느냐?

1. 밥 앞에서

우선 첫째, 밥 앞에서입니다. 밥 앞에서. 밥을 앞에 두고도 멈칫할 줄 아는 사람, 그 사람이 바로 새 사람입니다. 우리 주님이 지금 밥 앞에 서 있잖아요. 그것도 텅 빈 위장을 품으시고 말이죠. 며칠을 굶으셨죠? 사십 일. 혹시 이 자리에 사십 일 굶어보신 분 계세요? 사십 일을 굶었는데 눈앞에 밥이 보여요. 어떻게 할까요? 먹어야죠. 만사를 제쳐두고 먹어야 합니다. 그런데 그러면? 새 사람이 아니에요. 헌 사람입니다, 옛 사람. 새 사람은 사십 일 굶은 텅 빈 위장을 품고도 밥 앞에서 멈칫합니다. 왜냐? 더 급한 게 있기 때문에.

4절에 "예수께서 대답하시되 기록된 바 사람이 떡으로만 살 것이 아니라 하였느니라." 떡 대신 밥이라고 읽으면 됩니다. 당시 그분들 주식이 떡이었어요. 밥보다 뭐가 더 급해요? "기록된 바." 성경에 기록된 바. 밥술 뜨려고 하는데 성경이 생각나요. 이게 새 사람입니다. 성경 중에도 무슨 말씀이 생각났느냐? "사람이 밥으로만 살 것이 아니라." 신명기 8장 3절에 나오는 말씀인데, 뒤에 더 있어요. "사람이 밥으로만 살 것이 아니라 하나님의 입에서 나오는 모든 말씀으로 살 것이라." 주님이 바로 이 구절을 떠올리셨어요. 왜냐? 주님은 새 사람이시거든요.

새 사람이 어떤 사람이냐? 신비한 능력을 품은 사람이 아닙니다. 3절에 "마귀가 이르되 네가 만일 하나님의 아들이어든 이 돌들에게 명하여 떡이 되게 하라." 이걸 능력 테스트로 오해하는 분이 있어요. 예수님이 돌로 밥을 지을 수 있느냐 없느냐, 능력 테스트로 생각하시는 분들이 있는데 오해입니다. 이건 능력 테스트가 아니라, 관심 테스트입니다. 어디에 관심이 있느냐, 이거예요. 옛 사람은 밥에 관심이 있어요. 새 사람은? 말씀에 더 관심이 있습니다. 사십 일을 굶어도 밥보다 말씀이 더 고픈 사람, 그 사람이 바로 주님 닮은 새 사람입니다.

성도 여러분, 우리는 새 사람이 맞나요? 이번 설교 준비가 좀 오래 걸렸어요. 주제는 잡았는데, 글이 잘 안 나가는 거예요. 그래서 저녁에 집에 전화하고 사무실에 늦게까지 있었어요. 사실은 늦게까지 있으려고 했는데, 안 되겠어요. 왜? 배가 고파서. 그래서 갔어요. 가는데 기분이 좀 그래요. 다른 설교도 아니고, 밥보다 말씀이 더 고파야 새 사람이라는 설교를 준비하면서 배가 고파서 집에 간다? 이건 아니잖아요. 그래서 제가 어떡했을까요? 갔을까요, 안 갔을까요? 새 사람되는 게 쉽지 않더라고요.

새 사람들이 아는 비밀이 있어요. 옛 사람은 몰라요. 예수님 닮은 새 사람들만 아는 비밀이 있어요. 말씀이야말로 진짜 우리의 밥입니다. 흰쌀밥도 좋지만, 진짜 우리에게 생명을 주는 생명의 밥은 말씀입니다. 말씀이 어떻게 소화되고 어떻게 우리에게 생명을 공급하는지, 정확한 메커니즘은 잘 몰라요. 다만 우리가 아는 것은, 말씀을 먹어야 산다는 거예요. 말씀을 먹어야 내 영이 살고, 말씀을 먹어야 새 사람이 되고, 말씀을 먹어야 우리 안에 새로운 일, 새로운 역사가 일어날 수 있다는 겁니다. 그래서 주시는 말씀, 말씀을 사모하는 새 사람이 되라. 밥보다 말씀을 사모하는 저와 여러분이 되시기 바랍니다. 아멘.

2. 성공 앞에서

이제 두 번째, 또 뭐 앞에서 멈칫할까요? 이번에는 성공입니다. 성공 앞에서 멈칫할 줄 아는 사람. 밥도 좋지만 성공도 좋잖아요. 한 번뿐인 인생인데 성공해야죠. 어느 날 눈앞에 성공의 길이 보이는 거예요. 어떻게 할까요? 그때 멈칫할 줄 아는 사람, 그 사람이 바로 주님 닮은 새 사람입니다. 두 번째 시험이 바로 그 시험입니다.

5절에 "마귀가 또 예수를 이끌고 올라가서 순식간에 천하만국을 보이며 이르되 이 모든 권위와 그 영광을 내가 네게 주리라" 무슨 말이에요? 성공해라! 이 말입니다. 첫 번째 시험은 밥 먹어라! 두 번째 시험은 성공해라. 어떻게 할까요? 잡아야죠. 기회 있을 때 잡아야죠. 인생의 기회란 것이 그리 자주 오는 것도 아니고, 보통 세 번 온다는데 만사를 제쳐두고 잡아야죠. 그런데 우리 주님은 그렇게 안 합니다. 멈칫해요. 왜냐? 새 사람이니까. 새 사람은 더 급한 게 있거든요.

이번 시험에는 마귀가 말이 좀 많은데, 중간에 뭐가 끼어 있어서 그래요. 6절과 7절 사이에 보이지 않는 무언가가 끼어 있어요. 뭘까요? 주님의 멈칫거림입니다. 마귀의 눈을 바라보시며 주님이 묻는 거죠. "마귀야, 다른 조건 없어?" 성공이란 게 무조건 주어지진 않잖아요. 대가가 있고 때로 무언가를 희생해야 한단 말이죠. 그래서 주님이 묻기를, 뭐 더 없어? 이 질문을 던질 줄 알아야 새 사람입니다. 옛 사람은 안 물어요. 성공에 눈이 먼 옛 사람은 질문이 없어요. 그냥 잡아요. 그래서 성공해요. 성공하기도 해요. 그런데 성공은 하는데, 정말 소중한 걸 잃어버려요. 옛 사람의 안타까운 모습입니다.

새 사람은 멈칫하면서 물어요. 뭐 더 없어? 7절에 대답이 나오는데, "그러므로 네가 만일 내게 절하면 다 네 것이 되리라." 뭐예요? 성공을 위해서 하나님을 포기해야 한다는 거예요. 신앙을 타협해야 한다. 어떻게 할까요? 8절에 "예수께서 대답하여 이르시되 기록된 바 주 너의 하나님께 경배하고 다만 그를 섬기라 하였느니라." 새 사람이 어떤 사람이냐? 성공보다 더 중요한 게 있는 사람. 성공보다 더 급한 게 있는 사람입니다. 그게 뭐냐? 신앙입니다. 성공보다 신앙이 더 급한 사람, 이 사람이 바로 주님 닮은 새 사람입니다.

잠시 곁길로 나가서, 6절에 눈여겨 볼 대목이 있어요. "이르되 이 모든 권위와 그 영광을 내가 네게 주리라." 그 다음이 묘해요. "이것은 내게 넘겨 준 것이므로 내가 원하는 자에게 주노라." 여기서 "나"는 누구예요? 마귀죠. 이 모든 권위와 그 영광, 이것은 내게 넘겨 준 것이므로. 하나님이 마귀에게 넘겨주셨다는 거예요. 이거 참말일까요, 거짓말일까요? 거짓이라면 주님이 문제를 삼았을 거예요. 그런데 주님이 그냥 넘어가세요. 왜냐? 일정 부분 사실이기 때문에.

이 세상을 마귀가 다스린다는 말은 아닙니다. 마귀가 세상의 주인이라는 의미는 아니에요. 세상의 주인은 오직 하나님이십니다. 그런데 일정 부분 성공의 열쇠를 마귀가 쥐고 있다는 거예요. 내막은 잘 모르지만 주님이 그걸 허락하셨다는 거예요. 그래서 주의가 필요합니다. 성공하는 거 참 좋지만, 그 끝자락이 어두울 수 있어요. 정신없이 성공을 좇아가다보면 정말 소중한 것을 놓치는 수가 있고, 심지어 나의 영혼을 잃어버릴 수가 있다는 거예요. 실제로 우리 주변에 그런 경우가 많잖아요. 성공은 했는데, 하나님을 잃어버렸어요. 정말 안타까운 인생의 낭패입니다.

이런 낭패를 맛보지 않으려면 어떻게 해야 할까요? 멈칫할 줄 알아야 합니다. 눈앞에 성공을 두고도 멈칫할 줄 알아야 합니다. 더 중요한 게 없는지를 다시 생각하는 멈칫함, 그게 새 사람입니다. 성공 앞에서도 멈칫할 줄 아는 새 사람이 되시기 바랍니다. 아멘.

3. 무대 앞에서

이제 마지막 세 번째입니다. 또 어디서 멈칫할까요? 이번에는 무대입니다. 무대 앞에서. 특히 믿음의 무대 앞에서 멈칫할 줄 아는 사람, 그 사람이 주님 닮은 새 사람입니다.

9절에 "또 이끌고 예루살렘으로 가서 성전 꼭대기에 세우고 이르되 네가 만일 하나님의 아들이어든 여기서 뛰어내리라" 성전 꼭대기에 올라 뛰어내리라. 이게 무슨 말일까요? 너의 믿음을 보여줘! 이 말입니다. 어떻게 할까요? 이건 좀 애매한 것이, 이건 나쁜 일이 아니잖아요. 내 안에 있는 믿음을 보여주는 거, 좋잖아요. 의미도 있고, 다른 성도들에게 모범이 될 수 있고, 하나님의 능력도 드러나고, 좋잖아요.

그래서 어떻게 하느냐? 옛 사람은 합니다. 옛 사람은 무대에 올라요. 그럴만한 믿음이 없어서 그렇지, 있으면 한번 보여줍니다. 그런데 새 사람은 달라요. 주님 닮은 새 사람은 생각이 많아요. 멈칫합니다. 혹시 이 일에 그늘은 없는가? 혹시 이 일이 교회에 혹은 하나님께 누가 되지 않는가? 12절에 그 그늘이 나옵니다. "예수께서 대답하여 이르시되 주 너의 하나님을 시험하지 말라 하였느니라." 내 믿음을 보여주는 것이 참 좋은 일이지만, 자칫 그게 하나님께 무례함이 될 수 있습니다. 하나님을 시험하는 일이 될 수 있어요. 그래서 새 사람은 안 해요. 나의 영광보다 하나님을 향한 신실함이 더 중요하거든요.

새 사람이 어떤 사람이냐? 안하는 게 많은 사람입니다. 할 수 있지만 안 해요. 하고 싶지만, 안 해요. 좋은 일이고 의미도 있고, 그래도 안 해요. 왜냐? 새 사람은 어른이거든요. 심리학 용어 중에 성인 아이라는 말이 있죠. 몸은 어른인데 마음은 아직 어린 성인 아이. 특징이 무대를 좋아해요. 나를 보여주고 싶어해요. 인정받고 싶어하고. 애들이 그렇잖아요. 주목받고 싶어하죠. 그게 안 채워지면 사고를 치죠. 누가 알아주면 열심히 하는데, 안 알아주면 말썽을 피우죠. 날 좀 알아줘! 미성숙한 옛 사람의 모습입니다.

새 사람이 아는 비밀이 있어요. 옛 사람은 몰라요. 성숙한 새 사람들이 아는 비밀. 믿음은 무대에서 보여주는 게 아닙니다. 믿음은 무대에서 보여주는 게 아니라 삶에서 실천하는 겁니다. 하나님을 향한 나의 거룩한 믿음은, 보여주는 게 아니라 실천하는 겁니다. 하나님의 새 역사는 쇼가 아니라 변화거든요. 삶의 변화. 그래서 무대가 아니라 삶입니다. 큰 믿음을 소유하신 성도 여러분, 여러분의 믿음을 무대에서 보여주지 마시고 삶으로 실천하시기 바랍니다. 우리 주님이 걸어가신 길이고, 우리를 부르시는 길입니다.

결론: 새 사람이 되라

말씀을 맺습니다. 오늘 주님께서 우리에게 주신 말씀은, 멈칫할 줄 아는 사람. 오늘도 역사는 흐르고, 역사의 주인이신 주님은 사람을 찾으십니다. 새 역사에 걸맞은 새 사람은 어떤 사람? 멈칫할 줄 아는 사람. 사십 일을 굶고도 밥 앞에서 멈칫할 줄 아는 사람. 왜? 말씀이 더 고파요. 또 성공 앞에서 멈칫할 줄 아는 사람. 신앙을 타협해야 하는 성공이라면, 기꺼이 포기할 줄 아는 사람. 마지막으로 무대 앞에서 멈칫할 줄 아는 사람. 믿음은 보여주는 게 아니라 삶으로 사는 거야. 그렇게 실천하며 사는 사람. 주님이 보여주신 새 사람의 모습입니다. 아득하지만 우리가 가야 할 길이고, 주께서 우리를 인도하실 목적지입니다. 멈칫할 때는 주님처럼. 상처에 새 살 돋아나듯, 우리 안에도 새로운 사람이 돋아나기를 주님의 이름으로 축원합니다. 아멘.

Easy Preaching

8장
주제 단위의
본문 선택

**Easy
Preaching**

easy

8장

주제 단위의
본문 선택

꺾꽂이하는 설교자

몸체의 일부가 스스로 완전한 개체로 회복되는 신비한 물고기가 있는데, 이름이 플라나리아다. 몸길이 1-3cm에 납작한 미꾸라지 모양의 물고기인데, 몸을 두 동강 내면 죽지 않고 오히려 두 마리가 된다고 한다. 잘려져 나온 머리에서는 꼬리가 자라나고, 꼬리에서는 머리가 나오는 식이다. 하나님이 만드신 자연의 오묘함이여! 지렁이와 불가사리에서도 유사한 재생 능력을 볼 수 있다. 식물에서는 더 흔하게 관찰되는데, 대표적으로 꺾꽂이다. 개나리나 장미의 줄기 일부를 잘라 흙속에 꽂아두면, 시간이 지나면서 뿌리가 나오고 완전한 꽃나무가 된다. 사용하는 부위도 다양해서 줄기를 사용하면 줄기꽂이, 뿌리 부분을 잘라 쓰면 뿌리꽂이, 심지어 잎을 심는 잎꽂이도 있다고 하니 정말 신비한 자연이 아닌가.

설교와 꺾꽂이가 무슨 상관일까? 설교자는 매주 꺾꽂이를 성공시켜야 하고, 매주 플라나리아를 만들어야 한다. 무슨 말인고 하니, 이번 주에는 마태복음 한 토막으로 설교를 만들어야 하고, 다음주는 로마서 한 토막을 잘라서 서론-본론-결론을 갖춘 완결된 메시지를 마련해야 한다. 한 부분을 잘라서 한 편의 완성된 설교를 만드는 모습이 흡사 꺾꽂이가 아닌가.

늘 그렇게 설교를 준비하면서도, 필자는 한 번도 그게 이상하다고 생각한 적이 없다. 그런데 알랭 드 보통의 눈에는 그게 꽤 이상했던 모양이다.[1] 기독교 신앙에 대해 냉소적인 그는, 우리의 설교 방식에 대해서도 "발췌"라는 이름으로 의구심을 제기한다. 문학(성경 각 권)이란 하나의 생명체처럼 전체가 한통으로 연결되어 있는데, 그 가운데 일부를 잘라내어 한 편의 연설(설교)을 만드는 것이 과연 타당한가?

그러고 보니 일리가 있는 의구심이다. 예를 들어 요한복음은 그 전체가 하나의 긴밀한 문학 작품이다. (성경이 허구라는 말은 아니다. 다만 형식이 문학이라는 말이다.) 그런데 그 중의 일부를 임의로 잘라내어 메시지를 만들어도 되는 걸까? 한 권 전체를 조망해야지, 일부를 떼어내는 건 권별 성경의 메시지와 통일성에 상처를 가하는 게 아닐지, 새삼스레 조심스럽다. 서신서는 더 조심스럽다. 복음서는 그나마 사건 단위로 내용이 어느 정도 구분되어 있지만, 서신서는 말 그대로 한 통의 편지다. 각 부분들이 워낙 서로 긴밀하게 연계되어 있어서 따로 떼어내기가 더 부담

---

1 알랭 드 보통,『무신론자를 위한 종교』, 박중서 옮김 (서울: 청미래, 2011), 132.

스럽다.

이래도 되는 것일까? 이에 대해서는 길게 논하지 않으려 한다. 왜냐하면, 꺾꽂이도 있고, 플라나리아도 있고, 무엇보다 이 의구심에 대한 답은 '가능 여부'보다 '어떻게'에 있다고 보기 때문이다. 되냐 마냐의 문제가 아니라, '설교의 꺾꽂이'를 어떻게 기술적으로 수행할지가 관건이다. 알랭 드 보통의 문제 제기는 우리의 방식을 철회할 이유가 아니라, 우리의 방식을 보다 기술적으로 다듬는 계기로 삼아야 한다.

각설하고, 설교의 꺾꽂이를 어떻게 성공적으로 수행할 것인가? 두 가지 고민이 필요한데, 우선은 적절한 크기다. 본문을 어느 정도의 길이로 잘라야 온전한 개체 설교를 마련할 수 있는지를 파악해야 한다. 플라나리아도 너무 잘게 자르면 재생이 어렵고, 꺾꽂이도 잘라낸 줄기가 최소 7-10cm 정도는 돼야 살아난다고 한다. 설교 본문도 마찬가지, 너무 짧게 자르면 설교화가 불가능할 수도 있다. 그렇다고 너무 길게 잡을 수도 없고, 적당한 크기는 어느 정도일까? 두 번째는 설교화 과정, 혹은 플라나리아에 견주면 개체화 과정이다. 잘라낸 일부를 어떻게 하나의 완전한 개체 설교로 확대해 갈지에 대한 고민이다. 함께 고민하면서 설교학적인 답을 찾아보자.

본문의 길이 – 주제 단위

우선, 본문의 길이 면에서는, 주제 단위로 본문을 끊어야 한다. 설교 본문의 길이에 대해서는 강해설교자들 사이에 거의 일치된 대답이 있는데, 주제 단위thematic unit다. 주제 단위란, 물리적인 길이에 상관없이 '하나의 주제를 도출할 수 있는 길이'를 말한다.[2] 한 절일 수도 있고, 한 단락일 수도 있고, 꽤 긴 본문도 가능한데, 기준은 주제다. 물리적인 길이에 상관 없이 하나의 주제를 도출할 수 있는 길이로 자르는 것이 원칙이다.[3] 꺾꽂이는 7-10cm라는 물리적인 길이를 기준으로 제시하지만 강해설교가 본문을 끊는 기준은 주제 단위다.

3대지 설교도 마찬가지다. 3대지라 해서 세 개의 대지가 나오는 길이로 본문을 선택할 수는 없다. 3대지 설교도 하나의 강해설교로서, 본문 선택에서도 강해설교의 원리를 따른다. 즉, 하나의 주제가 도출되는 길이로 본문을 선택한다. 대지의 개수는 유동적이다. 세 개의 대지가 나오면 좋지만 그렇지 않을 경우에는 둘 혹은 네 개의 대지로 설교할 준비도 되어 있어야 한다. 그러나 타협할 수 없는 기준이 있다면 주제 단위다. 하나의 주제가 도출되는 길이로 본문을 자르라.

설교 본문도 퇴고의 대상이 될 수 있을까? 당연히 그렇다. 처음 선택한 본문이라 해서 끝까지 '고집'할 필요는 없다. (그건 고집이다.) 설교 준비 과정에서 얼마든지 늘리거나 줄일 수 있다. 그런데 본문 퇴고의 기준은 무엇일까? 역시 주제다. 본문의 길고 짧음은 물리적인 길이로

---

2 그리고 그것이 강해설교 본문의 기본 단위가 되어야 한다는 의미에서 강해 단위(expository unit)라 부르기도 한다.
3 강해설교는 원리적으로 주제가 있는 설교를 추구한다. 학자에 따라 다양한 설교 준비 모델을 소개하지만 공통점이 있으니, 그 중심에는 반드시 주제 결정 단계가 있다. 그만큼 주제가 강해설교에 있어 불가결한 존재라는 의미다. 그러면서도 강해설교는 본문에 충실한 설교를 추구하는데, 양 조건을 충족시키려면 처음부터 하나의 주제가 도출되는 본문을 선택하면 된다. '주제가 있는 설교'와 '본문에 충실한 설교'라는 강해설교의 양대 원칙을 동시에 충족시키는 묘책이 있으니, 바로 '주제 단위의 본문 선택'이다.

재는 게 아니라, 주제 단위로 측정한다. 하나의 주제를 확보하기에 짧으면 짧은 본문이고, 하나 이상의 주제가 나오면 긴 본문이다. 주제에 맞춰서 늘리거나 줄이면 된다.

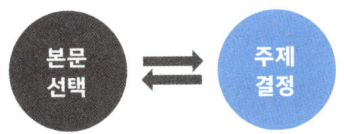

그래서 원리적으로 본문의 선택과 결정은 본문의 연구와 병행해서 이루어져야 한다. 다시 말해, 본문 연구를 통해 주제를 확보해 가면서 그와 동시에 본문의 길이도 조정되어야 한다.

본문의 설교화 – 주인공 되기, 고유성 그리고 완료감

이제 우리의 고민은 설교화 혹은 개체화 과정이다. 일부를 떼어낸 본문을 가지고 어떻게 완결된 설교를 마련할 것인가? 질문은 다소 파격적으로 보이지만 답은 평범하고 이미 나와 있다. 설교학 교과서들이 가르치는 설교 준비 과정을 그대로 따라가면 된다. 이미 모든 설교학 교과서들은 '일부 본문'을 가지고 '하나의 완성된 설교 만들기'라는 전제 하에 준비 과정을 기술하고 있다. 그래서 그 과정(2장 '3대지 설교의 3단계 작성법'을 참조하라.)에 대해서는 더 논할 필요가 없겠고, 여기서는 다만 원론적인 목표를 제시하도록 하겠다. '부분에서 완결된 메시지로'의 설교 여정을 염두에 두고, 개체 설교가 추구해야 할 목표를 소개하면 다음과 같다.

우선 주인공 되기다. 너무나 당연한 말이지만 오늘 설교에서는 오늘 본문이 주인공이 되어야 한다. 지난 주 설교의 부속물이 되거나 다음주 설교로 이어주는 징검다리가 되어선 안 된다.

본문 자체는 그럴 수 있다. 권별 성경 안에서 오늘 본문 자체는 주인공이 아니라 주변부에 위치할 수도 있다. 예를 들어, 누가복음 1:1-4을 본문으로 택하였다고 생각해 보자. 이 대목은 누가복음에서 그렇게 무게감 있는 본문은 아니다. 기적이 일어나는 것도 아니고, 주님이 십자가에 달리는 대목도 아니고, 그저 누가복음을 기록한 동기를 기록한 서론 격의 도입부다. 일반 문학 작품 같으면 잠시 스치듯 읽을 수도 있을 것이다.

그러나 오늘 설교 본문으로 선택된 이상, 오늘은 그 본문이 설교의 주인공이 되어야 한다. 그 본문과 그 본문이 전하는 메시지가 오늘 설교의 중심에 서야 한다. 노파심에 하는 말이지만 설교자가 그렇게 조치해야 한다. 본문이 제 발로 중심에 설 수는 없지 않은가. 설교를 주도하는 설교자가 오늘 선택된 본문을, 권별 성경 안에서의 위치에 상관없이, 오늘 설교의 중심에 세워야 한다.

둘째는 고유성이다. 오늘 설교는 다음주 설교와는 구별되는 고유한 메시지를 품고 있어야 한다.[4] 비유적으로 말하면, 클론clone 설교를 탈피해야 한다. 꺾꽂이를 하면 유전적으로 동일한 클론이 나온다. 줄

---

4 강해설교는 '주소가 있는 메시지'를 추구한다. 단지 '성경 메시지'가 아니다. 오늘 선택한 특정 본문이 전하는 메시지를 설교하는 것이, 강해설교의 원칙이다.

기를 떼건, 잎을 떼건 같은 유전자를 가진 클론이 나온다. 설교에서도 유사한 일이 벌어질 수 있는데, 본문은 다른데 주제는 동일한 설교가 나오는 경우가 있다. 거칠게 표현하면 천편일률적인 설교인데, 이를 두고 클론 설교라고 부를 수 있을 것이다. 꺾꽂이라면 몰라도, 설교가 이러면 곤란하지 않겠는가.

해석학적으로는 클론 설교는 전혀 문제가 없다. 오히려 문맥에 기초한 건실한 해석이라고 볼 수 있다. 권별 문맥을 철저하게 고려했으니 말이다. 예를 들어, 요한복음은 어떤 대목을 본문으로 잡든 설교의 주제는 "예수님은 하나님의 아들 그리스도이시다"로 모아질 수가 있다. 이것이 요한복음 전체를 관통하는 주제이기 때문이다. 그러나 설교는 해석을 넘어 적용이다. 해석은 수렴하지만 적용은 다양해야 한다.

클론 설교를 편식 설교라 부르면 너무 과한 말일까. 말씀의 풍성함과 다양성이 퇴색될 수 있다는 말이다. 문맥을 무시하자는 말은 결코 아니다. 문맥을 떠나면 본문의 의미를 오해하거나 곡해할 수 있다. 그런데 귀한 것도 너무 과할 때는 문제가 발생하는 법이다. 문맥 고려가 너무 과하여 각 본문의 고유한 독특성이 위축된다면, 그 또한 본문에 대한 오해가 아니겠는가. 문맥을 존중하지만 때로는 오늘 본문이 '독특하게' 가르치는 바에 집중하기도 해야 한다. 설교를 위한 본문 연구라면 더욱 그러하다.

마지막 셋째는 완료감이다. 끝을 봐야 한다는 말이다. 설교는 단판 승부다. 물론 다음주에도 설교가 있지만 오늘 설교는 그 자체로 완결된 메시지여야 한다. "나머지 내용은 다음주에 하겠습니다"는 곤란하다.

시리즈 설교여도 마찬가지다. 여러 편의 설교들이 모여서 시리즈라는 큰 줄기를 형성하지만 그렇다 해서 오늘 설교를 미완료 상태로 마치면 안 된다. 시리즈는 미완의 설교들이 상호보완을 통해 완료되는 장치가 아니라 이미 완료된 설교들이 협업을 통해 더 큰 완료감을 확보하는 장이다. 무슨 일이 있어서 다음주에 설교를 못하게 되어도 상관이 없도록 오늘 설교는 그 자체로 분명한 마침표를 찍어야 한다.[5]

지금까지 논의를 정리하면, 우선 설교 본문은 주제 단위로 끊어야 한다. 물리적 길이에 상관없이 하나의 주제가 도출될 수 있는 길이여야 한다. (물론 여기서 주제는 석의 주제다. 설교 주제는 적용의 과정을 거치기 때문에 같은 본문으로도 여러 주제가 가능하다.) 그리고 선택된 본문으로 설교를 마련하는데, 그 본문이 주인공이 되어야 하고, 고유하면서도 완료감 있는 설교를 준비해야 한다.

본문 선택의 실제 – 로마서 2:1-24로 하나의 완결된 메시지 만들기

이제 실제로 설교 본문을 선택해보자. 본문 선택과 본문 연구는 원리적으로 동시에 이루어진다고 했다. 위에서 논의된 원칙을 가지고 로마서 2장 1-24절을 가지고 본문 선택과 본문 연구를 동시에 실시해보자.

---

5 그런 의미에서 강해설교는 원리적으로 매 설교 시 '완결된 주제'를 요구한다. 본문이 부분이라 해서 주제마저 부분 혹은 반쪽짜리 주제여선 안 된다. 꺾꽂이가 완전한 개체가 되듯이, 부분 본문을 가지고도 완결된 주제를 확보해야 한다. 완결된 주제를 가지고 단에 올라, 그 주제를 완결시키고 내려와야 한다.

우선 본문 결정인데, 보기에 벌써 본문이 많이 길어 보인다. 총 스물 네 절인데, 왜 이렇게 본문을 길게 잡았을까? 답은, 주제 단위다. 앞서 말했듯이, 설교 본문은 물리적인 길이에 상관없이 하나의 주제가 도출될 수 있는 길이로 잡는 게 원칙이다. 필자가 이렇게 긴 본문을 잡은 것은, 본문 연구를 통해 비록 길지만 스물 네 절을 관통하는 하나의 주제를 보았기 때문이다. 더 길게는 29절까지 2장 전체를 본문으로 잡을까도 생각했지만 그렇게 하면 다루는 주제가 오히려 흐트러질 수 있음을 발견하였다. 그래서 1-24절에서 본문을 끊었다.

처음 본문을 연구할 때는 2장 1-29절 전체를 연구하였는데, 내용을 정리하면 다음과 같다.

> 1-5절: 남을 판단하는 사람도 동일한 죄를 지으니 심판받을 죄인이다.
> 6-11절: 하나님은 사람을 외모로 판단하지 않으신다.
> 12-16절: 율법을 지키지 않는다면, 율법의 소유 자체는 큰 의미가 없다.
> 17-24절: 남을 가르치는 유대인도 율법을 범하니 심판받을 죄인이다.
> 25-29절: 율법을 지키지 않으면 할례도 무의미하다.

1-24절 전체는, 바울이 유대인을 향하여 너희도 심판받을 죄인이라고 선포하는 내용이다. 유대인들은 자신들이 죄인이라는 사실을 부인하였지만 아랑곳하지 않고 바울은 그들을 죄인으로 선포한다. 유대인들은 민족적인 독특성을 내세워 자신들의 죄인됨을 부인하였는데, 그 중심에 율법이 있다. 그들은 율법을 가진 자로서 열심히 율법을 지키고, 남들을 가르치는 데도 열심이었다고 생각했다. 그런데 어찌 우리가 죄인이란 말인가. 이에 바울이 논박하기를, 너희는 남을 판단하고

도 같은 일을 행하고1-5절, 율법을 가지고 있으나 그것으로 끝이고12-16절, 진리의 선생인 양 남을 가르치면서도 정작 자신은 죄를 행한다17-24절. 그러니 너희에게 율법은 그저 하나의 외모에 불과하고, 너희는 여전히 죄인이다.

25-29절은 왜 본문으로 포함시키지 않았을까? 포함시키면, 내용의 무게 중심이 '유대인의 죄인됨'보다 '율법의 무의미함'으로 치우칠 수 있기 때문이다. 25절을 기점으로 본문 내용이 '유대인의 죄인됨'에서 '율법의 무의미함'으로 넘어간다. 물론 율법의 무의미함, 혹은 율법을 능가하는 복음의 탁월함을 주제로도 얼마든지 설교할 수 있다. 다만 그렇게 하려면 본문을 12-29절로 잡으면 가능하다. 도표로 표시하면 다음과 같다.

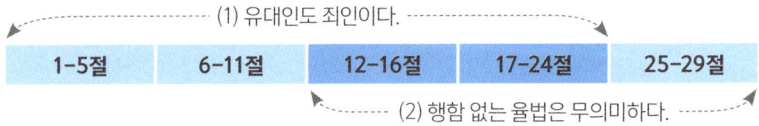

보다시피 두 편의 설교가 가능한데, 1-24절을 본문으로 택할 수도 있고, 12-29절을 본문으로 택할 수도 있다. 그렇지만 1-29절은 메시지 혼재로 인해 설교 본문으로는 부적합하다. 1-24절을 택할 경우 "의로움은 외모로 판단되지 않는다." 혹은 "유대인도 죄인이다."(물론 이것은 석의 주제로서 적용과 다듬기를 거쳐서 설교 주제를 확보해야 한다)라는 메시지를 선포할 수 있고, 12-29절을 본문으로 택하면 "행한 없는 율법은 무의미하다."라는 메시지를 설교할 수 있다. 1-24절이 포괄적인 원칙(의로움의 판단은 외모가 아니다)이라면, 12-29절은 그 가운데 하나(율법도 그런 외모 가운데 하나에 불과하다)를 구체적으로 다루는데, 둘 다 한 편의 설교가 가능하다. 고민 끝에 필자는 전자를 택하기로 하였다. 이렇게 본문 결정은 본문 연구와 동시에 이루어져야 한다.

이렇게 주제 단위의 본문 선택을 마쳤고, 이제 주인공 되기, 고유성, 그리고 완료감을 고려하여 설교를 준비할 차례다. 말은 복잡해 보여도 실천은 어쩌면 간단하다. '오늘 본문에서' 혹은 '오늘 본문의' 고유한 메시지를 추출하여 완결된 주제를 확보하면 된다. 준비된 석의 주제를 현 청중에게 적용하면 된다. 그런 과정을 거쳐서 필자가 결정한 설교 주제는 다음과 같다.

"죄인됨을 부인하는 사람도 죄인이다."
혹은 "자기가 죄인인 줄 모르는 사람도 죄인이다."
혹은 한걸음 더 나아가 "우리 모두는 죄인이다."

바울은 왜 이런 메시지를 선포할까? 예수 복음은 죄인을 위한 복음이기 때문이다. 자기가 죄인인 줄 모르면, 복음을 받으려야 받을 수가 없다. 그런데 죄인의 가장 큰 특징이, 자기가 죄인인 줄을 모른다. 시대를 초월하여 모든 죄인의 특징이라고 할 수 있다. 어쩌면 죄성의 근본적인 표출인지도 모른다. 여하튼 죄인들이 제일 모르는 것이 자기가 죄인이라는 사실이고, 죄인들이 제일 인정하기 싫어하는 것도 자신이 죄인이란 사실이다. 죄로 인해 눈이 어두워져서 자신의 죄인됨을 잘 보지 못하고, 설령 보아도 어떡하든지 부인하는 것이 죄인이다. 성경은 때로 신랄할 정도로 현실적이다. 필자 스스로에게서도 자주 발견하고,

목회자로서 성도들에게서도 간혹 발견하는 죄인의 모습이다.

그래서 바울은 3장 21절의 복음 선포로 나아가기 전에 독자들에게서 반드시 "나는 죄인입니다."라는 고백을 받아내려 한다. 변명하는 죄인의 변명을 허물고 죄인이라는 고백을 받아내려 한다. 발뺌하는 죄인의 발뺌을 걷어버리고 죄인이라는 고백을 받아내려 한다. 그래야 예수 복음이 제대로 들어갈 수 있기 때문이다. 자신이 죄임임을 부인하는 유대인들의 변명과 발뺌을 조목조목 거론하고 조목조목 논박한다. 목표는 "나는 죄인입니다." 고백을 받아내는 것이다. 따라서 설교자로서 필자 역시 성도들에게서 진심으로 "나는 죄인입니다." 고백을 받아내는 것을 오늘 설교의 목표로 삼으려 한다. 이를 기초로 설교 구도를 작성하면 다음과 같다.

주제:　우리 모두는 죄인입니다.
서론.　죄인이 제일 싫어하는 말은? 나는 죄인입니다.
〈우산 질문〉 그렇다면, 죄인들이 좋아하는 건 무엇일까?
　　　　 (자신을 돌아봅시다.)
첫째,　남을 판단하기 (그러면서 자기 죄는 회피/은폐하기)
둘째,　자기 자랑하기 (그러면서 자기 죄는 회피/은폐하기)
셋째,　남을 가르치기 (그러면서 자기 죄는 회피/은폐하기)
결론:　나의 죄인됨을 고백하고 예수 복음을 받으라.

설교문 - 우리 모두는 죄인입니다.

서론: 죄인이 제일 싫어하는 말은? 나는 죄인입니다.

오늘 본문이 꽤 길죠? 목표가 있어요. 우리한테서 이 말 듣는 겁니다. 나는 죄인입니다. 바울이 이 말도 하고 저 말고 하고 여러 말을 길게 하는데, 목표는 딱 하나, 우리 입에서 이 고백을 받는 겁니다. 무슨 고백? 나는 죄인입니다. 내가 죄인입니다. 왜 그 말을 꼭 받아내려고 하는가? 우리의 기를 한번 꺾어놓기 위해서? 아닙니다. 그것이 구원으로 가는 다리이기 때문입니다. 예수 복음으로 가는 길이기 때문에.

3장에 복음이 나와요. 3장 21절에 드디어 예수 복음, 구원의 복음이 나오는데, 그런데 그리로 가려면 중간에 다리를 하나 건너야 해요. 다른 길은 없고, 외나무다리처럼 반드시 건너야 하는 다리가 있어요. 무슨 다리? "나는 죄인입니다. 내가 정말 죄인입니다." 사실은 지난주 본문 1장 18절부터 오늘 2장, 그리고 다음주 3장까지 세 장에 걸쳐서 성경이 추구하는 목표입니다. 우리에게서 이 고백 받는 겁니다, "나는 죄인입니다."

그런데 잘 안 해요. 그래서 성경이 길어졌어요. 죄인들이 제일 싫어하는 말이 "나는 죄인입니다." 미국 자동차 보험 카드에 이런 문구가 있어요. 유학 시절 보험을 들었더니, 지갑에 끼워두라고 자그마한 카드를 하나 줘요. 사고 시 행동 지침이 적혀 있는데, 행동지침 1번 "Never say I am sorry!" 미안하다는 말은 절대로 하지 마라. 그러면 재판할 때 불리한가 봐요. 그래서 아무리 내 잘못이어도, 누가 봐도 100% 내 잘못이어도, Never say I am sorry, 절대 미안하단 말은 하지 마라.

그런데 이게 미국 보험증만 아니라 죄인의 가슴에 새겨져 있어요. 그래서 죄인은 절대 안 해요. "내 잘못입니다. 내가 죄인입니다." 죄인일수록 안 해요. 그런데, 그러면 미국 재판에서는 이길 수 있을지 몰라도, 예수 복음에는 이를 수가 없어요. 자동차 사고 책임은 조금 면할지 몰라도, 로마서 3장 예수님이 주시는 구원의 복음에는 이를 수가 없어요. 저와 여러분의 이야기가 아니기를 바랍니다.

그러면 죄인들이 좋아하는 건 뭐냐? 오늘 말씀의 주제는 사실 이겁니다. "나는 죄인입니다." 이 말 하기를 싫어하는 죄인들이 좋아하는 게 있어요. 어쩌면 그 말 하기 싫어서 하는 말, 그 말 하기 싫어서 하는 행동들인데, 오늘 본문이 사실 그걸 우리에게 가르쳐요. 함께 묵상하실 때 스스로를 한 번 돌아보는 시간이 되기를 바랍니다. 혹시 내 모습은 아닌지.

1. 남을 판단하기

우선 첫째, 남 판단하기. 죄인의 특징이 남을 판단하는 걸 좋아해요. 또 그걸 참 잘해요. 자기를 돌아보기보다 늘 남에 대해서 이러쿵저러쿵. 혹시 내 모습이 아닌가요?

1절을 같이 읽습니다. "그러므로 남을 판단하는 사람아, 누구를 막론하고 네가 핑계하지 못할 것은 남을 판단하는 것으로 네가 너를 정죄함이니 판단하는 네가 같은 일을 행함이니라." 초두에 호칭을 뭐라고 부르죠? "남을 판단하는 사람아." 의도적으로 넣은 호칭으로 보입니다. 원래는 문맥상 "죄인들아," 이게 옳아요. 바로 앞 1장에서 모든 인류를 죄인으로 고발했잖아요. 그런데 "죄인들아" 대신 "남을 판단하는 사람아" 바울이 이렇게 부릅니다. 왜냐? 같은 말이에요. 죄인의 전형적인 특징이 남 판단하기를 좋아한다는 거예요.

누구나 그런 면이 조금씩 있죠. 나를 돌아보기보다 남에게 자꾸 화살을 겨눠요. 그게 편하니까. 화살을 남에게 돌리면, 나는 어느 정도 피해갈 수도 있잖아요. 또 누구를 비판할 때는 내가 꽤 의로운 사람처럼 느껴져요. 무언가 예리한 것 같기도 하고. 그런데 정말 그러냐? 정말 예리하고, 생각이 바른 사람이냐? 성경은 그렇게 생각 안 해요. 전형적인 죄인이라고 봅니다. 특히 죄인 중에서도 희망이 없는 죄인. 회복의 기미가 잘 안 보이는 죄인. 그런 죄인들 특징이 늘 남에 대해서 이러쿵저러쿵 해요. 우리 모습이 아니기를 바랍니다.

8절에 "오직 당을 지어 진리를 따르지 아니하고 불의를 따르는 자에게는 진노와 분노로 하시리라." 남 판단하기 좋아하는 사람의 특징이 혼자 안 해요. 사람을 모아요. "오직 당을 지어." 그래서 같이 헐뜯어요. 생각 맞는 사람끼리 둘러앉아 한 사람 올려놓고 그냥 난도질을 하는 거죠. 그러면서 어떤 희열을 느껴요. 전형적인 죄인의 모습입니다.

오직 "당을 지어" 이 말을 다르게 번역하기도 하는데, "이기적으로" 혹은 "자기중심적으로"라고 번역하는 성경도 있어요. 한 단어에 여러 뜻이 중첩된 단어가 있잖아요. 그런 경우입니다. 그리고 그 뜻이 서로 연관이 있죠. 남을 비판할 때는 자기중심적이 됩니다. 물론 본인은 그렇게 생각 안 하죠. 자기는 굉장히 객관적이라고 생각해요. "객관적으로 생각해서, 그 사람이 좀 이렇잖아." 그런데 성경은 말하기를, "그건 네 생각이고, 너는 너무 자기중심적이야." 남을 판단한다는 자체가 이미 자기중심적이죠.

성경이 이런 모습을 굉장히 싫어해요. 강하게 경고하기를, 4절 말미에 "그의 인자하심과 용납하심과 길이 참으심이 풍성함을 멸시하느냐?" 누구를 멸시해요? 여기서 "그"는 하나님입니다. 누군가를 헐뜯는다는 것, 그건 그 사람을 멸시하는 게 아니라, 누구를? 하나님을 멸시하는 일이라는 말입니다. 자기가 마치 하나님 자리에 선 듯이 남을 판단하고, 남을 정죄하고. 그걸 또 맞는 말이라고 서로 맞장구 치고. 이건 우리 하나님을 멸시하는 일입니다. 5절에 그런 사람을 일컬어 경고하기를 "그 날에 임할 진노를 네게 쌓는도다." 내 머리 위에 하나님의 진노를 쌓는 일이다. 두려운 일이죠. 남 판단하기, 모여서 남 헐뜯기, 우리 안에서는 그 모양이라도 사라지기를 바랍니다.

2. 자기 자랑하기

죄인들이 좋아하는 것이 또 뭐가 있느냐? 두 번째는 자랑입니다. 자기 자랑하기. 죄인의 특징이 자랑을 좋아해요. 그리고 죄인의 특징이 자기를 보면 자랑할 게 많아요. 스스로 드는 생각이 '나도 그러고 보면 참 괜찮은 사람이야.' 그런 생각이 들어요. 왜 그런 생각이 드느냐? 정말 괜찮아서 그러느냐? 성경이 말하기를, 죄인이라서 그래요. 죄인의 특징이 내 잘못이나 내 죄는 잘 안 보여요. 대신 뭐가 보여요? 자랑거리. 그래서 생각하기를, 나도 그러고 보면 참 괜찮은 사람이야.

유대인들이 그래서 복음을 받지 못했어요. 로마서 당시 유대인들이 죄가 많아서 구원에 이르지 못한 게 아닙니다. 오히려 자랑거리가 많아서. 11절에 "이는 하나님께서 외모로 사람을 취하지 아니하심이라." 외모? 유대인의 자랑거리를 표현하는 말입니다. 얼굴 외모가 아니고, 무슨 명품 백이나 아파트 평수 자랑한 것이 아닙니다. 그런 건 속물이죠. 유대인들은 그렇게 수준 낮은 속물이 아니에요. 그럼 뭐가 자랑거리였느냐? 율법입니다. 하나님이 주신 율법 말씀. 또 그 말씀을 지키는 자기들의 경건한 삶. 이런 게 그들의 자랑거리였어요. 좋지 않나요? 훌륭하지 않나요? 성경이 말하길, 그건 죄인의 마음입니다.

자기를 자랑하는 마음. 그런 마음에는 복음이 들어갈 수가 없어요. 나도 꽤 괜찮은 사람이야. 그래서 사람 앞에 하나님 앞에 아주 당당해요. 나름 뿌듯한지는 몰라도, 그런 마음에는 복음이 들어갈 수가 없어요. 유대인의 패착이 바로 여기에 있었습니다. 율법이 그들의 자랑이 되었어요. 그게 그들을 교만하게 만들었고, 스스로가 죄인이라는 사실을 망각하게 되었습니다. 그래서 예수 복음조차도 거절하게 된 것이죠.

예수님이 말씀하셨잖아요. 누구를 구원하러 오셨다고요? 의인이 아니라 죄인을 구하러 왔노라. 무슨 말일까요? 세상에 반은 의인이고 반은 죄인인데, 그 중에 죄인을 구하러 오셨다는 말이냐? 아닙니다. 세상에 의인이 어디 있어요. 다 죄인이지, 그런데 죄인도 종류가 있어서 두 종류의 죄인이 있어요. 하나는 죄인인 줄 아는 죄인이고, 나머지는 의인인 줄 아는 죄인. 예수 복음은 누구에게 주시는 복음일까요? 죄인인 줄 아는 죄인입니다. 유대인들은 그 의식이 없었어요. 율법을 자랑하는 건 좋은데, 그것 때문에 자기가 죄인이라는 사실을 망각했어요. 그러니까 예수 십자가 복음도 걷어차 버린 것이죠.

자랑, 참 조심해야 할 마음입니다. 자랑스러운 사람이 되어야 하지만 자랑으로 가득한 사람이 되면 안 돼요. 복음이 들어올 틈이 없어요. 자랑거리의 반대말이 뭘까요? 창피거리, 부끄러움거리? 묵상 중에 떠오르는 말이 감사거리입니다. 열심히 살아야죠. 말씀 열심히 읽고 또 열심히 듣고, 열심히 기도하고, 또 말씀대로 열심히 살아야죠. 그래서 정말 귀한 사람이 되어야죠. 그런데 복음이 들어온 사람의 특징이 있어요. 그게 자랑거리가 아니라 무슨 거리? 감사거리가 됩니다. 주님, 감사합니다. 부족한 사람을 이렇게 귀하게 만들어주시니 참 감사합니다. 자랑보다 감사가 넘치는 귀한 하나님의 사람들이 되시기를 주님의 이름으로 축원합니다. 아멘.

3. 남을 가르치기

마지막으로 죄인이 좋아하는 것이 또 무엇이 있을까? 남 가르치는 걸 좋아해요. 19절에 "맹인의 길을 인도하는 자요 어둠에 있는 자의 빛이요." 누가 이렇다는 거예요? 죄인이 스스로를 그렇게 생각하는 거예요. 20절을 같이 읽습니다. "율법에 있는 지식과 진리의 모본을 가진 자로서 어리석은 자의 교사요 어린 아이의 선생이라고 스스로 믿으니." 죄인이란 직업이 참 바빠요. 특히 말이 많아요. 뒤에서는 남 헐뜯어야지, 앞에서는 가르쳐야지, 또 중간 중간에 티 안 나게 자기 자랑해야지, 참 바빠요.

남을 가르칠 수 있다는 것은 참 귀한 일이죠. 누구나 그런 역할을 맡는 걸 좋아합니다. 여러분 모두 그렇게 되기를 바랍니다. 그런데 주의해야 할 것이, 귀한 교사와 희망 없는 죄인의 차이가 애매해요. 죄인의 특징이 남 가르치는 걸 좋아해요. 톤 자체가 벌써 가르치는 톤이에요. 교사 생활 오래 하신 분들한테 간혹 그런 톤이 나오는 경우가 있죠. 그거야 직업적인 특성이니 어쩌겠습니까만, 그래도 주의가 필요하겠죠. 남한테 상처가 될 수 있어요.

그런데 정말 주의할 대목이, 그게 죄성에서 나올 수가 있어요. 죄인의 특징이, 가르치는 걸 좋아해요. 교만의 발로죠. 죄인은 교만하고, 교만한 사람 특징이 가르치기 좋아해요. 방금 읽은 20절에 "어리석은 자의 교사요." 자기는 교사고, 그럼 상대는? 상대를 어리석은 자로 보는 거죠. 교만하잖아요. 뒤에 "어린 아이의 선생이라고 스스로 믿으니." 자기는 성숙한 선생이고, 그럼 상대는 뭐예요? 넌 아직 어려. 생각이 그러니 늘 가르치려 들어요. 교만하잖아요. 죄인이라서 그래요. 그것도 뿌리 깊은 죄인. 내가 자꾸 무언가를 가르치려 든다? 스스로를 한 번 돌아보시기 바랍니다. 아직도 내 안에 죄성이 강하구나.

또 하나, 죄인이 왜 가르치기를 좋아하느냐? 이게 어쩌면 더 중요한 대목인데, 가르치는 것이 자기 죄를 덮는 덮개가 되기 때문입니다. 가르치는 사람들 특징이 자기는 잘 안 해요. 말로는 그럴싸하게 가르치지만 자기는 그렇게 안 살아요. 대신 나는 이렇게 가르쳤어, 그걸로 위안을 삼는 거죠, 그걸로 만족을 하는 거죠. 심지어 착각하기도 해요.

가르침이 곧 나의 삶이야. 내가 그렇게 가르치고 있으니까, 이미 상당 부분 나는 그렇게 산 거야. 그러면서 실제로는 그렇게 안 사는 거죠. 내 안에 이런 모습이 나올 때, 그때 두려움으로 기억하시기 바랍니다. 내 안에 죄성이 아직도 뿌리 깊이 자리하고 있구나.

결론: 나의 죄인됨을 고백하고 예수 복음을 받으라.

말씀을 맺습니다. 이번 주 설교는 준비하기가 비교적 쉬웠어요. 저 자신의 모습을 많이 돌아보게 됩니다. 꼭 저한테 주시는 말씀 같아요. 늘 그렇지만 오늘은 더 그래요. 여러분은 어떠셨어요, 혹 내 모습은 아닌지요? 혹 내가 남 판단하기를 좋아하는 죄인이 아닌지, 모여서 남을 헐뜯는 일은 없었는지, 면전에서는 가르치기를 좋아하고. 두려운 마음으로 스스로를 돌아볼 필요가 있어요. 내가 혹 그런 죄인이 아닌지.

죄인에게 소망이 있다면, 나의 죄를 겸허히 인정하는 것입니다. 죄인의 소망은 변명이나 핑계가 아니라, 나의 부족함을 볼 줄 아는 것입니다. 그래서 정직하게, 나는 죄인입니다! 겸손하게 인정할 줄 아는 것, 거기에 우리의 소망이 있습니다. 바로 그 마음에 예수 복음이 들어옵니다. 우리 그런 사람이 되기를 바랍니다. 남을 판단하기보다 이해하기 좋아하고, 자랑하기보다 감사할 줄 알고, 가르치기보다 겸손하게 배우기 좋아하는 귀한 하나님의 사람이 되시기를 우리 주님의 이름으로 축원합니다. 아멘.

Easy
Preaching

9장
대지 채우기

**Easy
Preaching**

9장

대지 채우기

가깝고도 먼 길 – 대지에서 설교까지

가깝고도 먼 길이 있다. 눈앞에 보이지만 실제로 걸어보면 먼 길. 흔히 말하듯 머리에서 가슴까지가 그러하고, 또 가슴에서 손까지가 그러하다. 머리의 생각이 가슴속 마음에 닿기가 어렵고, 마음의 결단이 손으로 실천되기가 어렵다는 말이다. 그래서 가깝고도 먼 길. 그런데 또 하나 있으니, 대지에서 설교에 이르는 길이다. 대지가 준비되었다고 설교가 준비된 게 아니다. 아직 가야할 길이 멀다. 지금까지 우리의 관심이 주로 대지 작성에 있었다면, 이제는 방향을 돌려서 대지 채우기에 마음을 모을 시간이다.

좋은 대지가 반드시 좋은 설교로 이어지지는 않는다. 스케치가 좋다고 반드시 좋은 그림이 나오지 않는 것과 같다. 학창 시절 필자에게 가장 난감한 과목이 미술이었다. 그나마 스케치는 좀 했던 것 같다. 정물화 시간에 나름 들은 풍월로 연필을 눈꼬리에 대고 전체 구도를 잡을 즈음에는 선생님도 꽤 기대감을 나타내셨다. 그러나 색칠에 들어가는 순간 한숨이 나왔다. 사과를 칠한다는 것이 지저분한 정구공이 되고, 사이다병은 거뭇거뭇 맥주병이 되었다. 스케치는 스케치일 뿐 그림을 완성하는 것은 색칠이다. 설교 작업도 그러하다. 대지 잡기가 설교의 스케치라면, 대지 채우기는 색칠에 견줄 수 있다. 대지 잡기는 스케치, 즉 시작에 불과하고, 설교를 완성하는 것은 그 어려운 색칠, 즉 대지 채우기다.

　대지를 어떻게 채워야 할까? 이 말부터 하고 싶다. 받은 은사가 있다면 적극 활용하라. 무슨 일이건 타고난 은사가 요긴한 법인데, 설교도 예외는 아니며, 필자의 느낌으로는 특히 대지 채우기가 그러하다. 대지 잡기는 다소간 기술적인 작업이지만 대지 채우기는 예술적인 향취가 강하다. 다른 말로, 대지 잡기는 체계적인 훈련의 대상이라면, 대지 채우기는 타고난 예술적 감각이 큰 부분을 차지하는 듯하다. 물론 대지 잡기에도 타고난 감각이 요긴하겠지만, 경험상 대지 채우기가 더 그런 것 같다. 밥 로스 때문인지도 모르겠다.

　언젠가 텔레비전에 폭탄 머리의 천재 화가가 풍경화를 그리는 프로그램이 있었는데, 이름이 밥 로스였다. 하얀 캔버스에 스케치도 없이 바로 색칠 단계로 들어갔는데, 정말 아름답게 잘도 그렸다. 칠하는 도구도 붓은 기본이고 손가락과 끌, 심지어 젓가락까지 잡히는 대로 사용했다. 붓의 크기도 작은 것부터 페인트용 붓까지 다양했는데, 어쩜 그렇게 잘도 칠하는지 보는 내내 감탄이 절로 나왔다. 평소에 얼마나 노력하고 연습했는지 모르지만 필자가 보기에 그는 분명 타고난 색칠가였다.

설교에도 타고난 색칠가들이 있다. 시쳇말로 타고난 '말빨'에 청산유수의 언어 감각을 은사로 받은 분들이다. 청년 시절 가슴 뭉클하게 만들었던 모 목사님과 지금도 왕성하게 활동하고 계신 차세대 모 목사님이 떠오른다. 말씀의 깊이와 더불어 그 입담에 감탄하며 말씀에 귀를 기울이던 기억이 아련하다. 참 귀한 분들이다. 그리고 설교자로서 정말 부러운 분들이다. 주님께서 당신에게도 그런 귀한 은사를 주셨다면, 잘 활용하기 바란다.

그러나 필자를 비롯한 대부분의 설교자들은 사정이 그렇지가 않다. 아쉽지만 주님의 섭리 가운데 그런 기막힌 은사를 모두가 받지는 못했다. 우리는 어떻게 해야 할까? 차선책으로 학學의 도움을 받을 수 있다. 설교 사역은 단지 은사로만 수행하는 것은 아니다. 많은 강해설교 이론가들이 대지를 채우는 방안에 대해 고민했고, 나름의 방안을 제시하였다. 그것을 섭렵하여 활용하면 큰 도움이 될 것이다. 필자에게 도움을 주었던 학자 몇 분을 소개하니 참고가 되기를 바란다.

대지를 어떻게 채울 것인가? - 학자들의 제언

대표적으로 해돈 로빈슨Haddon Robinson, 브라이언 채플Bryan Chapell, 그리고 웨인 맥딜Wayne McDill의 대지 채우기 방법을 소개하겠다. 기본적으로 대지 설교를 선호하는 학자들이니, 3대지를 연마하고 있는 우리에게 의미 있는 도움을 주리라고 기대한다.

우선 해돈 로빈슨은 대지 채우기에 활용할 수 있는 항목들을 소개한다.[1] 반복과 재진술, 설명과 정의, 사실 정보, 인용과 내레이션, 예화 등이다. 대지 채우기의 제일 기본은 반복repetition과 재진술restatement이다. 반복이 말 그대로 동일한 문구를 되풀이 하는 것이라면, 재진술은 같은 의미지만 다른 형태로 풀이하는 것이다. "하나님은 당신을 사랑하십니다. 성도 여러분, 하나님은 여러분을 사랑하십니다."가 반복이라면, 재진술은 "하나님은 당신을 사랑하십니다. 하나님이 여러분을 보시면 가슴이 뭉클하세요. 왜냐? 여러분을 사랑하시니까." 정도를 말한다. 반복이 강조의 효과를 거둔다면, 재진술은 강조와 더불어 전하려는 의미를 보다 선명하게 풀이하는 설명 효과도 있다.

반복과 재진술 외에, 대지를 설명하거나 필요한 개념을 정의definition함으로써 대지를 채워갈 수 있다. 관련된 사실 정보를 소개할 수도 있고, 격언이나 성경 구절을 인용할 수도 있다. 내레이션은 성경 이야기에 생기를 부여하는 일종의 일인극이다. 성경은 글의 특성상 강약고저가 없다. 밑줄이나 악센트 점도 없다. 대신 설교자가 의미를 살려서 부여해 주어야 한다. 본문의 의미를 훼손시키지 않는 범위 내에서 대화 내용을 창조적으로 늘릴 수도 있다. 여기에 몸동작까지 덧붙이면 보다 실감나는 내레이션이 될 것이다.[2] 이렇게 다양한 재료를 동

---

1 Haddon Robinson, *Biblical Preaching*, 140-51.
2 학자에 따라 해석적 읽기(interpretative reading)를 추천하는 이도 있다. 본문을 읽을 때 의미를 충분히 살려서 강약고저를 가미하여 읽는 것이다.

원하여 마련된 대지를 채우면 된다.

다음으로 브라이언 채플인데, 해돈 로빈슨이 항목 소개에 그친다면 채플은 항목들을 배열하는 틀까지 제안한다. 크게 세 부분으로 구성할 것을 제안하는데, 다음과 같다.

> **설명부**
> **예화부**
> **적용부**[3]

대지의 의미를 풀어서 이해시키고(설명부), 대지의 의미를 회화적으로 보여주며(예화부), 대지를 삶 속에서 실천할 것을 도전(적용부)하는 흐름이다. 각 항목에 기대하는 기능이 있는데, 절대적인 구분은 아니지만, 설명은 지성을 자극하고, 예화는 감성을, 그리고 적용은 행하려는 의지를 준비시킨다고 말한다. 채플은 청중의 특성에 따라 세 항목의 비율을 조절할 필요가 있다고 조언한다. 예를 들어, 지적인 성향의 청중에게는 설명부를 강조하고, 어린이나 일반 대중에게는 예화와 적용의 비율을 높이는 식이다.

채플은 설명부를 더 세분화하여 세 항목으로 나누는데, 진리 진술state the truth, 장절 지정place the truth, 그리고 증명prove the truth이다. 진술은 말 그대로 대지(진리)를 입으로 진술하는 것이고, 장절 지정은 그 대지가 기초하고 있는 본문 구절을 지목하여 읽어주는 것이다. 대지가

---

[3] Bryan Chapell, *Christ-centered Preaching*, 255.

설교자의 생각이 아니라 성경 본문에서 나왔음을 보여주는 과정이다. 그리고 증명은 주석을 통해 정말로 그 대지가 그 구절에 기초하고 있음을 보여주는 것이다. 전달 효율을 위해 채플은 각 부가 마무리될 때 내용을 다시 요약해 줄 것을 조언하는데, 전체 흐름을 도식화하면 다음과 같다.

설명부
- 대지 진술
- 장절 지정
- 증명
- 요약

예시/예화부
- 요약

적용부

마지막으로, 웨인 맥딜은 논증argumentation 항목을 추가한다. 채플이 말하는 대지 증명에 해당한다고 할 수 있겠는데, 차이가 있다면 본문을 주석하기보다 일반적인 논리적 근거를 가지고 증명한다는 데 있다. 일반적으로 수긍되는 논리를 통해 오늘 선포되는 성경 진리에 힘을 싣는 것이다. 속담과 격언을 활용할 수도 있고 예화를 통한 논증도 가능하다.

맥딜은 연결어의 중요성을 강조한다. 전환이라는 항목을 명시하여 한 대지에서 다음 대지로 넘어갈 때, 자연스럽게 연결해 주는 문장을 배치할 것을 주문한다. 대지와 대지 사이뿐만 아니라 요소요소에 메시지의 흐름을 원활하게 하는 연결 문장 혹은 전환 문장을 적극 활용하라고 조언한다. 전체 흐름을 도식화하면 다음과 같다.

- 대지 진술
- 설명
- 예시/예화
- 논증
- 적용
- 전환: 다음 대지로[4]

해돈 로빈슨이 제안한 재료들을 브라이언 채플과 웨인 맥딜이 제안한 흐름을 따라 배열한다면, 매주 이루어지는 우리의 대지 채우기 작업이 한결 전략적이 될 수 있을 것이다.

내 몸에 맞는 틀 찾기

무엇이든 내 몸에 맞는 도구가 최고다. 사울 왕의 갑옷이 아무리 좋아도, 소년 다윗에게 맞지 않으면 입을 수가 없다. 학자들의 제언이 탁월하겠지만 결국은 참고용이고, 내 몸에 맞는 나의 틀을 확보하는 것이 지혜다. 필자는 위 세 학자들의 틀을 참고하여 아래 여섯 항목 틀

---

[4] Wayne McDill, *The 12 Essential Skills for Great Preaching* (Nashville: Broadman & Holman, 1994) 176-177.

을 만들어 실천하고 있다. 보잘것없지만 나름의 이론적인 훈련과 현장 경험을 토대로 마련한 것이니 참고가 되기를 바란다.[5]

- 대지 진술
- 대지 설명
- 대지 증명
- 대지 예시(이미지 혹은 이야기 예화)
- 대지 적용
- 대지 마무리

항목별로 역할과 의미를 풀이하면 다음과 같다. 우선, 〈대지 진술〉은 말 그대로 대지를 입으로 진술하는 것이다. 준비된 대지를 그대로 읽어 주면 된다.

"우리 하나님은 어떤 분이시냐? 첫째, 하나님은 우리를 사랑하시는 분입니다."

3대지 설교는 대체로 연역식 구성을 선호하는데, 대지 초두에 대지의 주제를 미리 밝히는 구도다. 원칙적으로 한 문장이면 충분하다. 눈에 띄는 핵심 단어가 있는 것이 좋고, 진술할 때 그 단어에 악센트를 주면 효과적이다. 위의 대지에서는 "사랑"이 핵심 단어다. "첫째, 하나님은 우리를 사랑(악센트)하시는 분입니다."

〈대지 설명〉은 역시 말 그대로 대지를 설명하는 대목이다. 사전적인

---

5 필자의 『퇴고 설교학』, 70-74 참조.

설명이 아니라 설교적인 설명이다. 철학적으로 세밀한 설명일 필요는 없고, 대지가 무엇을 의미하는지 청중이 감을 잡을 수 있도록 간략하게 터치하면 된다. 해돈 로빈슨이 말한 재진술 정도면 대체로 충분하다. 여기에 더하여 필자의 경험으로는, 비교와 대조가 효과적이다. 예를 들면 아래와 같다.

> 첫째, 하나님은 우리를 사랑하시는 분입니다.
> (대지 진술에 이어 이제 설명으로 들어가면)
> 우리를 아끼는 분이라는 말입니다. (재진술)
> 우리에게 무관심하거나 우리를 미워하시지 않아요. (대조)
> 부모가 자식을 사랑하듯
> 아니 그 이상으로 하나님은 우리를 사랑하십니다. (비교)

대지 설명에는 설명 기능 외에 두 가지 중요한 기능이 있는데, 내면화 그리고 오리엔테이션이다. 우선은 내면화. 대지 설명은 단지 대지의 의미를 설명하여 이해시키는 과정만은 아니다. 선포되는 대지의 의미를 청중이 내면화할 수 있도록 시간적인 여유를 주는 것이다. 많은 경우 대지는 선명한 문장으로 만들었기 때문에(꼭 그렇기를 바란다), 추가적인 설명은 크게 필요가 없다. 이해를 위해서라면 그저 한 번 읽어주는 것(대지 진술)으로 충분하다. 그러나 설교는 이해를 넘어 복음 진리를 내면화하는 시간이고, 선포되는 진리를 마음에 새기는 시간이다. 설교 전체를 마음에 새길 순 없지만 적어도 대지는 새겨야 하지 않겠는가. 그래서 설명이라는 이름으로 시간을 끌어줌으로써 청중으로 하여금 대지를 내면화하고 마음에 새기도록 돕는 것이다.

내면화와 더불어 대지 설명은 오리엔테이션의 기능도 한다. 이번 대지[6]가 무엇을 향해 나아갈지를 청중에게 미리 일러주는 것이다. 알고 가는 길이 마음도 편하고, 따라가기도 쉽다. 설교는 수수께끼 풀이가 아니다. 설교자와 청중이 손잡고 함께 복음 진리를 마음에 새기는 시간이다. 숨길 것도 없고 감출 것도 없다. 대지 설명을 통해 이번 대지가 나아갈 길을 미리 일러주면 청중이 설교를 좇아오기가 한결 수월할 것이다.

다음으로 〈대지 증명〉이다. 과학적인 증명이 아니라 이 대지가 성경 본문에서 나왔음을 보여준다는 의미에서의 증명이다. 앞서 소개한 브라이언 채플의 장절 지정과 증명, 두 항목을 합한 것으로 보면 된다. 설교자와 청중 사이에는 암묵적인 동의가 있는데, 성경 말씀이 진리라는 것이다. 성경은 하나님의 말씀이고, 건실한 해석 원리를 따라 본문에서 생산한 대지는 설교자의 말이 아니라 하나님이 성경을 통해 들려주시는 진리의 말씀이다. 전하는 자도 이 확신 하에 전하고, 듣는 자도 이 믿음 하에 듣는다. 그래서 설교단에서의 증명은 과학적인 증명이 아니라, 이 대지가 성경 본문에 기초하고 있음을 보여주는 활동이다.

때로 본문 한 구절을 읽어주는 것만으로 충분한 증명이 된다.

> "첫째, 하나님은 우리를 사랑하시는 분입니다. 오늘 본문을 보세요. 하나님이 세상을, 우리를 포함하여 세상을 어떻게 하신다고요? 사랑하신다." (증명 끝!)

---

[6] 같은 "대지"라는 용어를 쓰지만 의미는 둘이다. 하나는 덩어리로서의 대지이고, 다른 하나는 덩어리 대지의 주제로서의 대지다. "대지 설명"에서 대지는 후자이고, 지금 이 대지는 전자, 즉 덩어리를 가리킨다.

물론 늘 이렇게 간단하지는 않다. 보다 진척된 주석이 가미되어야 할 경우가 많다. 그렇다고 너무 복잡하고 학술적인 주석을 할 필요는 없다. 본문이 대지를 지지하고 있음을, 혹은 대지가 본문에 기초하고 있음을 보여줄 수 있을 정도면 충분하고, 거기에 플러스알파 정도를 보태면 적당할 것이다.

<대지 예시>는 예화를 비롯한 그림 언어 항목이다. 대지의 의미를 회화적인 그림 언어로 보여주는 것이다. 스토리가 있는 이야기 예화도 가능하고, 이미지를 표현하는 그림 언어도 가능하다. 잘 키운 딸 하나면 열 아들 부럽지 않다고 했던가. 적절한 예화 하나의 파급력은 설교 한 편과 맞먹을 수도 있다. 그래서 주님의 설교는 그저 한 편의 예화로 이루어진 비유였는지도 모른다. 설명, 증명, 적용 등 설교에 필요한 여러 기능을 동시에 수행할 수 있는 아주 요긴한 설교적 장치가 바로 예화다.

그런 의미에서 예화의 자리매김에 대해 언급해 둘 필요가 있겠다. 예화는 별도의 항목으로 독립적인 자리를 차지할 수도 있지만 다른 항목에 편입될 수도 있다. 예를 들어, 대지 설명 항목에 예화가 들어갈 수도 있고, 대지 적용에도 예화가 들어갈 수 있다. 심지어 대지 증명 항목에도 예화가 활용될 수 있다. (뒤에 소개된 설교문의 첫째 대지가 그러하다.) 한 걸음 나아가 설교 전체의 언어가 회화적이면 참 좋다. 듣기도 편하고, 이해도 편하고, 무엇보다 삶의 현장으로 가져가기도 편하다. 너무 알록달록 화려한 문체는 설교에 부담으로 작용할 수 있지만 적당한 회화성은 설교에 생기를 부여할 것이다.

<대지 적용>은 말 그대로 대지를 청중의 삶에 적용하는 대목이다. 삶

적용의 특성상 권면적인 언어가 자주 쓰인다. '-하라'는 도전적인 권면에서부터 '-이기를 소망한다'는 부드러운 권면도 가능하다. 더 부드러운 형태로는, 앞서 언급한 대로 예화를 통한 적용도 가능하다. 청중을 향하여 직접 도전하기보다 예화 속 인물의 삶을 통해 넌지시 거룩한 삶으로 떠미는 방식이다.

대지 적용은 경우에 따라서는 생략할 수도 있다. 대지 설명과 대지 증명, 여기에 대지 예시 정도면 설교적인 완성도가 충분히 확보되는 경우가 많다. 특히 좋은 예화는 앞서 말한 대로, 그 자체로 이미 적용의 효과를 완수하기도 한다. 이럴 땐 별도의 적용 항목 없이 바로 다음 대지로 넘어가는 것도 좋은 방법이다. 억지로 적용 항목을 채우려다 보면 오히려 메시지의 흐름이 깨질 수도 있다.

마지막으로 〈대지 마무리〉다. 무슨 일이든 완료감이 중요하다. 무언가 분명한 매듭을 짓고 나서 다음으로 넘어가는 것이 좋은데, 설교도 마찬가지다. 하나의 대지가 끝났음을 청중으로 하여금 분명하게 인지할 수 있도록 하는 게 좋다. 기본적인 방법으로는 "-하기 바랍니다" 혹은 "-이기를 축원합니다" 하는 식의 마무리가 가능하다. 청중이 아멘으로 화답한다면 더 효과적인 마무리가 될 것이다.

설교문 – 대지 채우기의 실제

설교문을 통해 대지가 어떻게 채워질 수 있는지 실례를 보이도록 하겠다. 본문은 요한복음 3장 16절 한 절이고, 설교 제목은 "내가 하나님을 믿는 이유"로 잡았다. 주제와 대지 구성은 다음과 같다.

〈우산 질문〉 하나님은 어떤 분인가?

첫째, 하나님은 우리를 사랑하시는 분이다.

둘째, 하나님은 정말 많이 우리를 사랑하시는 분이다.

셋째, 하나님은 전능하신 분이다.

결론: 오직 하나님을 믿고 의지하라.

설교문: 내가 하나님을 믿는 이유 (요 3:16)

(〈괄호〉 안에 대지 채우기 항목을 표시하였다.)

서론 – 하나님은 어떤 분인가?

오늘 함께 묵상할 말씀은, 하나님은 어떤 분이신가입니다. 우리가 믿는 하나님은 어떤 분인가? 몰라서 묻는 질문이 아닙니다. 주님을 향한 우리의 믿음을 다시 고백하고, 한 번 더 마음에 새기기 위한 질문입니다. 알면 알수록 감사하고, 고백하면 고백할수록 더 신뢰가 가는 우리 하나님. 이 시간 주님을 향한 감사와 신뢰를 마음 깊이 새기는 시간이 되시기 바랍니다.

1. 하나님은 우리를 사랑하시는 분이다.

〈대지 진술〉 첫째, 하나님은 우리를 사랑하시는 분입니다. 우리를 어떻게? 우리를 사랑하시는 하나님.

〈대지 설명〉 교회 벽에 커다랗게 플래카드를 걸기도 하죠. "하나님은 당신을 사랑하십니다!" 외국 사람도 보라고 "God loves you!" 그런데 이거 사실일까요? 예, 그렇습니다. 성도 여러분, 하나님은 여러분을 사랑하십니다. 우리에게 무관심한 분이 아닙니다. 우리를 미워하는 분은 더욱 아니고, 하나님은 저와 여러분을 사랑하십니다. 아멘.

〈대지 증명〉 진리의 말씀 성경을 보세요. "하나님이 세상을 이처럼 사랑하사" 오늘 본문이 좀 짧아요. 달랑 한 절. 그러나 길이는 짧아도 메시지는 깊어요. 세상에서 제일 깊고도 행복한 소식입니다. 하나님이 세상을 어떻게? 사랑하사.

〈대지 예시 - 대지 증명의 기능을 겸함〉 세상 대신에 여러분의 이름을 넣으면 됩니다. 하나님이 ○○○을 사랑하사. 원래는 하나님이 여기에 김 장로님 이름을 쓰려고 하셨어요. 하나님이 김 아무개 장로를 사랑하사. 그런데 그렇게 하려니 박 집사님이 걸려요. 하나님, 장로만 사랑하고 집사는 안 사랑하십니까? 그건 아니거든요. 그래서 하나님이 박 집사님 이름도 같이 넣으려고 했어요. 그런데 그러다보니 또 다른 분이 걸리고. 이걸 어떡하나, 그래서 고르신 단어가 세상입니다. 세상 대신에 우리 모두라고 읽으시면 됩니다. 성도 여러분, 하나님이 우리 모두를 사랑하십니다. 아멘.

'그래도 내 이름은 없을 거야.' 이런 분도 있죠. '그래도 내 이름은 없을 거야. 나는 죄도 많고, 부족한 것도 많고. 교회를 열심히 섬기지도 못하고. 그러니 난 아닐 거야.' 혹 그런 마음 품은 분이 계신가요? 사실은 그래서 고르신 단어가 세상입니다. 요한복음에서 세상은 조금 어둡고 부정적인 뉘앙스를 갖고 있어요. 어두운 세상이고, 죄로 가득한 세상입니다. 하나님을 반역한 세상. 그런데 하필 하나님은 이 단어를 고르셨습니다. 왜냐? 하나님은 나 같은 죄인도 사랑하십니다. 우리 같이 부족한 사람도 사랑하시는 거예요. 하나님의 사랑 앞에는 그 누구도 예외가 아닙니다. 그래서 주신 말씀이, 하나님이 세상을 사랑하사. 성도 여러분, 하나님은 여러분을 사랑하십니다. 아멘? 아멘.

〈대지 적용〉 그래서 말인데요, 성도 여러분, 다음주 오실 때는 여러분 얼굴에 은은한 밝은 빛이 감돌기를 바랍니다. 뜬금없이 웬 빛이냐? 어느 드라마에서 들은 대사입니다. "사랑받는 사람의 얼굴에는 은은한 빛이 돈다." 드라마에도 가끔 진실이 나와요. 사실 그 드라마 내용은 좀 살벌했어요. 어려서 헤어진 자매 둘이 나중에 만나서 서로 할퀴는 내용인데, 동생이 언니한테 쏘아붙여요. "언니, 사랑받으며 살아온 사람의 얼굴에는 은은한 빛이 감돌아. 그런데 언니 얼굴에는 그 빛이 없어." 싸늘하죠.

그런데 생각해 보니 맞는 말 같아요. 사랑을 충분히 받고 산 사람에게는 무언가 여유가 있잖아요. 얼굴이 밝아요. 화장으로는 표현할 수 없는 은은한 빛이 있어요. 사랑이 주는 빛. 우리 얼굴에는 그 빛이 있나요? 질문을 조금 돌려서, 우리 얼굴에는 그 빛이 있어야 할까요, 없어야 할까요? 당연히 있어야죠. 왜냐? 우리는 하나님의 사랑을 받는 사람이기 때문에. 김 장로님도, 박 집사님도, 우리 모두 하나님의 사랑을 받는 사람입니다. 당신은 사랑 받기 위해 태어난 사람, 그런 찬양이 있잖아요. 바로 여러분의 노래입니다.

〈대지 마무리〉 그래서 말인데요, 성도 여러분, 다음주 오실 때, 아니 오늘 예배 끝나고 나가실 때 반드시 여러분 얼굴에 은은한 빛이 감돌기를 바랍니다. 아멘.

2. 하나님은 정말 많이 우리를 사랑하시는 분이다.

〈대지 진술〉 이제 두 번째, 우리 하나님이 어떤 분이시냐? 우리를 정말 많이 사랑하시는 분입니다. 사랑하시는데 그냥 사랑이 아니라, 어떻게? 우리를 정말 정말, 많이 많이 사랑하시는 하나님.

〈대지 설명〉 사랑이라고 다 같은 사랑은 아니잖아요. 큰 사랑이 있고, 작은 사랑이 있고. 무엇이나 그렇잖아요. 큰 그릇이 있는가 하면 작은 그릇도 있고, 구덩이도 얕은 구덩이도 있지만 그 끝을 알 수 없는 깊은 구덩이가 있어요. 사랑도 마찬가지, 크기가 있어요. 우리를 향한 하나님의 사랑은 어떤 사랑일까요? (두 팔 벌려) 크-은 사랑. 아이들 말마따나 하늘만큼 땅만큼. 정말 큰 사랑으로 우리를 사랑하시는 하나님이십니다.

〈대지 증명〉 본문에 보이시나요, 큰 사랑이라는 단어가 있는데, 보이세요? 독생자입니다. 하나님이 우리를 이처럼 사랑하사 무엇을 주셨으니? 독생자를 주셨으니. 독생자? 하나 뿐인 아들이라는 말이잖아요. 하나님이 우리를 너무나 사랑하셔서 독생자의 목숨을 내어주셨으니. 이 정도면 사랑이 큰가요? 정말 크잖아요. 아들을 내어주시는 사랑. 크다 작다 말하기도 버거울 만큼 큰 사랑입니다.

〈대지 예시〉 남편 생일이라고 아내가 새벽잠 설치며 미역국을 끓였습니다. 이거 사랑입니다. 무슨 사랑? 미역국 사랑. 여기에 남편이 좋아하는 고등어구이를 곁들인다면 더 큰 사랑입니다. 고등어 사랑. 기분이 좋아진 남편이 책꽂이에 감추어둔 비상금을 털어서 아내에게 반지를 선물합니다. 무슨 사랑? 반지 사랑. 아내들이 참 좋아하는 사랑입니다. 이에 질세라, 아내가 적금을 깼어요. 처녀 적부터 몰래 들어두었던 적금이 있었는데 그걸 깼어요. 우리 남편 어깨 펴고 다니라고, 차를 한 대 샀어요. 남편들 좋으시죠. 무슨 사랑? 자동차 사랑. 엄청나죠.

그런데 여기서 끝이 아닙니다. 아내의 사랑에 너무나 황홀한 나머지, 남편이 출근길에 부동산에 들렀어요. 아파트를 급매물로 내놓았습니다. 결혼 전에 아내한테 약속한 게 있어요. 세계일주 여행시켜주겠다고. 그 약속을 지키기 위해 아파트를 내놓았어요. 이건 무슨 사랑일까요? 어떤 분은 그러시더라고요, 미친 사랑이라고. 너무 과한 말인가요?

그런데, 성도 여러분, 우리를 향한 하나님의 사랑은 이거보다 더 커요. 이거보다 더 과해요. 우리를 위해 하나님은 사랑하는 독생자의 목숨을 내놓으셨습니다. 급매물 아파트가 아무리 귀하다 한들 어찌 아들 목숨에 비할까요. 우리를 향한 하나님의 사랑은 정말로 거대한 사랑입니다. 찬송가 가사가 한 치도 틀린 말이 아니에요. 하늘을 두루마리 삼고 바다를 먹물 삼아도 한없는 하나님의 사랑 다 기록할 수 없겠네. 아멘.

〈대지 적용〉 그래서 말인데, 성도 여러분, 우리 얼굴에 정말 은은한 빛이 감돌기를 바랍니다. 어둔 그림자가 있으면 안 돼요. 그러면 우리 하나님이 정말 서운해 하십니다. 이렇게 큰 사랑을 받아놓고 얼굴이 어두우면 안 되잖아요. 받은 사랑의 크기가 얼굴빛으로 나타난다면, 우리 얼굴은 해와 같이 빛나도 모자랄지 몰라요. 은은한 빛이 감돌기를 바랍니다.

그리고 성도 여러분, 우리는 함부로 낙심해서도 안 돼요. 사랑받는 사람은 낙심하지 않아요. 사랑은 일으켜 세우는 힘이 있거든요. 한 여대생이 끔찍한 교통사고를 당했습니다. 차에 불까지 났어요. 열 번이 넘는 수술 끝에 목숨은 건졌지만 온몸에 화상을 입었어요. 특히 얼굴에 화상자국이 짙게 남았습니다. 사고 나기 전 사진을 보니 참 예뻐요. 얼마나 힘겨웠을까요. 더러 끔찍한 선택을 하는 분들이 더러 있잖아요. 그래선 안 되는데, 삶이 너무 힘겨워서 해서는 안 되는 선택을 하는 분들이 있어요.

그런데 이분은 이겨냅니다. 낙심하지 않고 이겨내요. 비결이 뭐냐고 사람들이 물으니, 이분 대답이 사랑이랍니다. 가족이 나를 사랑하고, 특히 하나님이 나를 사랑하기 때문에, 그 사랑을 힘입어 제가 이겨내었습니다. 이분이 책을 쓰셨는데, 제목이 '나는 오늘도 행복합니다.' 성도 여러분, 이 고백이 저와 여러분의 고백이기를 바랍니다. 살면서 그런 힘겨운 일이 저와 여러분에게는 없기를 바랍니다. 그러나 혹 우리에게도 어떤 어려움이 닥친다면 우리도 이겨낼 수 있기를 바랍니다. 왜냐? 우리는 사랑받는 사람이기 때문에, 그것도 엄청난 사랑을 받은 행복한 사람이기 때문에.

〈대지 마무리〉 성도 여러분, 하나님이 여러분을 사랑하십니다. 그것도 엄청난 사랑으로 사랑하십니다. 독생자를 주시기까지. 아멘.

3. 하나님은 전능하신 분이다.

〈대지 진술〉 마지막 셋째, 우리 하나님이 어떤 분이시냐? 마지막으로 능력입니다. 우리 하나님은 능력의 하나님이십니다.

〈대지 설명〉 우리 하나님은 약한 분이 아니에요. 사랑하신다고 그랬는데, 사랑만 있는 분이 아니에요. 능력도 있어요. 심지어 능력이 너무 많아서 전능하신 하나님, 그분이 바로 우리 하나님이십니다. 아멘.

〈대지 증명〉 오늘 본문에 하나님의 능력이 보이시나요? 영생이라는 단어입니다. 말미에, "그를 믿는 자마다 멸망하지 않고" 어떻게? "영생을 얻게 하려 하심이라" 세상에 많은 능력이 있지만 생명을 주는 것만큼 큰 능력이 있을까요? 그것도 영원한 생명을 주는 능력이 있다면, 그보다 큰 능력은 없을 것입니다. 우리 하나님께 바로 그 능력이 있습니다. 그래서 우리 하나님의 이름은 능력의 하나님, 심지어 전능하신 하나님입니다.

〈대지 적용 - 대지 예시와 순서를 바꾸었음〉 오늘 설교 제목을 "내가 하나님을 믿는 이유"라고 잡았습니다. 하나님이 어떤 분인지를 묵상하고 있는데, 배경이 있어요. 그분이 정말 믿을 만한 분인지, 내 영혼을 의탁해도 될 만한 분인지를 알아보기 위함이었습니다. 우리를 사랑하신다고 했습니다. 그러니 믿을 만합니다. 사랑도 보통 사랑이 아니라, 독생자를 아끼지 않고 내주실 정도로 정말 많이 우리를 많이많이, 정말 많이 사랑하신다고 했습니다. 그러니 더 믿을 만합니다. 그런데 그것만 가지고는 안 되잖아요. 사랑은 있으되 능력이 없다면, 마음은 고맙지만 내 몸을 의탁하기는 좀 그렇잖아요. 사랑도 귀하지만 나를 의탁하려면 그만한 능력이 있어야 한단 말이죠.

그런데 우리 하나님이 어떤 분이시냐? 능력의 하나님이십니다. 심지어 능력이 너무 많아서 전능하신 하나님. 그를 믿는 모든 자에게 영생을 주시는 능력의 하나님. 그래서 저는 하나님을 믿습니다. 아멘.

〈대지 예시〉 메멘토 모리! 메멘토 모리! 로마의 장군이 전쟁에서 승리를 거두고 개선할 때 외치던 구호입니다. 뜻이, 죽음을 기억하라! 죽음을 기억하라! 참 묘하죠. 전쟁에서 이긴 날, 어쩌면 로마로서는 가장 기쁜 날인데, 이 어두운 구호를 외쳤습니다. 왜냐? 그게 진실이기 때문입니다. 굉장한 능력을 품은 로마였습니다. 유럽을 로마의 마당으로, 지중해를 로마의 호수로 만들었던 강성한 제국 로마였습니다. 그러나 로마도 잘 알고 있었어요, 그 힘의 한계는 죽음이라는 것을. 아무리 강해도 죽음 앞에서는 어쩔 수 없다는 것을 로마도 알고 있었던 것이죠. 그래서 그렇게 기쁜 날, 로마의 힘이 가장 크게 드러난 승리의 날에, 죽음을 기억하라! 겸손히 인정하는 거죠. 우리 힘의 한계는 죽음이다. 어쩌면 이 겸손이 로마 천년의 저력이었는지도 모릅니다.

죽음은 로마의 한계일 뿐만 아니라, 온 인류의 한계이기도 합니다. 그런데 그 한계를 뛰어넘은 분이 계십니다. 누구예요? 우리 주 예수 그리스도. 우리 주님이 외친 구호는 로마와 달라요. 메멘토 모리가 아니에요. 대신 나는 부활이요 생명이니 나를 믿는 자는 죽어도 살리라. 나는 부활이요 생명이니 어떻게? 나를 믿는 자는 죽어도 살리라. 겉보기에 나약해 보였던 우리 예수님입니다. 로마 병사의 손에 붙들려 십자가에 달려 죽은 나약한 사형수 예수님. 그런데 그건 겉모습에 불과했고, 실상을 말하건대 그분은 세상에서 가장 강한 분이셨습니다. 죽음을 이기신 분, 그 어떤 사람도 넘지 못한 인류의 한계를 극복하신 부활의 주님. 사망 권세를 이기고 부활 생명의 새 길을 열어주신 세상에서 가장 힘세고 강한 우리 예수님. 그분이 바로 저와 여러분을 사랑하십니다. 아멘.

〈대지 마무리 생략 – 별도의 마무리 없이 바로 결론부로 넘어감〉

결론 – 오직 하나님을 믿고 의지하라.

말씀을 정리하겠습니다. 누군가 묻기를, 당신은 왜 예수님을 믿습니까? 저는 그렇게 대답하고 싶습니다. 우선은 나를 향한 그분의 사랑 때문에 믿습니다. 나를 위해서 십자가에 달리시기까지 나를 극진하게 사랑하신 그분의 사랑 때문에 나는 그분을 믿습니다. 그리고 또 하나, 이게 참 중요하죠. 그분의 능력 때문에 믿습니다. 죽음의 권세조차도 이기신 부활 예수의 능력을 믿기에, 나는 오직 그분께 나의 영혼을 의탁합니다. 우리 모두의 고백이기를 바랍니다. 예수 믿고 구원 받고, 오늘도 그분을 의지하고 힘있게 살아가시는 복된 인생되시기를 주님의 이름으로 축원합니다. 아멘.

Easy Preaching

10장

서론과 결론 작성하기

**Easy
Preaching**

10장

서론과 결론 작성하기

서론과 결론, 그 사이에 낀 본론

본론에 인격이 있다면, 위 제목을 보고 어떤 기분일까? '서론과 결론 사이에 낀 본론'이라고 소개하는 데 대해 섭섭함을 드러낼지도 모르겠다. "나 본론은 서론과 결론 사이에 낀 사소한 존재가 아니오. 나는 설교의 주인공으로서 내가 서론과 결론을 거느리고 있소이다." 하며 버럭 화를 낼지도 모르겠다. 분량 면에서는 단연 본론이 설교의 중심이고 주인이다. 그러나 의미의 무게로 따지건대, 서론과 결론도 결코 가벼이 볼 수 없다. 의미의 무게는 분량이나 쪽수로 따지는 게 아니다. 지휘관은 겨우 한 명이고 부하는 백 명이라 하여, 부하가 그 부대의 주인이거나 부하가 지휘관을 거느리는 게 아니다. 오히려 한 명 지휘관이 백 명 부하를 이끌고 다닌다.

서론과 결론이 설교에서 차지하는 무게감은 어느 정도일까? 수사학의 뿌리로 통하는 아리스토텔레스의 이해를 보면 그 무게감이 결코 만만치 않음을 알 수 있다.

서론 – 무엇을 말할지를 말하라.
본론 – 그것을 말하라.
결론 – 무엇을 말했는지를 말하라.[1]

본론이 메시지의 중심인 것은 틀림없다. 누가 뭐래도 설교의 '가운데 토막'은 본론이다. 그러나 본론의 정체를 미리 규정하는 것이 서론이고, 본론의 내용을 궁극적으로 확정하고 완성하는 것이 결론이다. 비록 덩치는 작지만 서론과 결론이 마치 지휘자처럼 덩치 큰 본론을 부린다고 볼 수도 있다. 어느 한 부분 중요하지 않은 부분이 있으랴만 본론 작성에 들이는 것에 못지않은 정성을 서론과 결론 작성에 쏟아야 한다.

서론의 기능과 역할

서론의 기능을 살펴보자. 서론에 들어갈 구체적인 항목들을 살펴볼 수도 있겠지만 여기서는 보다 포괄적인 기능에 초점을 맞추려 한다.

---

1   아리스토텔레스 수사학은 원리적으로 주제가 있는 연설을 전제한다. 서론-본론-결론이라는 구도의 기초에는 주제가 있다. "그것"은 곧 주제다. 분명한 주제가 없다면 이 구도 자체가 성립되지 않는다.

구체적인 항목이나 방법은 설교자의 취향이나 설교 상황에 따라 달라질 수 있기 때문이다. 어떤 방식을 동원하든지 서론에 요구되는 기능 혹은 역할을 완성한다면, 항목이나 방법은 얼마든지 다양성이 허용될 수 있다. 그런 의미에서 묻기를, 서론이 수행해야 할 기능은 무엇이 있을까? 학자에 따라 용어와 초점은 조금씩 다르지만, 큰 틀에서는 대체로 일치를 보인다. 첫째, 청중의 관심 사로잡기. 둘째, 청중의 삶을 터치하기. 그리고 셋째, 본론으로 연결하기다.

우선, 서론은 청중의 관심을 끌어야 한다. 리모컨 채널이 돌아가면 아무리 귀한 콘텐츠도 무용지물이 되고 만다. 청중의 관심을 얻지 못하면, 귀한 설교도 허비될 수 있다. 설교는 설교자가 전한 만큼이 아니라 청중에게 들린 만큼 설교라고 할 수 있다. 그런 의미에서 해돈 로빈슨은 서론 첫 문장에서 설교의 성패가 갈릴 수 있다고 강조한다. 그러면서 첫 문장부터 청중의 관심을 사로잡을 수 있는 다양한 방법을 제안한다.

역설: 많은 하나님의 자녀들이 마치 고아처럼 살고 있습니다.[2]
익숙한 말 뒤집기: 정직이 최선의 방책이라고 말하지만 그렇게 말하는 사람이 때로 전혀 정직하지 않은 경우가 많습니다.
충격적 사실: 부부 세 쌍 중 한 쌍이 이혼 법정에 선다고 합니다. 그리고 여섯 쌍 중에 겨우 한 쌍만이 행복하다고 해요.
단도직입으로 주제 제시[3]: 여러분이 그리스도인이라면 삼위일체를 믿으셔야 합니다.

---

2 Haddon Robinson, *Biblical Preaching*, 167-68.
3 개인적으로 필자가 가장 선호하는 방법이다. 사실은 이보다 더 직접적인 언급으로 시작하는데, 자주 "오늘 주님께서 우리에게 주시는 말씀은 〇〇〇입니다." 하면서 설교 주제를 제시함으로써 설교를 시작

이외에도 여러 학자들이 다양한 방법을 소개하는데, 방법은 다양해도 목적은 하나다. 첫 문장부터 청중의 관심을 사로잡는 것이다. 일견 학자들이 우리의 청중을 너무 얕본다는 생각도 든다. 순하고 착한 우리 교회 성도들은 굳이 저러지 않아도 늘 귀를 쫑긋 세우고 나의 설교를 듣는데, 꼭 저렇게까지 할 필요가 있을까? 이런 의문이 드는 설교자가 있다면 정말로 하나님께 감사해야 한다. 이 땅에는 그렇지 않은 청중들도 많이 있기 때문이다. 특히 북한군도 무서워한다는 청소년 청중의 주의를 사로잡기란 시쳇말로 하늘의 별따기보다 어렵다. 물론 우리의 설교가 "청중님, 제발 좀 들어 주세요." 하는 식의 아부가 되어선 안 되겠지만 설교의 품위를 떨어트리지 않는 선에서 청중의 주의를 사로잡기 위해 최선을 다하는 것은 설교자의 사명일 것이다. 특히 그것은 서론을 통해 완수해야 할 사명이다.

둘째, 서론은 청중의 삶을 터치해야 한다. 설교는 첫 시작부터, 다시 말해 서론부터 청중의 삶을 터치해야 한다. 설교는 성경에 관한 이야기가 아니라 청중에 대한 이야기여야 한다. 2천 년 전 그때 그들에게 주신 말씀을 펼치고 설교하지만 지금 나에게 주시는 말씀이어야 한다. 학자들이나 목사들에게 주신 말씀이 아니라 설교를 듣고 있는 청중에게 주시는 말씀이어야 한다. 그게 바로 강해설교의 대원칙(가운데 하나)인 적용이 아닌가. 그런데 그 적용은 이미 서론에서부터 시작되어야 한다. 설교 준비는 성경 본문에서 시작하더라도, 설교 자체는 청중의 삶

한다. 주제 문장 전체가 아니어도 최소한 핵심어는 던지면서 시작하는데, 나름 효과적인 방법이라고 생각한다.

에서 시작해야 한다.

그리고 이것이 청중의 관심을 끈다. 첫째와 둘째 기능은 다른 듯 같은 말이라고 볼 수도 있다. 두 번째 기능이 제대로 수행되면 첫째 기능도 자연스레 수행될 수 있기 때문이다. 즉, 청중의 삶을 터치하면 자연스레 청중의 관심이 따라온다.

사람은 본능적으로 자기 이야기에 관심을 가지기 때문이다. 뒤에 예로 제시한 필자의 설교문을 보면 그 첫 문장이 "오늘은 우리 교회 생일입니다."이다. 청중의 삶을 터치하는 문장이라고 자평한다. 청중의 삶이라는 것이 반드시 어려운 난관이나 근심일 필요는 없다. 교회 생일에 즈음하여 새로운 다짐을 하는 설교인데, 이 정도면 청중의 삶을 터치했다고 볼 수 있다. 물론 이보다 더 실존적인 삶의 문제를 터치하는 설교도 가능하다. 여하튼, 설교는 청중의 삶을 터치해야 하고 그 터치는 이미 서론에서부터 시작되어야 한다.

이어서 서론이 갖추어야 할 셋째 기능은, 본론으로 연결하기 혹은 다른 말로 청중의 마음을 본론에 맞추기다. 서론을 위한 서론은 직무유기다. 서론은 애초에 본론을 위해 태어났고, 청중으로 하여금 본론 메시지를 잘 받아들일 수 있도록 마음 밭갈이를 하는 것이 서론이다. 오리엔테이션이라 불러도 좋다. 본론에서 다룰 내용을 개괄함으로써 본론으로 들어갈 마음의 준비를 시키는 것이다.

연역형 설교를 부정적으로 평가하는 이들이 더러 있는데, 내용을 미리 알면 관심을 끊기 때문이라고 한다. 혹 독자들 중에도 그렇게 생각하는 분이 있다면, 가벼운 마음으로 되묻고 싶다. 신입생 오리엔테이션 때문에 대학 생활에 대한 흥미를 잃는 학생이 있는가? 여행 일정이 사전 공지되었다는 이유로, 여행에 대한 기대감을 잃어버리는 사람이 있는가? 짐작컨대 오히려 더 기대하는 마음으로 떠나게 될 것이다. 귀납형 설교가 주는 숨김과 긴장이 청중의 주의를 모을 수도 있겠지만 필자의 경험으로는 그에 못지않게 연역형 설교가 주는 안정감과 기대감이 청중의 주의를 효과적으로 모으는 듯하다.

오리엔테이션을 위해 필자는 대체로 두 가지 방법을 동원하는데, 주제 제시와 우산 질문이다. 설교 초두에 오늘 선포할 설교의 주제를 미리 밝힌다. 주제 문장 전체가 아니더라도 최소한 핵심어는 설교 초두에 미리 밝히는 편이다. 여기서 주제 문장과 핵심어는 당연히 청중의 삶을 터치하는 적용 완료된 언어다. 자주는 아니지만 파격적인 문장을 동원하기도 하는데, "배신자라 욕해도 좋다"는 거친 문장을 사용한 적도 있다. 여호수아 2장의 라합 이야기를 다룬 설교였는데, 여리고 성 주민 입장에서 보면 라합은 배신자가 아닌가. 그런데 신앙의 눈으로 보면 여호와 하나님을 향한 거룩한 회심이었다. 그 설교의 첫 문장은 "성도 여러분, 오늘 주님께서 우리에게 주시는 말씀은 배신입니다. 주께서 오늘 저와 여러분을 배신으로 초대하십니다."였다. 지나친 파격이 때로 부담이 되지만, 가끔은 사용할 만하다고 생각한다.

설교의 오리엔테이션 = 주제 제시 + 우산 질문

다음으로 우산 질문이다. 주제가 어느 정도 그려지면, 서론의 마지막은 대체로 우산 질문으로 오늘 설교가 나아갈 방향을 제시(오리엔테이션)한다. "라합의 배신이 아름다운 이유는 무엇일까요?" 이것이 그 설교의 우산 질문이었다. 일반적으로 3대지 설교는 하나의 우산 질문에 대한 세 개의 대답으로 이루어지고, 그 대답들이 본론의 대지를 이룬다. 그러니 본론으로 이어지는 서론 말미에 우산 질문이 나오는 것이 자연스럽다. 우산 질문이 반드시 의문문일 필요는 없다. 물음표 딸린 의문문이 아니더라도, 얼마든지 우산 질문의 효과를 거둘 수 있다. 뒤에 소개된 필자의 설교문을 보면 "함께 말씀 들을 때에, 우리 교회가 하나님이 기뻐하시는 더 좋은 교회가 되기를 바랍니다."라는 평서문을 사용하였다. 그 안에는 "하나님이 기뻐하시는 교회는 어떤 교회일까요?"라는 의문문이 포함되어 있다.

사족이 될지 모르나 몇 가지 주의사항을 덧붙이고 싶다. 설교의 연륜이 그리 길지 않은 젊은 설교자들에게서 자주 나타나는 실수인데, 타산지석으로 삼을 만하다. 우선, 용두사미龍頭蛇尾를 삼가라. 서론을 너무 크게 시작하는 경우가 있다. 처음부터 너무 감동적인 예화를 들거나 인생의 문제를 다루면서 너무 극단적인 내용을 다루는 경우도 있다. 한 편의 설교로는 도무지 다루지 못할 거대한 이슈를 건드리기도 하고, 처음부터 목소리가 너무 뜨거워지기도 한다. 특별한 경우 그렇게 할 필요도 있겠지만 일반적인 경우라면 너무 과한 서론이다. 처음부터 절정으로 치달으면 페이스 조절에 실패한 마라토너가 될 수 있다. 서론은 서론답게 조금은 차분하게 그리고 담백하게, 본론으로 연결하는 페이스메이커 정도가 좋다.

둘째, 둘러가기도 삼가라. 빙빙 둘러오는 서론이 있다. 정말 빙-빙- 참 멀리도 둘러오는 설교자들이 있다. 오늘 설교를 하는 이유를 설명하기에 앞서, 그 이유의 이유를 설명하고, 또 그 이유의 이유의 배경까지 설명하고, 그렇게 빙빙 둘러서 드디어 본론으로 들어가려고 하는데, 그 사이에 그만 설교자도 지치고 청중도 지쳐버리는 경우가 있다. 설교에 논리적인 치밀성을 충분히 확보하려는 의도에서 빚어진 일로 보이는데, 뜻은 가상하지만 결과는 안타깝다. 차라리 단도직입적으로 오늘 설교의 주제로 들어가는 편이 낫다.

마지막 셋째, 서론의 예화는 설교의 주제에 정밀하게 조율되어야 한다. 예화로 서론을 시작하는 경우가 많은데, 참 좋은 방법이라 생각된다. 예화의 특성상 청중의 주의를 끌기 쉽고, 삶에서 나온 예화라면 청중의 삶을 터치하기도 용이하다. 그런데 문제는 오늘 설교의 주제와 상관없는 예화가 사용되기도 한다. 이럴 경우 차라리 예화 없이 바로 본론으로 들어가는 게 좋다. 그렇지 않으면, 서론 따로 본론 따로, 두 편의 설교가 되는 수가 있다. 심지어 단지 한 번 웃고 시작하자는 목적으로 매주일 참새 시리즈로 시작하는 설교자를 본 적이 있다. 나름 이유가 있겠지만 설교학의 원칙에서는 많이 벗어난 방법이다.

결론의 기능과 역할

이제 결론의 기능에 대해 생각해 보자. 시작이 반이라는 말도 있지만 마지막에 웃는 자가 진짜 웃는 자라는 말도 자주 회자된다. 시작이 중요한 만큼 마지막이 중요하고, 어쩌면 시작 이상으로 마지막이 중요하다는 뜻이 아니겠는가. 설교를 비행기 여행에 비유하는 이들이 많은데, 출발하는 이륙도 중요하지만 정말 긴장되고 고도의 기술이 요구되는 순간은 역시 착륙이다. 하긴 어느 한 순간인들 중요하지 않은 대목이 있을까.

각설하고, 결론이 수행해야 할 기능은 무엇이 있을까? 서론과 마찬가지로 결론의 기능에 대해서도 학자들의 의견은 대동소이하다. 거의 예외 없이 등장하는 두 기능을 정리하면, 첫째는 요약하기, 그리고 둘째는 도전하기다. 먼저 설교의 핵심 내용을 요약하고, 이어서 삶에서의 실천을 도전하는 것이 결론이 수행할 소임이라는 말이다. 필자도 충분히 동의하고 공감이 된다. 다만 현장 경험을 고려하여 하나를 덧붙이고 싶은데, 셋째, 연결하기다. 서론이 본론으로 연결되듯이, 결론은 설교 후 순서로 연결된다. 설교가 끝난다고 모든 것이 끝나는 게 아니다. 예배는 계속되고, 기도와 찬양으로 이어진다. 좋은 결론은 설교 후 기도 혹은 찬양으로 자연스럽게, 그리고 시너지 효과가 나도록 연결되어야 한다.

설교의 마무리 = 요약 + 도전 + 연결

우선 요약하기다. 서론이 본론 내용을 미리 오리엔테이션한다면, 결론은 지나온 본론 메시지를 요약한다. 아리스토텔레스의 말을 빌리면, 결론은 '무엇을 말했는지를 말하는' 대목이다. 결론에는 새로운 내용이 들어오면 안 된다. 지금은 설교를 마무리할 때이지 새롭게 무언가를 시작할 시간이 아니다. 그저 담백하게 지금까지 이야기한 것을 요약 정리하면 된다. 3대지 설교의 경우 대지 셋을 그대로 읽어주는 것으로도 충분하다. 물론 세련미를 가미하여 보다 기술적으로 요약할 수 있다면 더 좋을 것이다. 짤막한 예화도 가능하고, 인상적인 시(詩)를 동원할 수도 있다. 이때 주의할 점은, 정말 오늘 메시지와 정밀하게 조율된 예화 혹은 시를 사용해야 한다. 그렇지 않으면, 결론이 또 하나의 대지가 될 수 있다.

필자는 '요약하기'보다는 '마음에 새기기'라는 이름을 더 좋아한다. 결론은 아무래도 조금 뜨거운 순간이 아닌가. 설교라는 행위 자체가 뜨겁지만 특히 결론이 그러하다. 가르치기보다 선포하는 것이 설교이고, 지식의 전달을 넘어 사람의 변화를 갈구하는 뜨거움이 설교가 아닌가. 그 중에서도 절정에 해당하는 결론인데, 요약하기라는 이름은 너무 담담해 보인다. 망치와 정으로 청중의 가슴에 피가 흐르도록 새기는 장면을 상상하는 건 너무 끔찍하지만 적어도 결론은 단순 요약을 넘어 청중의 마음에 메시지를 새기는 시간이 되어야 한다.

결론이 수행할 두 번째 기능은 도전하기다. 설교의 핵심 내용을 삶에서 실천할 것을 강하게 권면하는 것인데, 역시 새로운 내용이 들어와서는 안 된다. 이미 본론에서 선포한 내용이고, 이미 본론에서 도전한 내용이다. 마지막으로 한 번 더, 확인하듯 한 번 더 마음에 새기고 실천을 촉구하면 된다. 때로 요약하기와 도전하기가 엄밀하게 구분이 되지 않을 수도 있다. 요약하면서 도전하고, 도전하면서 요약이 이루어질 수 있다. 무슨 상관이랴. 형식이 어떻든지 선포된 메시지를 잘 요약하고 실천하고자 하는 의지를 강하게 심어주면 된다.

결론은 귀경길 자동차 트렁크에 담긴 음식과 같다. 명절날 맛난 음식을 그렇게 실컷 먹었는데, 집을 나서는 순간 어머님이 또 음식을 싸주신다. 집에 가서 또 먹으라고. 그게 결론이 아닐까. 수누키안은 설교의 주제를 '집으로 진리 Take-home Truth'라고 명명하였다.[4] 설교의 잔치를 마치고 돌아가는 성도들의 마음 트렁크에 담아주는 주제라는 의미일 것이다. 그게 결론이 아닐까. 그런 의미에서 결론부가 길 필요는 없다. 굳이 수치화한다면 설교 전체의 10프로 미만이 좋다고 생각한다. 비록 짧은 시간이지만, 성도들의 삶의 현장과는 가장 가까운 시간이다. 삶의 현장으로 가기 바로 직전. 그 순간 핵심 메시지를 마음에 새기고, 실천을 촉구해야 하지 않겠는가.

마지막으로, 결론이 수행할 세 번째 기능은 설교 후 순서와 연결하기다. 설교가 끝나도 예배는 계속된다. 기도가 있고, 찬송이 있고, 심지어 광고도 있고, 축도도 있다. 이렇게 이어지는 순서들은 설교의 방해물일까, 아니면 기회일까? 질문에 이미 답이 암시되어 있지만 지혜로운 설교자는 기회로 삼을 것이다.

설교 후 기도는 설교 메시지를 요약하고 도전하기에 좋은 기회를 제공한다. 기도는 하나님을 향한 말이지만 성도들이 함께 듣는 말이기도 하다. 그것도 매우 집중해서 듣는 말이다. 설교 시간에는 잠깐 딴 생각을 하다가도, 기도 시간에는 대체로 집중한다. 눈을 마주치며 큰 소리로 외치는 설교의 음성도 강하지만 어쩌면 이 고요한 기도 시간에

---

4 도널드 R. 수누키안, 『성경적 설교의 초대』, 채경락 역, 83-84.

청중의 마음 더 깊은 곳을 터치할 수 있다. 설교와 더불어 기도문을 미리 준비하는 것도 지혜일 것이다.

설교 준비의 일환으로 설교 후에 부를 찬양을 정성스레 고르는 분을 알고 있다. 한국 교회의 대표적인 설교자 가운데 한 분인데, 설교 메시지 자체도 감동이지만, 설교 후 찬양이 압권이다. 시간을 거슬러 이미 선포된 메시지를 더 빛나게 한다. 개인적으로 참 부러운 분인데, 찬양 인도의 뜨거움도 부럽지만 선곡의 은사가 정말 절묘하다. 어쩜 그렇게 오늘 설교에 꼭 들어맞는 찬양을 찾아내는지. 그분이 동의할지 모르지만 그분의 설교를 완성하는 것은 결론이 아니라 찬양이다.

설교문

실제 설교문을 통해 서론과 결론을 어떻게 작성할지 실례를 보이도록 하겠다. 본문은 역대하 3장 1절과 15-17절이고, 설교 제목은 "야긴과 보아스"다. 필자가 섬기는 교회의 설립 기념일에 행한 설교인데, 흐름은 아래와 같다.

〈우산 질문〉 하나님이 기뻐하시는 교회는 어떤 교회인가?
첫째, 야긴의 교회 – 하나님을 주인으로 모신 교회
둘째, 보아스의 교회 – 하나님의 능력이 역사하는 교회
셋째, 기도하는 교회 – 야긴과 보아스의 구체적인 실천
결론: 우리 교회도 야긴과 보아스의 교회가 되게 하소서.

설교문 - 야긴과 보아스 (역대하 3:1, 15-17)

《괄호》 안에 간략한 해설을 담았다)

서론: 야긴과 보아스

〈청중의 삶을 터치하며 관심 사로잡기〉 오늘은 우리 교회의 열일곱 번째 생일입니다. 옆에 계신 분과 축하 인사할까요? "교회의 생일을 축하합니다. 더욱 좋은 교회를 만들어 가십시다." 나이 열일곱이면, 사람으로 치면 이제 사춘기를 벗고 어른이 되어가는 나이죠. 우리 교회도 이전보다 더욱 어른스럽고 성숙한 교회가 되기를 바랍니다.

〈본론으로 연결하기/ 주제 제시〉 어른의 문턱에 들어선 오늘 주님께서 우리 교회를 향해 주시는 말씀은 "야긴과 보아스"입니다. 성전 기둥에 붙여진 이름인데요. 오늘 본문에 보다시피 옛날 이스라엘의 성전 앞에는 커다란 기둥이 두 개 세워져 있었습니다. 성전 건물을 떠받치는 기둥이 아닙니다. 성전 앞에서, 성전을 이끌고 있는 기둥입니다. 마치 말이 마차 앞에서 마차를 이끌고 가듯이 말이죠. 성전이 나아갈 방향을 보여주는 기둥이고, 성전을 향한 하나님의 뜻을 담은 기둥입니다. 하나는 야긴, 다른 하나는 보아스. 무슨 뜻일까요? 히브리어라 생소할 텐데요. 성경 아래쪽에 보시면 뜻이 풀이되어 있어요. 야긴의 뜻이 뭐죠? "그가 세우리라." 보아스는 "그에게 능력이 있다."

〈본론으로 연결하기/ 우산 질문〉 이 시간 두 기둥에 담긴 의미를 묵상하려고 합니다. 우리 교회의 생일에 즈음하여, 우리 교회를 향한 주님의 소망으로 받습니다. 함께 말씀 들을 때에, 우리 교회가 하나님이 기뻐하시는 더 좋은 교회가 되기를 바랍니다. 아멘.

1. 야긴의 교회: 하나님을 주인으로 모신 교회

우선, 야긴입니다. "그가 세우리라." 그가 누구일까요? 예, 하나님입니다. 무엇을 세울까요? 성전. 하나님이 성전을 세우리라. 그런데 좀 이상하죠. 이미 세워졌잖아요. 솔로몬을 통해 이미 세워졌단 말이죠. 그런데 또 무슨 성전이 세워질까? 바로 교회입니다. 벽돌로 만든 성전이 아니라, 사람으로 지어져가는 교회. 그 교회를 누가 세우리라? 하나님이 친히 세우시리라. 우리 교회를 향한 하나님의 뜻으로 받으시기 바랍니다. 우리가 세우는 게 아니에요. 하나님이 세우시는 교회.

사람이 모이는 단체는 어디든 설립자가 있어요. 기업에도 설립자가 있고, 학교에도 설립자가 있어요. 제가 다니던 고등학교 교정에 자그마한 할머니 무덤이 있었는데, 설립자의 무덤으로 알고 있습니다. 어느 모임 어느 단체든, 사람의 모임에는 설립자가 있어요. 그런데 오직 하나, 설립자가 없는 모임이 있습니다. 정확히 말해서 '사람 설립자'가 없는 모임이 있어요. 교회입니다. 사람 설립자가 없어요. 왜냐? 그가 세우리라. 하나님이 친히 세우시리라. 교회의 설립자는 하나님이시기 때문입니다.

이 성전은 역사적으로 솔로몬이 지었습니다. 그래서 흔히 솔로몬

성전이라고 불러요. 그런 의미에서 커다란 바위 하나 가져다가 '솔로몬이 세우다!' 이렇게 새겨둔들 누구 하나 말댈 사람이 없어요. 그러나 지혜로운 솔로몬은 그렇게 하지 않아요. 잠시 어깨가 으슥해질지 몰라도, 자기도 망하고 백성도 망하는 길임을 잘 알기 때문입니다. 교회는 오직 하나님이 세우십니다. 그래서 교회의 주인이 있다면, 오직 하나님이 교회의 주인되십니다. 우리 교회도 그러하기를 바랍니다. 지금까지도 하나님이 설립자셨고, 앞으로도 영원히 우리 교회는 하나님이 설립자 되는 야긴의 교회가 되기를 주님의 이름으로 축원합니다. 아멘.

야긴의 교회, 이 이름에는 또 하나 귀중한 의미가 담겨 있습니다. 하나님의 임재가 머무는 교회입니다. 하나님이 임재하셔서 하나님이 친히 세워가시는 교회, 바로 그런 의미에서 야긴의 기둥을 세웠습니다. 건물을 세울 때면 입지 조건이라는 게 있죠. 교회도 마찬가지 아무 데나 세우면 안 돼요. 우선은 교통이 좋아야 합니다. 지하철 입구라든가, 대로변에 있어서 쉽게 눈에 띠는 곳이 좋습니다. 또 고층 아파트가 밀집된 곳이 좋고. 기왕이면 이제 막 입주가 시작되는 신도시면 더욱 좋아요. 그래야 사람들이 많이 오니까. 그러나 다 인간적인 생각입니다. 좋은 교회의 입지 조건은 하나님의 임재입니다. 지하철이 아니라 하나님의 임재. 신도시가 아니라, 교회를 위한 최고의 입지 조건은 하나님의 임재입니다. 아무리 구석진 곳이라도 하나님이 임재하시는 곳, 바로 그 자리에 교회가 서 있어야 합니다.

솔로몬이 바로 그런 자리에 성전을 세웠습니다. 1절을 함께 읽습니다. "솔로몬이 예루살렘 모리아 산에 여호와의 전 건축하기를 시작하니 그 곳은 전에 여호와께서 그의 아버지 다윗에게 나타나신 곳이요 여부스 사람 오르난의 타작 마당에 다윗이 정한 곳이라." 모리아 산에 지하철이 있어서 성전을 세운 게 아닙니다. 바로 그곳에 하나님이 임재하셨기 때문입니다. 아버지 다윗 왕이 하나님을 만난 곳이 바로 이 곳 모리아입니다. 그 옛날 조상 아브라함이 하나님을 만난 곳이 바로 이 모리아입니다. 하나님의 임재가 머무는 곳, 하나님 임재의 추억이 서린 모리아에 성전을 세웁니다.

성도 여러분, 우리 교회가 야긴의 교회가 되기를 바랍니다. 우리 교회에 하나님의 임재가 머물기를 바랍니다. 교회는 사람도 많이 와야 하지만, 사람보다 우선은 하나님이 오셔야 합니다. 사람이 아무리 많이 모여도 하나님이 그곳에 계시지 않는다면, 아무 소용이 없는 거죠. 하나님이 없는 교회는 껍데기에 불과합니다. 우리 교회는 살아계신 하나님의 임재가 충만하게 머무는 야긴의 교회가 되기를 간절히 소망합니다. 아멘.

2. 보아스의 교회: 하나님의 능력이 역사하는 교회

이제 두 번째, 보아스입니다. 보아스의 뜻이 뭐라고 했죠? "그에게 능력이 있다." 누구의 능력? 하나님의 능력입니다. 하나님의 능력이 역사하는 교회, 그 비전을 담아서 두 번째 기둥 이름이 보아스입니다. 다시 한 번 주님의 이름으로 축원합니다. 우리 교회, 하나님의 능력이 힘있게 역사하는 보아스의 교회가 되기를 간절히 바랍니다. 아멘.

사람의 지혜와 능력도 참 대단합니다. 서울-부산을 불과 2시간

18분 만에 연결해 놓은 것이 사람의 능력입니다. 생전 모르던 길도 아무 걱정 없이 찾아가게 만드는 내비게이션 역시 사람의 지혜가 만든 물건입니다. 간혹 주차 때문에 고민인 분들 있죠. 특히 평행주차가 어렵죠. 앞으로는 걱정 없어요. 스스로 알아서 주차하는 자동차가 나온다고 합니다. 사람 능력의 끝은 어디일까, 사람 재주는 과연 어디까지일까, 보면 볼수록 대단합니다.

그러나 그 대단한 능력으로도 안 되는 일이 있어요. 아무리 뛰어난 사람도 할 수 없는 게 있어요. 교회입니다. 사람 힘으로 교회 건물은 지을 수 있어요. 그러나 교회는 안 돼요. 사람 지혜와 사람 돈으로 예배당은 꾸밀 수 있어도, 참된 구원이 있는 하나님의 교회는 오직 하나님의 능력으로 가능합니다. 오직 하나님의 지혜로만 가능합니다. 그 고백을 담아 솔로몬이 세운 기둥이 보아스입니다.

사람이 예측할 수 있는 일만 일어나면, 완성된 교회라고 보기 어려워요. 그 교회 사람들의 능력에 비례하는 일만 벌어진다면, 아직 미성숙한 교회입니다. 돈 많은 사람들이 모여서 헌금 많이 하는 교회, 세상에서 잘 나가는 사람들이 모여서 국회의원 배출하는 교회. 물론 그것도 귀한 일이지만 적어도 솔로몬이 기대한 교회는 아닙니다. 적어도 우리 하나님이 꿈꾸시는 교회는 아닙니다. 사람 능력을 넘어 하나님의 능력이 역사하는 교회, 그 교회가 바로 솔로몬 성전을 향한 하나님의 뜻이었고, 지금 우리 교회를 향한 하나님의 소망입니다.

죄인이 회개하여 예수 믿고 구원 받는 역사가 있는 교회. 깨어진 가정이 회복되는 역사가 있는 교회. 자기밖에 모르던 오만한 사람이 마음을 열어 진심으로 다른 사람을 섬기는 역사가 있는 교회. 예수 복음이 도무지 변할 것 같지 않은 사람을 변화시키는 역사가 있는 교회, 그 교회가 바로 하나님이 꿈꾸시는 보아스의 교회입니다. 우리 교회도 바로 그런 보아스의 교회가 되기를 주님의 이름으로 축원합니다. 아멘.

3. 기도하는 교회: 야긴과 보아스의 구체적인 실천

그러려면 어떻게 해야 할까요? 야긴의 교회, 보아스의 교회, 이름도 좋고 뜻도 좋은데, 어떻게 해야 그런 교회가 세워질 수 있을까요? 기도해야 합니다. 교회의 열일곱 번째 생일날, 주께서 우리에게 주시는 말씀은 결국 기도입니다.

하나님이 주인되시고, 하나님의 임재가 머무는 교회가 야긴의 교회라 했습니다. 그런데 그 교회가 어떻게 가능할까요? 기도해야죠. 하나님의 임재라는 것이 무슨 회의한다고 되는 게 아니잖아요. 손들고 "의장, 하나님의 임재가 우리 교회 안에 충만하기를 동의합니다." "재청 있습니까? 가하면 예 하십시오." 다같이 "예!" 이런다고 하나님의 임재가 임하는 건 아니잖아요. 기도해야 합니다. 보아스의 교회도 그래요. 기도에 응답하시는 하나님이시기에, 우리가 간절히 기도할 때 당신의 능력을 보여주실 것입니다.

그래서 성전을 처음 세우고 솔로몬이 한 일이 기도였습니다. 성전을 세우고, 언약궤를 안치하고, 모든 준비가 마친 후, 솔로몬이 기도합니다. 솔로몬이 아는 거죠. 성전은 벽돌이 아니라 기도로 짓는 것이다. 그래서 기도합니다. 역대상 6장 12-42절, 장장 서른 절에 걸쳐서 솔로몬의 기도가 기록됩니다. 굉장히 길죠. 기도는 좀 오래 해야 기도라는 생각도 들어요. 재밌는 것이 솔로몬의 기도를 읽어 보면 기도를 위한 기도가 많아요. 주의 백성이 이러이러하여 기도하거든, "주는 하늘에서 그들의 기도와 간구를 들으시고 그들의 일을 돌보시옵소서"대하 6:35

예수님의 부활 승천 이후 이 땅에 교회가 처음 들어섰을 때도, 그때 제자들이 한 일도 기도였습니다. 예수님이 하늘로 가시면서 제자들에게 두 가지를 주문하셨어요. 첫째는 기다리라. 그리고 둘째는 기도하라. 기도하면서 기다리라. 순종할 때에 성령 하나님이 오셨고, 그분의 힘으로 귀하고도 아름다운 초대교회가 세워졌습니다. 초대교회야말로 참된 야긴의 교회였고, 참된 보아스의 교회였습니다. 하나님이 주인되신 야긴의 교회였고, 하나님의 능력이 이끌어가는 보아스의 교회였습니다. 기도로 세워지고 기도로 세워져가는 교회. 우리 교회도 그런 교회가 되기를 바랍니다.

결론: 우리 교회도 야긴과 보아스의 교회가 되게 하소서.

〈요약하기〉 열일곱 살이 되는 오늘, 주님께서 우리에게 귀한 비전을 주셨습니다. 하나님의 임재가 머무르는 야긴의 교회, 하나님의 능력이 역사하는 보아스의 교회.

〈시각화를 통해 마음에 새기기〉 설교 준비하면서 실제로 기둥을 한번 세워볼까 하는 생각도 했어요. 나무로 짜서, 그 위에 붓글씨로 야-긴, 보-아-스, 이렇게 쓰는 거죠. 너무 튀는 것 같아 접었는데, 대신 우리 마음에 세우기로 했습니다. 보이지 않지만 세워져 있다고 생각하면 좋겠어요. 이쪽에 야긴, 또 이쪽에는 보아스. 기도하는 자에게는 보일 것입니다. 보이시나요?

〈도전하기〉 하나님이 주인되시는 야긴의 교회, 하나님의 능력이 역사하는 보아스의 교회. 기도 가운데 주의 임재가 가득한 야긴의 교회, 기도의 응답으로 하나님이 역사하시는 보아스의 교회. 우리 교회의 미래가 되기를 주님의 이름으로 축원합니다. 아멘.

Easy
Preaching

11장
3대지 설교의 퇴고

**Easy
Preaching**

11장

3대지 설교의 퇴고

3대지 설교를 어떻게 퇴고할 것인가? 지금까지 우리의 고민이 3대지 설교를 어떻게 '작성'할 것인가에 있었다면, 이제 우리의 관심을 3대지 설교의 '퇴고'에 모으려 한다. 설교자라면 누구나 경험으로 알듯이, 설교 준비는 작성과 더불어 퇴고다. 그리고 작성은 짧고 퇴고는 길다. 다듬고, 다듬고 또 다듬어야 비로소 한 편의 설교가 완성된다.

언젠가 천재로 알려진 한 작곡가의 악보 원본이 발견되었는데, 고친 흔적이 없어서 모두들 놀랐다고 한다. 그런 천재도 있나 보다. 한 번에 끝낼 수 있는 천재성. 주께서 우리 설교자에게도 그런 천재적인 은사를 주시면 얼마나 좋을까. 그러나 그분의 선하신 뜻 가운데 우리 대다수에게는 그런 천재성이 아니라 우직한 퇴고의 인내를 주셨다.[1] 부

---

[1] 그렇게 위로해 본다. 귀한 설교는 모름지기 설교자의 능력보다 마음이 담겨야 하는 법, 우리의 설교를

지런히 퇴고하여 생명의 말씀을 탐스럽게 전달하도록 하자.

퇴고에도 원리가 있을까? 당연히 그렇다. 설교 작성에 원리가 있듯, 퇴고에도 일정한 원리와 방향성이 존재한다. 필자는 『퇴고 설교학』 서울: 성서유니온, 2013에서 설교 퇴고의 영역을 넷으로 나누었다. 주제 영역, 대지/구조 영역, 예화/이미지 영역, 그리고 말 영역이다.[2] 이 글 역시 큰 틀에서 『퇴고 설교학』의 원리에 기초하고 있으며, 사실상 전제하고 있기도 하다. 전체적으로 퇴고의 영역을 넷에서 셋으로 줄였는데, 『퇴고 설교학』에서 따로 구분하였던 예화/이미지 영역과 말 영역을 '언어/표현'이라는 이름으로 한 데 묶었다. 효과적인 3대지 설교로 다듬어가는 데 작은 길잡이가 되기를 바란다.

주제의 퇴고

우선, 주제를 어떻게 퇴고할 것인가? 주제 퇴고의 원리로 필자가 제일 먼저 강조하고 싶은 것은, 주제 퇴고의 필요성이다. 설교의 모든 부분이 퇴고의 대상이 되지만, 가장 많은 퇴고의 땀이 필요한 곳이 바

더 귀하게 만들기 위해 주께서 우리의 천재성을 조금 감한 것이라고. 그리고 천재가 누리는 기쁨도 좋지만 퇴고의 땀이 주는 기쁨이 못지않게 귀하다고, 그래서 주께서 우리에게는 그 기쁨을 주신 거라고.

2 각 장의 제목이 각 영역의 퇴고 목표를 요약하는데, 1장 '본문에 기초한 선명한 주제'는 이름 그대로 본문의 의미에 충실하되 전달 효력을 갖춘 선명한 주제를 추구하였고, 2장 '전략적 대지와 구조'에서는 주제를 효과적으로 드러내기 위한 대지 구성 전략을 탐색하였다. 3장 '충성된 예화와 이미지'에서는 전하고자 하는 메시지를 충실하게 드러내는 예화와 이미지의 확보 및 활용 방안을 모색하였고, 마지막 4장 '잘 들리는 말'에서는 설교가 글이 아니라 말이라는 점에 착안하여 잘 읽히는 글이 아니라 잘 들리는 말 설교를 향한 퇴고 원리를 제언하였다.

로 주제다. 주제는 퇴고의 산물이어야 하고, 그것도 집중된 퇴고의 산물이어야 한다. 좋은 주제는 천재적인 두뇌의 순간적 발상으로 확보되는 게 아니다. 다듬고 또 다듬고, 성실하고 고된 퇴고의 땀이 흘러야 비로소 예쁘고 탐스러운 주제 문장이 그 모습을 드러낸다.

필자가 『퇴고 설교학』에서 정리한 좋은 주제의 요건을 정리하면 다음과 같다. 첫째, 완결된 문장이어야 한다. 의문문이나 구 혹은 단어는 주제가 될 수 없다. 주제 문장 자체로 완결된 메시지를 구성할 수 있어야 한다. 둘째, 강해설교의 원리에 입각하여, 주제는 본문의 의미에 기초해야 한다. 더불어 셋째는 청중에게 적용된 메시지여야 한다. 본문의 의미가 곧 설교 주제는 아니다. 본문의 의미를 설교학은 석의 주제라 부르는데, 석의 주제가 청중에게 적용될 때 비로소 설교 주제가 탄생한다. 넷째는 목표가 그려지는 주제가 좋다. 설교는 청중의 변화라는 목표 지향적인 활동이고, 그 중심에 주제가 있다. 주제 안에 오늘 설교가 추구하는 청중의 변화, 즉 오늘 설교의 목표가 그려질 수 있어야 한다.[3]

다섯째는 전달하는 메시지가 둘도 셋도 아닌 하나여야 한다는 것인데, 여기서 '하나'는 메시지의 개수가 아니라 통일성이다. 3대지의 경우 각 대지가 고유한 메시지를 구성하여 세 개의 메시지가 될 수 있지만, 하나로 모아지는 초점이 있어야 하며 그 초점이 주제를 구성해야 한다는 말이다. 마지막 여섯째 조건은 구름 없는 달빛처럼 선명한 문

---

[3] 설교의 목표가 별난 영역은 아니다. 예를 들어, 오늘 설교의 주제가 '예수는 그리스도다'라면, 오늘 설교의 목표는 '청중으로 하여금 예수는 그리스도이심을 믿게 한다'이고, 오늘 설교가 의도하는 청중의 변화는 '예수는 그리스도이심을 믿는 청중'이 된다.

장이다. 이 여섯 가지가 3대지를 포함한 모든 설교 주제 퇴고의 기본 목표가 되기를 희망한다.

여기에 더하여 추가로 보다 실제적인 주제 퇴고의 원리를 몇 가지 제안하고자 한다.

짧은 문장으로 퇴고하라

우선, 짧은 문장으로 퇴고하라. 주제 문장을 되도록 짧게 다듬으라. 커뮤니케이션의 생명은 선명성에 있다. 설교도 하나의 커뮤니케이션 활동으로서, 좋은 설교는 심오한 설교 이전에 선명한 설교이고, 선명한 설교로 나아가는 첩경은 짧은 주제 문장이다. 확보된 주제 문장이 얼마나 선명한지를 어떻게 판정할 수 있을까? 온도계처럼 선명도를 측정하는 장치가 있으면 좋겠지만 아쉽게도 그런 측정기는 존재하지 않는다. 흔히 말하는 '감'으로 어느 정도는 판단할 수 있으나 주관적인 느낌이니 한계가 있다. 이때 의미 있게 활용할 수 있는 잣대가 짧은 문장이다. 본문의 의미를 손상하지 않는 범위 내에서 짧게 다듬을 수 있다면, 보다 선명한 주제 문장으로 진일보했다고 볼 수 있다.

실제로 설교학 수업 시간에 필자는 학생들이 잡아온 주제를 곧잘 '더 짧게' 다듬을 것을 요구하였는데, 문장이 짧아질수록 의미도 덩달아 선명해지는 것을 많이 경험하였다. 몇 글자 정도가 되어야 짧은 문장일까? 수치화하는 것은 언제나 조심스럽지만, 대략 15자 이내 정도가 적합하고, 가능하면 10자 이내로 시도해 보는 것이 좋다고 생각한다. 20자를 넘어선다면 글쎄… 성경도 짧은 주제 문장을 응원하는 듯하다. 여호수아 1장을 하나의 설교로 본다면, 그 주제는 "강하고 담대하라"로 단 일곱 글자다.

요약형 vs. 방향제시형

짧은 문장으로 주제를 잡는 것이 쉽지는 않다. 일반적으로 설교 주제는 설교의 요약이다. 그런데 20-30분짜리 설교를 한 문장으로, 그것도 짤막한 한 문장으로 요약하는 것은 결코 쉬운 작업이 아니다. 현실적으로 불가능할 수도 있다. 예를 들어, 익숙한 데살로니가전서 5장 16-18절 본문의 설교를 생각해 보자. 대지 구성은 쉽다. 항상 기뻐하라, 쉬지 말고 기도하라, 그리고 범사에 감사하라로 잡으면 된다. 그런데 주제를 생각하면, '항상 기뻐하고, 쉬지 말고 기도하며, 범사에 감사하는 것이 우리를 향한 하나님의 뜻이다' 정도가 가능할 것이다. 그런데 보다시피 길다. 한 호흡에 읽기 벅찰 정도로 긴 문장인데, 본문을 생각하면 더 이상 뺄 것도 없다. 어떻게 할 것인가?

요약형 주제 외에 방향제시형 주제의 가능성을 타진해 보라. 요약형 주제, 즉 설교를 요약하는 것이 주제의 원안이지만 현장성을 고려하여 다른 유형의 주제를 생각할 수 있으니, 바로 방향제시형이다. 설교 내용을 요약하기보다 오늘 설교가 추구하는 방향을 제시하고, 설교 내용은 그 이면에 담는 방식이다. 위의 데살로니가 본문이면 '하나님의 뜻을 이루는 삶을 살라' 정도를 주제로 삼으면 된다. 그리고 그 이면에, 혹은 설교자의 복안에 항상 기뻐하기, 쉬지 말고 기도하기, 그리고 범사에 감사하기를 곁들이면 된다.

설교의 주제는 본문을 향한 신실성과 더불어 설교 활동을 위한 기능성이 겸비되어야 하는데, 주제가 수행해야 할 주요 기능 가운데 하나가 초점 부여다. 모름지기 효과적인 설교는 산발적으로 흩어지는 설교가 아니라 하나의 초점으로 모아지는 설교이고, 그 초점에 주제가 있다. 그리고 원리상 초점은 작아야 한다. 뜨거운 얼음이 어색하듯, 널찍한 초점도 어불성설이다. 돋보기의 초점이 넓으면, 종이를 태울 힘도 없고 초점이라 부르기도 민망하다. 마찬가지로 설교의 초점도 작아야 하고, 문장으로 말하면 짤막한 문장이 이상적이다. 요약형 주제로 짤막한 문장이 가능하다면 좋지만 그렇지 못할 경우 방향제시형을 생각해 보기를 권한다.

본서에서도 이미 여러 차례 방향제시형 주제를 잡은 일이 있다. 예를 들어, 디모데전서 3장 1-13절 설교도 그 중 하나다.

> **주제: 좋은 직분자가 되라.**
> **〈우산 질문〉 좋은 직분자는 어떤 사람인가?**
> 첫째, 삶이 건강한 사람 (1-3절, 7-9절)
> 둘째, 특히 가정생활이 건강한 사람 (4-5절, 12절)
> 셋째, 세월을 통해 검증된 사람 (6절, 10절)

요약형 주제로 잡으면 '좋은 직분자는 삶이 건강하고, 특히 가정생활이 건강하며, 세월을 통해 검증된 사람이다' 정도가 될 것이다. 보다시피 너무 길다. 방향제시형 주제를 선택하면, '좋은 직분자가 되라'는 짤막한 문장이 된다.

청중의 피부에 닿는 주제로 퇴고하라

'하나님은 마라를 나오미로 바꾸신다.' or '지금 내 모습이 끝이 아니다.' 룻기의 마지막 대목을 본문 삼아 잡은 주제 후보들이다. 둘 중 어느 쪽이 좋은 주제일까? 필자의 판단으로는 후자다. 물론 전자도 본문에 충실한 좋은 주제다. 설교의 중심에 하나님을 모신다는 의미에서 신학적으로도 반듯하다. 여기에 성경신학적인 터치를 가미하여 '하나님은 연약한 자를 사용하셔서 구속사를 이끌어 가신다'로 주제를 잡으면 보다 반듯한 주제가 될 것이다. 그런데 필자가 잡은 주제는 후자였다, '지금 내 모습이 끝이 아니다.' 전자에 비해 청중의 피부에 닿는 체감도가 높은 주제이기 때문이다.

    설교의 중심은 분명 하나님이다. 다른 모든 활동과 마찬가지로 설교도 하나님의 영광을 위한 일이다. 그러나 그럼에도 불구하고 설교는 사람을 위한 활동이다. 하나님을 선포하는 것이 설교지만, 사람을 위해 선포하고 사람에게 선포하는 것이 설교다. 하나님의 구속 사역이 설교의 중심에 있지만, 그 구속 사역은 사람을 위한 일이고, 사람 안에 열매를 맺어야 한다. 이에 필자는 조심스럽게 주장하기를, 의미상으로는 설교의 중심에 하나님이 서셔야 마땅하지만, '배려의 차원'에서는 청중이 그 중심에 서야 한다. 다른 말로 청중을 위한 메시지여야 하고, 청중의 피부에 닿는 메시지여야 한다. 필자가 잡은 주제와 대지는 다음과 같다.

주제: 지금 내 모습이 끝이 아니다.
〈우산 질문〉 룻기를 통해 주님이 주시는 메시지가 무엇인가?
    첫째, (주 안에서) 지금 내 모습이 끝이 아니다.
    둘째, (주 안에서) 나의 마지막 모습도 끝이 아니다.
    셋째, (주 안에서) 희망의 사람이 되라.

나오미(희락)는 인생의 쓰라림을 맛보고는 스스로 이름을 마라(괴로움)로 개명하였다. 그러나 하나님은 그에게 은혜를 베푸셔서 다시 나오미로 바꾸어주셨다. 나오미에게 베푸신 주의 은혜를 청중에게 적용하여, 혹은 나에게 적용하여 '지금 내 모습이 끝이 아니다'라는 주제를 잡았고, 이것을 첫째 대지로 삼았다. 둘째 대지는 룻기 말미에 소개된 족보에 기초하는데, 자기 뒤에 이런 영광스러운 후손이 나오리라고는 나오미로서는 꿈에도 심지어 죽어가면서도 생각지도 못했을 것이다. 그런데 주께서 생각지도 못한 큰 은혜를 베푸셨다. 그것을 나에게 적용한 결과가 '나의 마지막 모습도 끝이 아니다'이다. 마지막 셋째 대지는 두 대지의 구체적인 실천이다.[4] 나오미를 회복시키시고 상상 이상으로 귀하게 사용하신 하나님을 바라보며, 죽는 날까지 희망의 사람이 되라는 권면이다.

이 설교에 대한 당신의 평가는 어떠한가? 웅장한 하나님의 구속 역사를 다분히 개인적인 메시지로 '전락'시켰다고 비판할 수도 있다. 심지어 '인간중심적' 메시지로 퇴락시켰다고 우려하는 이도 있을 수 있다. 그러나 필자의 소신을 밝히면, 설교의 뿌리는 하나님의 구속 역사이지만 그 열매는 청중이어야 한다. 설교의 중심은 하나님이시지만 설교의 메시지, 즉 주제는 청중을 충분히 배려해야 한다. '하나님은 연약한 자를 사용해서서 구속사를 이끌어 가신다'는 주제는 본문 주석에 충실하고 신학적으로 탄탄하지만 청중의 피부에 닿는 촉감은 다소 밋밋하다. 신학석인 뿌리를 견지하면서도, 청중의 촉감을 배려한 주제가

---

[4] 원리2+실천1 형이다.

좋은 주제라고 믿는다. 그래서 잡은 주제가 '지금 내 모습이 끝이 아니다'인데, 판단은 독자에게 맡긴다.

대지의 퇴고

주제 다음으로 대지 문장도 주요 퇴고의 대상이다. 3대지 설교의 준비 과정은 대략 다음 세 단계다.

본문을 해석하고 적용하여 한 문장 주제를 확보하고, 그 주제를 서너 문장의 대지로 펼친 후, 각 대지에 살을 입히면 한 편의 3대지 설교가 마련된다.[5] 여기서 주제와 대지의 관계를 정립할 필요가 있는데, 주제가 지휘자라면 대지는 실무자다. 한 문장 주제가 설교를 이끄는 지휘자라면, 서너 문장 대지는 주제를 설교 전반에 흐르게 하는 실무자들이다. 아무리 뛰어난 지휘자라도 실무자들의 도움을 받지 못하면 원하는 성과를 거두기 어렵듯이, 아무리 성경적이고 좋은 주제라도 적절한 대지 문장으로 펼쳐지지 않으면 좋은 설교의 길은 요원하다. 그래서

---

5 물론 항상 이렇게 순차적으로 이루어지지는 않는다. 대지를 채우는 과정에서 새로운 깨달음을 좇아 대지가 수정될 수도 있고, 대지를 수정하는 과정에서 주제의 초점이 변경될 수도 있다.

주제와 더불어 대지도 세심하고 꼼꼼한 퇴고가 필요하다.

『퇴고 설교학』에서 필자는 개별 대지가 갖추어야 할 조건과, 집단으로서 대지들이 상호 관계 속에서 갖추어야 할 조건을 구별하여 제시하였다. 우선 개별 대지가 갖출 조건으로는 첫째, 주제를 섬기는 대지여야 한다. 대지는 성경 본문에서 나오지만 본문의 종이 아니라 주제를 섬기는 주제의 종이 되어야 한다. 주제를 섬기지 않는 대지는 오늘 설교에 설 자리가 없다. 주제를 설명하거나, 주제를 증명하거나, 혹은 주제를 증명하거나, 이도저도 아니면 주제로 나아가는 징검다리가 되든지, 그것도 아니면 주제를 부각시키는 어두운 배경이 되든지, 어떤 식으로든 오늘 선포되는 주제에 의미 있는 도움이 되어야 한다. 그렇지 않다면 제외하는 것이 원칙이다. 둘째는 완결된 문장이다. 주제가 완결된 문장이듯, 대지도 완결된 문장이어야 한다. 왜냐하면 각 대지 덩어리가 하나의 완결된 메시지를 구성해야 하기 때문이다. 셋째는 표현이 선명한 문장, 그리고 마지막 넷째는 적용된 문장이다. 개별 대지의 퇴고에 참조가 되기를 바란다.

다음으로 집단으로서 대지들이 갖추어야 할 조건을 제시하였는데, 『퇴고 설교학』의 문장을 그대로 옮겨오면 다음과 같다. 첫째, 주제를 향하여 대지들이 통일성을 띠게 하라. 둘째, 본문의 흐름보다 생각의 흐름에 따라 대지를 배열하라. 그리고 셋째, 대지 사이에 진전 혹은 차별성이 감지되게 하라. 이 세 조건은 필자의 창작물이 아니라, 커뮤니케이션 현장에서 보편적으로 받아들여지는 3대 원리, 즉 통일성 unity, 효과적인 순서 order, 그리고 진전 progress 의 원리를 필자의 언어로 풀어낸 것이다.

암기 가능한 대지로 퇴고하라

여기에 더하여 필자가 추가한 조건이 있으니, '암기 가능성'이다. 넷째, 암기될 수 없다면 대지가 아니다. 원고 설교를 하든 무원고 설교를 하든, 주제와 대지는 설교자에게 충분히 숙지되고 암기되어야 한다. 설교도 하나의 여행인데, 세부적인 길은 몰라도 오늘의 목적지인 주제와 중간 기착지인 대지마저 숙지되지 않았다면 여행이 순탄할 리 없다. 필자가 피동형 문장을 쓰고 있는 것을 눈치 챘는가. 암기 '해야' 한다가 아니라 암기 '되어야' 한다고 말하였다. 의도적인 선택인데, 밤을 새워 대지를 암기 '하라'는 게 아니다. 대신 별로 힘들이지 않고도 손쉽게 암기 '될' 수 있는 문장으로 대지를 퇴고하라는 주문이다. 설교자가 밤을 새워야 암기할 수 있는 대지라면, 준비도 없이 현장에서 바로 듣는 청중이 어떻게 따라올 수 있겠는가. 주제도 그렇고 대지도 그렇고, 짤막하고 선명하여 손쉽게 암기되는 문장이 좋다. 그렇게 퇴고하라.

암기 가능성은 대지 퇴고의 최종 테스트기로 사용해도 좋다. 대지를 어디까지 퇴고해야 할까, 혹은 어느 정도로 퇴고해야 퇴고 완료를 선언할 수 있을까? 필자의 기준은 '후루룩 암기'다. 10초 이내로, 혹은 더 짧게, 오늘 설교의 주제와 대지를 후루룩하고 뱉어낼 수 있어야 한다. 암기력이 좋은 사람 기준이 아니다. 보통 사람이 한 호흡에 후루룩 주제와 대지를 읊어낼 수 있을 정도로 퇴고되어야 한다. 이렇게 되려면 불가피하게 문장이 짧고 선명해야 한다. 더불어 집단으로도 위에 소개된 세 조건을 갖추어야 한다. 통일성, 효과적인 순서, 그리고 진전의 조건을 갖춘 대지들이 암기가 쉽다. 특히 두 번째 항목에 예민한데, 생각의 흐름에 맞추어 효과적인 순서로 배열되지 않으면 후루룩은 고사하고 삐걱삐걱 덜컹거리게 된다. 후루룩 암기가 된다면, 일단 어느 정도 퇴고가 완성되었다고 볼 수 있다.

본문 주석 시에 우산 질문과 대지를 구분하라

본문에 충실한 설교는 모든 설교자의 소망이요 의무다. 3대지 설교자도 마찬가지, 세 개의 대지를 본문에서 얻어야 하고, 그것도 탄탄한 주석적 근거를 가지고 확보해야 한다. 그런데 간혹 실수가 발생하는데, 본문에서 우산 질문으로 삼아야 할 대목을 대지로 삼는 경우가 있다. 대지만 본문에서 나오는 것이 아니라, 때로 우산 질문도 본문에서 주어진다. 우산 질문은 보통 본문 연구를 통해 설교자가 염두 구상하지만, 때로는 본문 자체가 우산 질문을 내주기도 한다. 한 학생이 요한복음 15장 1-17절을 본문으로 다음 설교를 구상해 왔다.

주제: 주님을 사랑하라.
〈우산 질문〉 어떻게 주님을 사랑할 수 있을까?
첫째,   주님 안에 거하라. (4절)
둘째,   말씀을 가까이 하라. (7절, 10절)
셋째,   희생하라. (13절)

세 개의 대지 문장 모두 본문에서 발굴한 것이고, 전체적으로 덩어리 씻기도 꽤 잘 된 좋은 구성으로 보인다. 그런데 본문을 찬찬히 보면 '주님 안에 거하라'는 하나의 대지가 아니라, 설교 전체를 이끄는 주제(그래서 대지가 아니라 우산 질문의 재료)로 보아야 한다. 4절에 주님은 "내 안에 거하라"고 명령하시면서, 어떻게 하면 주님 안에 거할 수 있는지를 설명하신다. 10절에 그 길을 보여주시길, "너희도 내 계명을 지키면 내 사랑 안에 거하리라"고 말씀하신다. 계명을 지킴으로써 주님 안에 혹은 주님의 사랑 안에 거할 수 있다는 말이다.[6] 그리고 12절은 이 계명이 무엇인지를 구체적으로 설명하는데 "서로 사랑하라"이다. 서로 사랑할 때 주님 안에 거할 수 있다는 말이다. 이것을 대지로 정리하면 다음과 같다.

주제: 주님 안에 거하라.
〈우산 질문〉 어떻게 주님 안에 거할 수 있을까?
첫째, 계명을 지키라. (4절)　　← 말씀을 가까이 하라.
둘째, 서로 사랑하라. (12절)　← 희생하라.

첫째 대지에서는 계명의 소중함을 선포할 수 있을 것이다. 계명은 거추장스러운 족쇄가 아니라 우리를 주님 안으로 이끄는 통로요, 우리로 하여금 주님 안에 거하게 하는 울타리로 소개하면 된다. 둘째 대지는 모든 계명의 중심에 사랑이 있음을 선포하면 된다. 본문에서 주님이 선포하는 구도 그대로다. 주님은 일단 계명 준수를 요구하시고, 이어서 그 계명의 정체가 사랑임을 드러내시는데, 우리의 설교도 그 순서를 따르면 된다.

6　"내(주님) 사랑 안에"(10절) 거하는 것과 "내(주님) 안에"(4절) 거하는 것은 사실상 같은 말이다.

운(韻)을 적절히 활용하라

역시 한 학생이 준비해 온 설교 구성을 소개하겠다. 본문은 갈라디아서 3장 23-29절이고, 학생이 잡은 제목 겸 주제는 '믿음의 선물을 받자'였다.

> **주제: 믿음의 선물을 받자.**
> **〈우산 질문〉 예수 믿음이 주는 선물은 무엇인가?**
> 첫째, 의롭다 함의 선물 (24절)
> 둘째, 하나님의 아들 됨의 선물 (26절)
> 셋째, 상속자 됨의 선물 (29절)

꽤 복잡한 본문인데, 가지런하게 잘 정리한 설교 구성이다. 더욱이 선물이라는 이미지를 곁들임으로써 설교자의 전달과 청중의 듣기를 상당히 원활하게 하고 있다. 귀한 설교에 괜히 긁어 부스럼이 될 위험도 있지만 필자는 대지 문장에 운(韻)을 도입해 볼 것을 조언하였다. 필자가 제언한 구성은 다음과 같다.

> **〈우산 질문〉 예수 믿음이 주는 선물은 무엇인가?**
> 첫째, 의로움의 선물 – 의롭다 함을 얻게 한다.
> 둘째, 존귀함의 선물 – 하나님의 아들이 되게 한다.
> 셋째, 부요함의 선물 – 하나님의 유업을 받게 한다.

보다시피 각 대지의 꼬리에 -움, -함, -함, 의도적으로 운을 맞추었고, 글자 수도 세 글자로 통일하였다. 설교의 전달과 이해를 보다 원활하게 하기 위한 조처였는데, 판단은 독자에게 맡긴다. 앞서 소개한 빌립보서 3장 17-21절 설교도 이러한 퇴고의 결과물이다.

주제: 우리는 부요한 자다.
〈우산 질문〉 우리가 받은 복은 무엇인가?
첫째, 소유의 복 – 하늘 시민권
둘째, 사람 복 – 성도들과 예수님
셋째, 건강의 복 – 영생할 영광의 몸
결론: 감사하며 용기를 품으라.

의미를 손상시키지 않는 범위 내에서, 청중이 보다 들음직하게 메시지를 다듬는 것도 설교자의 주요 임무일 것이다. 다듬기 전의 대지 구성을 소개하니 비교 판단하기 바란다.

〈우산 질문〉 핍박 가운데 있는 우리는 과연 부요한 자인가?
첫째, "우리의 시민권은 하늘에" 있으니 우리는 부요한 자다.
둘째, "구원하는 자 곧 주 예수 그리스도를" 우리가 가졌으니 우리는 부요한 자다.
셋째, "우리의 낮은 몸을 영광의 몸"으로 변하게 하실 것이니 우리는 부요한 자다.
결론: 감사하며 용기를 품으라.

언어/표현의 퇴고

이제 언어/표현의 퇴고를 고민할 시간이다. 주제가 마련되고 대지들이 설교의 골격을 형성하면, 다음 단계로 수많은 언어와 표현을 동원하여 설교의 살을 채워야 한다. 어떤 언어, 어떤 표현을 사용해야 할까? 필자가 중시하는 조건은, 정확성과 선명함 두 가지다. 설교는 퍼포먼스가 아니라 커뮤니케이션이고, 감동 전이가 아니라 메시지 전달이다. 따라서 예술성보다는 정확성이 필요하고, 화려함보다는 선명함이 요긴하다. 전달할 메시지를 정확하고 선명하게 전달하는 언어/표현을 사용하라.[7] 기본적으로는 『퇴고 설교학』을 전제하면서, 몇 가지 실천적인 제언을 하면 아래와 같다.

회화적인 언어를 중시하라 - 이야기와 이미지

회화적인 언어를 많이 사용할 것을 추천한다. 메시지 확보는 분석적으로, 그러나 메시지 전달은 회화적으로! 메시지를 확보할 때는 본문 분석을 통하여 분석적으로 얻지만, 확보된 메시지를 전달할 때는 분석적인 언어보다 회화적인 언어가 더 효과적이다. 분석적으로 얻은 메시지를 분석적으로 전달할 이유는 없다. 분석은 설교자를 위한 것이고, 전달은 청중을 배려해야 한다. 그래서 주석은 분석적으로, 전달은 회화적으로!

회화적인 언어를 중시한 설교자 가운데는 단연 우리 주님이 계신

---

7 『퇴고 설교학』에서 필자는 잘 들리는 말을 위하여 다음과 같이 조언하였다. 첫째, 덩어리 단위로 말하라. 둘째, 완급을 조절하고, 때로 침묵하라. 셋째, 단도직입으로 말하라. 넷째, 간결한 문장을 사용하라. 다섯째, 반복과 재진술을 잘 활용하라. 여섯째, 진실한 열정을 품은 말을 하라. 일곱 번째, 처음부터 글이 아니라 말로 설교를 준비하라. 여덟 번째, 적당한 밀도의 말로 설교를 준비하라. 아홉 번째, 아멘으로 화답할 기회를 주라.

다. 주님의 비유 설교는 한 편의 이야기이고, 이야기는 지극히 회화적인 언어다. 설교에 예화 사용을 터부시하는 설교자가 더러 있는데, 예화 거부는 성경적인 근거도 없고, 커뮤니케이션 이론에도 부합하지 않는다. 그리고 설교의 주님도 중용하신 방법이다. 과하면 곤란하겠지만 적절한 예화 사용은 좋은 설교를 위해 빠질 수 없는 조건이라고 믿는다.

이야기도 요긴하지만 이미지도 설교에 매우 요긴하다. 단지 잠깐 쓰는 예화 수준의 이미지가 아니라 설교 전반에 흐르는 주제 급의 이미지를 사용하면 설교 전체가 회화적이 될 수 있다. 필자가 활용한 예들을 몇 가지 소개하면, 우선 '여백이 있는 이름, 여호와' 이미지가 있다. 르비딤 전투에서 승리를 거두고 하나님을 여호와 닛시라 부르는 본문이었다. 그러고 보니 성경에는 '여호와 ○○'형의 이름들이 많다. 여호와 이레, 여호와 샬롬, 여호와 라파 등. 각각 하나님과의 구체적인 만남을 통해 탄생하였다. 어쩌면 하나님의 복안 속에 '여호와'라는 이름은 처음부터 여백을 품은 이름이었는지도 모른다. 우리가 채우도록 말이다. 아브라함은 그 여백을 '이레'로 채웠고, 모세와 이스라엘 백성은 승리의 '닛시'로 채웠다. 우리는 무엇으로 채울 수 있을까?

'골짜기에도 꽃은 피고' 이미지도 요긴하게 사용하였다. 본문은 창세기 30장의 다사다난한 야곱 집안 이야기였다. 라헬과 레아의 시기와 경쟁 속에 집안 분위기는 갈수록 험악하다. 그런데 하나님의 섭리 속에 이 '콩가루' 집안에서 구약의 가장 탐스러운 열매 가운데 하나인 이스라엘 열두 지파가 태어난다. 설교 전반에 걸쳐 필자가 중용하였던 문장이 "골짜기에도 꽃은 피고, 때로 그 꽃이 세상에서 가장 아름다운 꽃입니다."였다. 우리의 상황을 초월하여 역사하시는 하나님의 섭리를 이미지화한 결과물이라고 자평한다.

'내 마음의 명함' 이미지도 오래도록 기억에 남아 있는데, 본문은 로마서 1장 1절이었다. 바울은 스스로를 "예수 그리스도의 종"이라고 소개한다. 누군가의 아들도 아니고, 어느 회사 소속도 아니고, 예수 그리스도의 종으로 스스로를 인식하고 그렇게 소개한다. 그게 그리스도인 아니겠는가. 바울의 이 마음을 어떻게 표현할지를 고민하다 명함에 빗대었다. 비록 지갑 속 명함에는 어느 회사 무슨 직급으로 나와 있지만, 내 마음속 명함에는 나도 예수 그리스도의 종, 혹은 하나님의 자녀다. 지갑 속 명함은 이 땅용이고 한시적이지만, 내 마음속 명함은 영원한 나의 이름이다. 설교를 준비하면서 실제 지갑 속 명함을 꺼내어 맨 위에 '하나님의 아들 ○○○'이라고 써보기도 했다.

'사전적 설명'보다 '설교적 설명'을 실천하라

설교를 하다보면 설명이 필요한 경우가 있다. 어떤 단어를 설명해야 할 때도 있고, 대지처럼 주요 문장의 의미를 설명해야 할 때도 있다. 이때 사전적인 설명보다 설교적인 설명을 추천한다. 사전적인 설명이라 함은, 사전에 기록된 대로 다분히 분석적이고 철학적인 설명을 일컫는다. 이에 비해 설교적인 설명이라 함은, 그림이 그려지는 설명 혹은 체감적으로 다가오는 설명을 의미한다.

예를 들어, '사랑은 오래 참고'에서 '오래'의 의미가 무엇일까? 사전적으로는 '시간적으로 길게'를 의미한다. 의미상 하자가 없는 설명이지만, 설교에서 그런 식의 설명은 그야말로 밋밋하고 심지어 무의미하다. 오래 전 한 목사님의 설명이 지금까지 뇌리에 남아 있는데, 필자의 판단으로는 전형적인 설교적 설명이었다. "오래 참는다는 게 무슨 말이냐? 참다 참다 도무지 못 참을 때 있잖아요. 그때 한 번 더 참는 것, 그게 바로 오래 참는 겁니다." 논문에는 사전적인 설명이 어울리지만 설교에는 설교적인 설명이 제격이다.

3대지 설교에서 각 대지는 대체로 대지 설명으로 시작된다. 시작이 반이라고, 대지 설명만 잘해도 이미 반은 성공이다. 이때도 사전적인 설명보다 설교적인 설명이 주효한데, 쉽게 동원할 수 있는 방법으로 비교와 대조가 있다. 예를 들어, "하나님은 우리를 사랑하신다."는 대지를 설명한다고 가정해 보자. 비교와 대조를 동원하여 다음과 같이 설명할 수 있다.

설교문	해설
하나님은 여러분을 사랑하십니다.	일단 대지를 진술한다.
여러분을 향해 무관심한 하나님이 아닙니다. 미워하거나 적대시하는 분은 더더욱 아닙니다.	이어서 대조를 통해 의미를 설명한다.
부모가 자녀를 사랑하듯, 목자가 그 양을 아끼고 사랑하듯, 하나님은 여러분을 사랑하십니다.	다음으로 비교를 통해 의미를 보다 선명히 한다.

좋은 표현법을 수집 모방하라

좋은 표현법을 의도적으로 수집하고 모방할 필요도 있다. 하나님은 우리에게 말씀 선포를 명하시면서 그 도구로 언어를 주셨다. 군사가 무기를 다듬듯이, 설교자는 활용 가능한 언어의 지경을 넓히는 데 힘을 기울여야 하고, 표현의 센스를 지속적으로 연마해야 한다. 모든 배움이 그러하듯, 출발은 모방이 좋다. 설교 표절에 대한 우려가 많이 제기되고 있다. 성도들의 헌금이 정직하고 깨끗한 헌금이어야 하듯이, 목사의 설교 역시 정결한 설교여야 할 것이다. 인용을 할 때는 분명히 출처를 밝힐 필요가 있다. 다만 여기서 말하는 것은 표현의 기술이다.

릭 워렌의 『만나고 싶은 예수』서울: 두란노, 2008는 가벼운 부피에 내용도 좋았지만, 더불어 필자에겐 좋은 표현법의 보고寶庫였다. 거기서 수집한 몇 가지 표현법을 소개하면 다음과 같다.

〈이건 모르지만 저건 안다〉[8] "당신이 지금 어떤 어려움에 휩쓸려 가는 기분인지, 삶의 어느 부분이 불 속과 같은지 저는 잘 몰라요. 그러나 제가 아는 것이 하나 있습니다. 하나님은 당신이 처한 어려움이 무엇이든 아시고, 이해하시고, 관심을 가지시며, 당신과 함께 통과하고 계십니다. 당신은 혼자가 아닙니다."[9] '모른다'는 겸손한 말을 통해 청중의 마음을 열고, '이것만은 안다'는 말을 통해 메시지에 힘을 부여한다.

〈상상이 담긴 언어〉"하나님은 복제품이나 사본을 만들지 않으십니다. 우리는 각자가 다 원본입니다. 당신이 태어난 뒤로 하나님은 거푸집을 깨뜨리셨습니다." 각 사람이 지닌 고유한 존엄성을 설명하는 대목인데, 언어가 파릇파릇 살아있다. 나를 만들고 나서 하나님은 거푸집을 깨버리셨다고 한다. 거푸집 깨지는 소리와 함께, 내가 이 우주에 단 하나뿐인 고유하고도 존귀한 존재임이 마음에 새겨진다. 거푸집 깨는 하나님의 모습이 참 감사하다.

〈도발적인 표현〉"당신이 무슨 수를 써도 하나님의 사랑을 중단시킬

---

8 괄호 〈 〉 안의 문구는 필자가 나름 붙인 표현법 이름이다.
9 책은 반말형이었는데, 설교를 염두에 두고 필자가 존대형으로 고쳤다.

수 없습니다. 해볼 수야 있겠지만 실패할 게 뻔합니다. 하나님 사랑의 기초는 그분의 성품이지 당신의 행위가 아니기 때문입니다." 로마서 8장 38-39절을 연상시키는 명문이다. "내가 확신하노니 사망이나 생명이나... 어떤 피조물도 우리를 우리 주 그리스도 예수 안에 있는 하나님의 사랑에서 끊을 수 없으리라." 따뜻한 사랑이 도발적인 언어에 담기니, 그 맛이 묘하게 뭉클하다.

〈그림에 대사 넣기〉 "로마인들은 예수님을 십자가에 못 박을 때 두 팔을 최대한 쫙 벌리게 했습니다. 그렇게 두 팔을 쫙 벌리신 채로 예수님은 이 말을 몸으로 보여주셨습니다. '내가 너를 이만큼 사랑한다! 아프도록 사랑한다! 너 없이 사느니 차라리 죽겠다!'" 대사 넣기는 일종의 해석 활동이다. 어쩌면 고통의 상징인 두 팔 벌린 십자가 형 자세를, 릭 워렌은 우리를 향한 주님의 '이따만큼 큰' 사랑의 크기로 풀이하였다.

설교자는 작성자이기도 하면서 동시에 퇴고자이기도 하다. 주의 은혜로 작성 시의 센스와 함께 퇴고의 우직함을 겸비하여 양질의 말씀을 성도들에게 공급할 수 있기를 바란다.

Easy Preaching

easy

에필로그

내가 3대지를 부끄러워하지 아니하노니

**Easy
Preaching**

easy

에필로그

내가 3대지를 부끄러워하지 아니하노니

    한 때는 3대지 설교를 천대했었다. 천대라는 표현이 조금 거칠지만, 정말 그랬던 것 같다. 시골뜨기를 바라보는 자칭 '차도남'의 눈빛이었다고 할까. 지금이 어떤 시대인데, 아직도 저런 고리타분한 설교를 한단 말인가. 그런데 지금은 누구보다 3대지를 아끼고 사랑하는 사람이 되었다.

    옛것은 함부로 버리는 게 아니라는 말이 실감 난다. 겉보기엔 촌스러워 보여도, 오랜 시간 많은 선배들의 사랑을 받을 때는 다 그만한 이유가 있는 법이다. 가치를 알아보는 사람이 있고, 잘못된 선입견으로 버리는 사람이 있을 뿐이다. 3대지는 참 오래된 형식이다. 그래서 고리타분하다느니, 시대에 뒤떨어졌다느니, 말대는 사람이 많다. 그러나 필자는 이제 드러내놓고 3대지를 사랑한다. 그만한 가치가 있음을 발견했기 때문이다.

또한 3대지를 사랑하는 나 자신을 사랑한다. 아가씨가 아줌마가 된 느낌이랄까. 행복한 가정을 위해서는 세련된 아가씨보다 투박한 아줌마가 있어야 한다. 특히 건강한 가정의 말씀 부엌에는 유행에 민감한 아가씨가 아니라 조금은 무던하게 옛 방식을 고수할 줄도 아는 아줌마가 버티고 있어야 한다. 내가 3대지를 부끄러워하지 아니하노니, 3대지는 주의 말씀을 선명하고도 효력 있게 전하려는 모든 설교자에게 주시는 선배 설교자들의 요긴한 선물이기 때문이니라. 편리한 연장이라고 해도 좋다. 보면 볼수록 편리한 도구다.

설교는 참 영광스러운 일이다. 얼핏 사람이 할 수 있는 일 가운데 가장 영광스러운 일이라는 생각도 든다. 하나님이 나에게 주신 많은 벅찬 선물 가운데 설교자의 소명도 얼마나 감사한지 모른다. 조금 고되다는 게 흠이고, 나라는 인간이 그 일에 별로 어울리지 않는다는 게 늘 부담이지만 허락만 된다면 오늘도 설교단을 향해 나아간다. 동료 설교자들에게 본서가 작은 도움이 된다면 나에겐 또 하나의 벅찬 기쁨이 될 것이다. 3대지는 살아있다. 아직도 살아있고, 앞으로도 살아있을 것이다. 주님 오시는 그날까지 다른 설교 형식과 더불어 수많은 영혼들을 섬길 설교의 틀로 3대지는 건재하리라고 믿는다.

부록 1

강해설교와 3대지 설교
– 3대지 설교도 강해설교인가?

Easy
Preaching

easy

부록 1

강해설교와 3대지 설교
– 3대지 설교도 강해설교인가?

강해설교란 무엇인가?

3대지 설교도 강해설교인가? 혹은 3대지 설교자도 강해설교자인가? 강해설교는 신실한 설교자들 사이에 하나의 선망의 언어다. 모름지기 바르고 성경적인 설교는 강해설교라는 인식이 꽤 퍼져 있는데, 필자도 적극 동의하는 바다. 강해설교야말로 우리 시대 설교자가 나아가야 할 정도라고 믿는다. 그런 차원에서 "3대지 설교도 강해설교인가?" 이 질문은 필자와 같은 3대지 설교자에게는 일종의 성찰 질문이다. 내가 길을 제대로 가고 있는지, 설교자로서 나는 바른 길을 가고 있는지, 스스로를 돌아보고 살피는 진중한 성찰의 질문. 이 시간 단정한 자세로 스스로를 향해 그 질문을 던지고 있다.

그런데 3대지 설교가 강해설교인지를 알려면, 먼저 강해설교가 무엇인지가 결정되어야 한다. 기준이 서 있지 않으면, 판단 자체가 근거를 잃고 만다. 그런 의미에서 우리가 먼저 물어야 할 질문이 있으니, 강해설교란 무엇인가? 혹은 강해설교라는 아름다운 이름을 달기 위해 갖추어야 할 조건은 무엇이 있는가?

해돈 로빈슨이 지혜로운 조언을 주었다. 그는 말하길, 강해설교는 특정한 설교 형태나 방법론이 아니라 하나의 설교철학이다. 3대지 혹은 내러티브 설교라는 특정한 형식을 두고, 강해설교인지 아닌지를 판별할 수는 없다는 말이다. 겉으로 드러난 형식 이면에 그 설교가 기초하고 있는 이론적인 원리 혹은 그 설교가 실천하고 있는 철학적인 바탕을 살펴야만, 비로소 그것이 강해설교인지 아닌지를 알 수 있다.

그렇다면 강해설교를 구성하는 원리 혹은 철학은 어떤 것이 있는가? 학자들에 따라 미세한 차이가 있지만, 대체로는 동의를 이루는 듯하다. 학자들의 의견을 참조하여, 필자가 생각하는 강해설교의 원리를 아래와 같이 정리한다.

1. 성경 본문을 설교한다

우선 강해설교는 성경 본문을 설교한다. 강해설교는 곧 성경 강해설교다. 강해설교자는 성경에서 시작하라는 브라이언 채플의 말에 마음 열어 귀를 기울인다. 강해설교에 무언가에 대한 강해가 포함된다면, 그건 논어와 맹자 같은 일반 고전에 대한 강해가 아니고, 오직 성경 강해다. 설교자 자신의 생각에 대한 강해도 아니고, 오직 성경을 풀고 성경을 강해한다. 여기서 강해와 강해설교를 구별할 필요가 있다. 강해설교를 풀이할 때 필자는, "강해로서의 설교"보다는 "강해에 기초한 설교"를 선호한다. 설교는 강해를 넘어 적용이기 때문이다. 여하튼 강해를 하건 적용을 하건, 강해설교의 초점은 성경이다.

성경 중에서도 강해설교는 특정한 본문을 설교한다. 강해설교는 막연히 성경 전체가 아니라 장절을 명시할 수 있는 특정한 본문을 설교한다. 본문의 총합으로서 성경 전체의 의미를 존중하고 참조하지만 오늘 설교의 초점은 설교 전에 청중들 앞에 봉독한 그 특정한 본문에 두는 것이 강해설교의 원칙이다. 그런 의미에서 강해설교는 주소가 있는 메시지라고 할 수 있다. 그냥 한국에 산다가 아니라 서울시 강남구 일원동이라는 주소가 있듯이, 강해설교에도 주소가 있다. 설교를 위해 봉독한 단락이 바로 오늘 설교의 주소다.

근본적인 질문으로 돌아가서 "왜 성경을, 왜 오직 성경만을 강해하는가? 성경이, 오직 성경만이 하나님의 말씀이기 때문이다." 이것이 강해설교자의 고백이다. 강해설교자가 될 수 있는 신앙적인 요건이 있다면, 바로 이 고백이다. 강해설교는 디모데후서 3장 16절의 설교적 실천이라고 할 수 있다. "모든 성경은 하나님의 감동으로 된 것으로 교훈과 책망과 바르게 함과 의로 교육하기에 유익하니" 이 고백이 있는 자만이 강해설교자가 될 수 있다. 그리고 서재에서 그리고 강단에서 그 말씀을 실천할 때 비로소 진정한 강해설교자라고 할 것이다.

2. 저자의 의미에 기초한 메시지를 설교한다

둘째, 강해설교는 저자-지향적 해석학을 추구한다. 다른 말로, 강해설교자는 저자의 의도가 곧 본문의 의미라고 믿는다. 현대 해석학은 소위 저자의 죽음을 선포하고, 의미의 결정자를 찾아 본문과 독자 사이를 방황하였다. 그 결과 본문 해석은 해석이 아니라 오히려 임의적인 창작 활동이 되었다. 강해설교자는 이 파괴적인 흐름을 거부하고, 의미의 결정자는 오직 본문을 기록한 저자의 의도라는 고전적인 저자-지향적 해석학을 실천한다.

강해설교자들이 본문에 대한 문법적, 역사적, 문학적 연구를 실천하는 이유는, 저자의 의도에 접근하기 위해서다. 현대 해석학은, 저자가 죽어버렸으니 더 이상 저자의 의도를 파악할 방도가 없다고 우려한다. 일견 이해가 되는 것이, 죽은 자는 말이 없기 때문이다. 그런데 이에 대해 강해설교자는, 본문에 대한 문법적, 역사적, 문학적 연구를 통해 저자의 의도에 충분히 접근할 수 있다고 확신한다.

이 확신을 개혁자들은 "성경의 명료성 Claritas Scriptura"이라는 이름으로 표현하였다. 성경은 명료하게 저자의 의도를 담고 있고, 건실한 해석 도구를 가지고 접근하는 자에게 성경은 저자의 의도를 명료하게 드러내 준다는 고백이다. 로마서 본문을 건실한 해석 도구로 찬찬히 연구하면 바울이 전하고자 했던 메시지를 충분히 확보할 수 있고, 모세가 창세기를 통해 의도한 메시지를 충분히 파악할 수 있다는 고백이다. 성경영감과 더불어 이 확신이 있는 자만이 강해설교자가 될 수 있다.

여기서 신적 저자와 인간 저자를 구분할 필요가 있다. 창세기에서 강해설교자가 추구하는 저자의 의도는 하나님의 의도인가, 아니면 모세의 의도인가? 모세를 통해 보여주신 하나님의 의도라고 하면 대답이 될까. 모세가 알지 못한 의미가 창세기 본문에 담겨 있을 가능성은 충분히 있다. 하나님이 운용하시는 거대한 구속 역사의 흐름 속에 한

낱 도구로 쓰임 받은 모세가 하나님의 크신 뜻을 어찌 다 헤아릴 수 있었겠는가. 그런 의미에서 창세기의 의미는 모세의 의도보다 크다고 할 수 있다. 그러나 그럼에도 불구하고, 모세가 담아낸 의도를 거스르거나 모순되는 의미는 아닐 것이다.

3. 청중에게 적용된 메시지를 설교한다

강해설교를 구성하는 세 번째 원리는 적용이다. 강해설교는 청중에게 적용된 메시지를 설교한다. 설교라는 말 속에 이미 적용이 내재되어 있다. 설교는 해석을 넘어 적용이고, 강해설교 역시 강해를 넘어 적용이어야 한다. 본문 강해에 기초하지만 강해에 그친다면, 말 그대로 그건 본문 강해지 강해설교라고 보기는 어렵다. 그런 의미에서 존 스토트는 해석만 있고 적용이 없는 설교를 가리켜 이륙은 했으나 착륙하지 않은 비행이라고 일갈했다. 온전한 비행이 아니라는 말이고, 심지어 비행이 아니라는 말이다.

적용된 설교를 위해, 강해설교자는 적용된 주제를 중심으로 설교를 작성한다. 해석된 주제(석의 주제)를 가지고 설교 중에 청중에게 적용하는 게 아니다. 이미 적용된 주제(설교 주제)를 확보하고, 그것을 중심으로 전체 설교문을 작성한다. 주제 안에 포함된 적용 DNA가 설교문 전체에 발현되도록 하기 위함이다. 콩 심은 데 콩 나고 팥 심은 데 팥 나듯, 적용된 주제가 적용된 설교를 낳는다. 대지(혹은 마디)를 작성할 때도, 강해설교자는 적용된 대지를 확보한다. 본문에 기초한 설교지만, 강해설교는 청중을 위한 설교이기 때문이다.

여기서 적용이라 함은 반드시 행동화를 의미하지는 않는다. 행동화를 환영하지만 강해설교가 추구하는 적용의 원안은 번역이라고 할 수 있다. 원 독자에게 전달된 메시지를 오늘 현 청중의 언어로 번역해서, 현 청중이 이해하도록 전달하는 것이 적용이다. 그런 의미에서 고백도 적용이고, 믿음도 적용이다. 원저자가 원 독자에게서 받아 내려한 고백이 있다면, 그 고백을 오늘 설교자가 청중에게서 오늘의 언어로 청중의 언어로 받아내면, 그것이 강해설교가 추구하는 적용이다. 따라서 많은 경우 본문의 의미가 있는 그대로 오늘 설교의 주제인 적용된 메시지가 되기도 한다. 여하튼 강해설교는 청중에게 적용된 메시지를 설교한다.

4. 청중의 변화를 목표로 설교한다

마지막으로 강해설교는 청중의 변화를 목표로 설교한다. 강해설교는 목표지향적인 행위로서, 그 목표는 다름 아닌 청중의 변화다. 진정한 강해설교자는 오늘 설교를 통해 청중이 변화되기를 간절히 소망한다. 그런 의미에서 요나는 강해설교자라고 할 수 없다. 메시지를 선포하면서도 니느웨 백성이 변화되기를 바라지 않았다. 심지어 변화가 일어났을 때 당황하며 불평하기도 했다. 비록 설교의 열매는 탁월했지만, 진정한 의미에서 그는 강해설교자가 아니었다.

청중의 변화를 일구어내기 위해, 강해설교자는 가용한 모든 방법을 동원한다. 본문의 의미를 캐내기 위해 문법적 연구, 문학적 연구, 그리고 역사적 연구까지 가용한 방법을 성실하게 동원하듯이, 동일한 열정으로 청중의 변화를 위해서도 강해설교자는 가용한 역량을 총동원한다. 먼저 강해설교자는 선명한 주제를 세운다. 선명한 이해가 변화에 선행하기 때문이다. 어떻게 변화되어야 할지를 정확하게 그리고 선명하게 이해하지 못하면, 변화를 기대하기는 어렵다. 그래서 강해설교자는 본문 해석에 기초하면서도 청중에게 적용된, 그러면서도 그 표현이 선명한 주제를 확보하고, 그 주제를 중심으로 설교를 작성한다.

강해설교자는 수사학도 마다하지 않는다. 거룩한 성경 말씀에 세속적인 수사학을 사용하는 것은 말씀에 대한 오염이 될 수 있다는 터툴리안의 우려보다, 강해설교자는 어거스틴의 조언에 귀를 기울인다. 어거스틴은, 수사학을 거부하는 설교자는 무기를 거부하는 군인과 같다고 했다. 말씀의 품위를 떨어트릴 수 있는 방법론이라면 지혜롭게 거절할 것이다. 그러나 설교의 품위를 떨어트리지 않으면서도 메시지를 효과적으로 전달할 수 있는 방법이라면, 강해설교자는 그 또한 하나님의 일반은총으로 알고 적극 활용한다.

무엇보다 강해설교자는 청중의 변화를 위해 간절히 기도한다. 탁월한 설교자가 되기보다, 강해설교자가 정말로 바라는 것은 청중의 거룩한 변화이기 때문이다. 그런 의미에서 요나는 강해설교자가 아니었지만, 사도 바울은 시대를 거슬러 진정한 강해설교자였다. "나의 형제 곧 골육의 친척을 위하여 내 자신이 저주를 받아 그리스도에게서 끊어질지라도 원하는 바로라"롬 9:3 강해설교는 특정한 방법론이 아니라 하나의 설교 철학이라고 했다. 그 철학의 중심에 청중을 향한 사랑이 있다. 강해설교자에게 설교는 청중을 사랑하는 방편이다. 그들을 사랑하기에 그들 안에 거룩한 변화가 일어나기를 바라고, 그래서 세상에서 가장 거룩한 성경 말씀을 그들에게 적용하여 선포한다.

3대지 설교도 강해설교인가?

이제 처음으로 돌아가서, 3대지 설교도 강해설교인가? 그렇다. 그리고 그래야만 한다. 누차 말했듯이, 3대지라는 특정한 방법론을 가지고 그것이 강해설교인지 아닌지를 판단할 수는 없다. 강해설교는 특정한 방법론이 아니라 하나의 철학이기 때문이다. 필자가 정리한 강해설교의 원리를 가지고 3대지 설교가 강해설교인지를 점검해 보자.

첫째, 3대지는 성경 본문을 설교하는가? 그렇다. 3대지도 성경 본문을 펼치고 그 말씀을 설교한다. 둘째, 3대지는 저자의 의미에 기초한 메시지를 설교하는가? 그렇다. 3대지 설교 준비의 첫걸음은 본문 연구이고, 본문 연구의 목표는 다름 아닌 본문에 나타난 저자의 의도다. 셋째, 3대지 설교도 청중에게 적용된 메시지를 설교하는가? 그렇다. 3대지 설교는 청중에게 적용된 하나의 주제를 중심으로, 청중에게 적용된 세 개의 대지를 골격으로, 청중에게 적용된 메시지를 선포한다. 마지막 넷째, 3대지 설교도 청중의 변화를 목표로 설교하는가? 그렇다. 3대지 설교의 목표는 어떤 본문이든 세 개의 대지를 뽑아내는 재주를 뽐내는 게 아니다. 다른 형식의 설교와 마찬가지로, 3대지 설교자가 바라는 꿈은 오늘 말씀을 통해 청중에게 거룩한 변화가 일어나는 것이다. 이를 종합하건대, 3대지 설교도 강해설교다.

물론 강해설교라는 아름다운 이름에 걸맞지 않은 3대지 설교도 있다. 성경 본문에서 많이 이격되거나, 성경 이야기만 하고 청중에게 적용되지 않은 엉성한 3대지도 더러 발견된다. 그런데 이것은 3대지를 비롯한 모든 형식의 설교에 해당하는 문제이지, 3대지만의 문제는 아니다. 3대지 설교자든, 내러티브 설교자든, 강해설교의 이상을 실천하기 위해 땀을 쏟아야 한다. 바라기는 오늘도 3대지로 설교를 준비하는 모든 설교자들이 위의 요건을 갖춘 아름다운 강해설교자가 되기를 바란다. 그리고 차후로는 3대지와 강해설교를 대립 관계로 오해하는 일이 없기를 바란다. 3대지도 강해설교다.

Easy Preaching

부록 2

설교자의 일주일
- 목사는 설교를 이렇게 준비한다

Easy
Preaching

부록 2

설교자의 일주일
- 목사는 설교를 이렇게 준비한다 [1]

오늘은 설교자 넋두리 들어주는 날

설교란 무엇일까, 특히 목사에게 설교란 무엇일까? 오늘은 짐이라고 말하고 싶다. 기쁨도 되고 영광도 되지만 오늘은 무겁고도 고통스러운 짐이다. 이 글은 목사의 넋두리다. 앓는 소리로 봐도 좋다. 그렇다고 억지로 짜낸 넋두리는 아니고, 조금 엄살을 떨겠지만 늘 마음 한편에 품고 사는 진심을 담은 넋두리다. 부디 따뜻한 마음으로 들어주길 바란다.

---

[1] 〈기독교보〉 2014년 7월 5일자에 기고한 글임.

엄마가 밥하면 되잖아!

설교에 관한 오해가 있다. 목사는 성경만 펼치면 그냥 설교가 나오는 줄 아는 성도들이 있다. 오해다. 결코 그렇지 않다. 초등학교 시절, 6.25전쟁을 소재로 한 학습 만화가 있었다. 엄마와 아이가 피난을 가는데, 얼마 안 가서 쌀이 떨어졌다. 등에 업힌 아이가 배고프다고 운다. "엄마, 밥 줘! 배고파." 힘없이 엄마가 하는 말, "미안해, 쌀이 떨어졌어." 이때 아이가 하는 말, "엄마가 밥하면 되잖아." 이 말의 의미를 아는가? 엄마가 밥하면 되잖아… 아이한테 밥은 그냥 엄마가 하는 거다. 쌀이고 뭐고 필요 없이, 엄마만 있으면 그냥 나오는 게 밥이다. 아이한테는 그렇다. 피난을 가다가도 그냥 엄마가 하면 밥이 되는 줄 안다. 그런데 엄마한테 밥은 절대 그런 게 아니다. 쌀이 있어야 하고, 불도 있어야 하고, 시간도 들여야 하고….

혹 설교를 그렇게 생각하는 성도들이 있다면, 성경 펼치면 그냥 나오는 걸로 아는 성도들이 있다면, 이 연사 정말 힘주어 외치고 싶다. 아니라고! 절대 그렇지 않다고. 설교도 쌀이 떨어지는 순간이 있다. 바닥까지 박박 긁어도 아무것도 나오지 않는 메마른 시간이 있다. '아니야, 우리 목사님은 그렇지 않을 거야.' 물론 목사를 그 정도 능력자로 알아주면 고맙기는 하겠지만 마음이 무겁다. 이런다고 이번 주에 설교를 하지 않겠다는 건 아니다. 걱정 마시라, 설교한다. 그런데 조금만 이해를 해주면 좋겠다. 설교가 그냥 나오는 게 아니라는 걸. 물론 모든 성도들이 하는 일이 다 그러하다. 오늘은 목사 이야기를 좀 들어주자.

설교는 중공군처럼 밀려오고…

설교는 중공군 같다. 끝없이 밀려오는 중공군…. 주부들의 넋두리를 조금 안다. 돌아서면 밥, 돌아서면 밥, 밥 때가 너무 자주 돌아온다. 그런데 설교자의 형편도 크게 다르지 않다. 돌아서면 설교, 돌아서면 설교. 그나마 밥은 밥통에 앉혀놓으면 절로 되지만(모르고 하는 소리면 주부들에게 죄송) 설교는 그런 것도 없다. 그러고 보니 설교에도 그런 밥통 하나 있으면 참 좋겠다. 본문 넣고, 예화 한 둘 정해서 단추 누르면 설교로 익어가는 밥통.

설교자의 일주일은 어떻게 흘러갈까? 월요일에는 본문 정하기, 화요일에는 주제 잡기, 그리고 수요일에는 대지 정하기, 그래서 토요일에는 설교문 인쇄. 그래서 푹 자고 주일 아침 맞이하기. 그러면 참 좋겠다. 물론 그렇게 한 주일을 보내는 '행복한' 목사도 있을 것이다. 미국에는 그런 설교자들이 많은지, 미국의 한 설교학자는 요일별로 설교를 완성해 가는 틀을 책으로 펴내기도 했다. 그러나 한국 설교자의 현실은 그것과는 전혀 다르다.

현실은 이렇다. 월요일에 설교, 화요일에도 설교, 수요일에도 또 설교, 그리고 저녁에 또 설교, 목요일과 금요일도 설교, 그리고 주일에는 오전에 설교, 오후에 또 설교. 지금은 컴퓨터라도 있지, 그래서 고치고 다듬는 게 그나마 쉽다. 그런데 예전 그저 대학 노트 하나 들고 볼펜으로 사역하신 선배 목사님들은 도대체 그 많은 설교를 어떻게 다 준비하셨을까. 참 존경스럽다.

설교자의 산후우울증

설교가 나오지 않는 고통을 아는가? 한 설교학자는 설교의 고역을 출산의 고통에 비유했다. 너무 앓는 소린지 모르나, 개인적으로 참 공감되는 말이다. 남자로 태어났으니 출산의 고통은 잘 모른다. 아내를 통해 간접적으로 지켜보았을 뿐이다. 고통의 기다림…. 첫 딸이 너무 늦게 나왔다. 예정일이 3주나 지났는데 당췌 나올 생각을 않는다. 운동을 하면 나온다고 해서 그 더운 8월에 아내와 함께 서울대공원을 몇 바퀴나 돌았다. 그래도 나오지 않아서 결국 유도 분만을 했다.

매주일 많은 설교자들이 이 고통을 경험한다. 나오지 않는 고통… 말씀의 씨앗이 분명히 들어왔는데, 그게 글로 나오질 않는다. 하염없이 컴퓨터 자판을 두드리는데 헛바퀴만 돈다. 나올 듯 나올 듯 나오지 않는 그 답답함이란. 설교는 시간이 정해져 있다. 시간되면 무조건 올라가야 한다. 주일은 다가오고, 설교는 나오지 않고. 목사들이 부부 싸움을 하면 대체로 이런 순간일 것이다. 설교자에게는 일종의 산후우울증이 있다. 설교를 마친 주일 저녁은 그렇게 평안하면서도, 무언가 모르게 허탈하다. 필자의 경우 폭식을 하는 경우도 있다.

설교를 죽 쑨 뒤의 아픔을 아는가? 원치 않지만 설교를 망치는 날이 있다. 나도 알고 성도들도 안다. 그리고 이게 참 마음 아픈 일인데, 아내도 안다. 설교자는 직업 특성상 가족들이 지켜보는 앞에서 일을 한다. 이거 참 고역이다. 친구 목사의 경험이 지금 생각해도 '웃프다'. 고난 주일 설교를 맡았다고 한다. 주님의 십자가 고통을 리얼하게 묘사했다. 자기가 생각해도 너무 생생하게. 그런데 마지막 순간에 그만 경상도 사투리가 튀어나와 버렸다. 우리 주님께서 '마-' 돌아가셨습니다.

마- 돌아가셨습니다. 성도들의 웃음보가 터져버렸다고 한다. 주님은 돌아가시고, 성도들은 웃고. 집으로 돌아오는 길 30분 이상 운전을 하는데, 사모님과 단 한 마디도 하지 않았다고 한다. 그나마 필자는 집이 교회 옆이어서 다행이다. 그런 날은 혼자 산책을 나가면 된다.

직업병

언젠가부터 필자에겐 직업병이 생겼다. 아마 많은 설교자들이 유사한 증세를 보일 것이다. 무얼 하든 설교를 생각한다. 책을 읽어도 설교, 드라마를 봐도 혹시 이걸 설교에 연결할 수 없을까. 일종의 설교 강박을 느낀다. "두려움은 직시하면 그뿐. 바람은 계산하는 것이 아니라 극복하는 것이다." 어느 영화 마지막 장면이다. 옆에 앉은 아내는 그저 재미있게 보고 있는데, 나는 저걸 어떻게 설교에 써먹을 수 없을까 핸드폰에 저장을 하고 있었다. 쿵쿵거리며 쓰레기더미를 뒤지는 강아지를 보면서 묘한 동질감을 느낀 일도 있다. 쓰고 보니 조금 과장인 듯도 하다. 아닌 거 같기도 하고, 여하튼 그렇다.

성경을 읽어도 그냥은 못 읽는다. 이 본문을 어떻게 설교할 수 있을까, 본능적으로 주제와 대지를 그려본다. 선배 목사님들 중에는 그런 모습을 나무라는 분도 있었다. 개인적으로 말씀을 읽을 때는, 그때는 그냥 말씀을 읽어야지 설교 준비하면 안 된다고. 오늘 나에게 주시는 말씀을 있는 그대로 받아야지, 이 본문을 어떻게 설교할까 그런 생각 가지고 읽으면 안 된다고. 맞는 말인 듯하다. 그런데 솔직히, 현실적으로 그럴 여유가 잘 없다. 설교의 짐이 생각보다 무겁고, 그 짐이 그냥 편히 책을 읽을 여유마저 앗아간다.

그런데 나만 그런 게 아니더라. 귀한 선배 설교자를 만난 적이 있다. 이름만 대면 알 분이고, 현재 우리나라에서 가장 존경받는 설교자 가운데 한 분인데, 그분도 그랬다. 그분과 몇 차례 이야기를 나눌 기회가 있었는데, 온통 설교 생각으로 가득했다. 후배와 담소하는 순간도 예외가 아니었다. 실제로 그분은 나와의 대화 시간에 그 주일 설교 제목을 바꾸었다. 내가 무심코 던진 말이, 하필 이번 주일 설교에 딱 맞는 문구였던 모양이다. 그걸 그 자리에서 낚아채갔다. 나는 영문도 모른 채 그분의 설교거리가 되고 말았다.

설교자의 직업병, 이거 고쳐야 할까? 그럴 생각 없다. 그냥 적응하기로 했고, 가능하면 증세를 좀 더 악화시켜 볼 용의도 있다. 나름 맡겨진 과업을 완수하기 위한 몸부림이라 생각하기 때문이다. 설교는 나에게 맡겨진 사명이고, 사명을 수행하는 데는 힘이 드는 법이다. 특히 모자라는 역량으로 이 큰 직무를 감당하려면, 무언가 무리수가 따를 수밖에 없다. 레슬링 선수 귀 뭉드러지듯이, 설교자로 사는 한 늘 쿵쿵 설교에 촉을 세우고 살기로 한다.

본문 잡기에서 퇴고까지

한 편의 설교가 나오기까지 어떤 과정을 거칠까? 주부들 요리마냥 한 번 소개해 보겠다. 우선은 본문 잡기다. 설교할 본문을 먼저 정해야 한다. 그건 쉽네, 아무 데나 잡으면 되지? 그런데 그게 말처럼 쉽지가 않다. 무언가를 선택하는 것은 언제나 어려운 일이다. 식당 가서 음식 고를 때, 아무거나 고르면 되는데 그게 어렵지 않은가. 하물며 설교 본문을 고르는 일이 쉬울 수 있겠는가. 매주일 본문 고르는 게 부담스러워, 언젠가부터 필자는 시리즈 설교를 실천하고 있다. 두어 달치 설교 본문을 미리 정한다. 나름 목회적인 소신도 있었지만 직접적인 동기는 본문 고르는 시간을 절약하기 위해서였다.

본문이 정해지면 이제 읽기다. 읽고 또 읽고, 주석도 찾아보고, 해서 주제를 정해야 한다. 설교도 하나의 연설이기 때문에, 중심 주제가 있어야 하는데, 이게 또 쉽지가 않다. 짧은 본문에도 이런 이야기, 저런 가르침, 이삿날 숨은 짐처럼 많이도 나오기 때문에 하나로 모으는 게 여간 어렵지 않다. 내용 면에서도, 그냥 읽을 땐 모르는데 주제를 정하려 들면 성경이 참 어렵다. 이 말은 왜 했을까, 저 말은 무슨 의도일까? 이럴 땐 일면식도 없는 사도 바울이 원망스럽기도 하다. 왜 이렇게 어렵게 쓴 거야, 증말….

주제를 잡고 나면 대지로 펼치는 단계인데, 자꾸 해서 미안하지만 이것도 어렵다. 정해진 대지에 살을 입히는 것도 어렵고 또 예화도 어렵다. 성도들은 대체로 예화를 좋아한다. 이야기 혹은 그림이 있는 표현들. 아이들 그림책 좋아하듯 성도들도 이야기를 좋아하는 듯하다. 설교자도 좋아한다. 그런데 문제는, 좋은 만큼 찾기가 어렵다. 예화라는 것이 참 묘해서 어떨 땐 차고 넘치고, 어떨 땐 가문 날 저수지 바닥처럼 쩍쩍 갈라진다. 묘하게도 오늘 설교와 상관없는 예화는 잘 보인다. 지난번 설교에 썼으면 좋았을 예화는 눈에 잘 띄는데, 막상 오늘 쓸 게 잘 안 보인다. 이럴 땐, 뭐도 약에 쓸려면 없다는 속담이 떠오른다.

이렇게 설교문이 어느 정도 준비되면, 이제는 퇴고다. 다듬고 또 다듬고, 고치고 또 고쳐야 한다. 설교 준비라는 것이 단번에 끝나면 좋은데 그런 설교는 없다. 아니, 그런 설교자는 필자가 알기로는 없다. 다듬고 또 다듬고, 고치고 또 고치고. 앞서 소개한 그 유명 설교자도 예외가 아니었다. 그분은 1부 설교를 마치고 내려오면 또 고치고, 2부 마치면 또 고친다고 한다. 유명하다고 한 번에 설교가 나오지는 않는 모양이다. 그나마 위로가 된다. 필자의 경우, 설교가 대체로 쉽다는 평을 자주 듣는다. 참 고마운 평이다. 그런데 이거 좀 알아주면 좋겠다, 쉬운 설교가 결코 쉽게 나오지 않는다는 거. 나름 많이 고치고, 여러 번 고친다. 가끔은 지겹도록 고쳐야 한다. 자다가도 무언가 생각나면 일어나서 고친다.

설교자에게 응원을

이제 마무리할 때가 되었다. 설교자의 넋두리를 들어주어서 감사하다. 오늘의 결론은, 설교는 힘들다. 설교자도 고생이 많다. 사실 쉬운 일이 어디 있겠는가. 성도들의 일주일이 얼마나 고되고 힘들겠는가. 속으로 '목사님, 그래도 목사님은 쉽게 사는 거예요.' 그렇게 생각하시는 분들도 많을 것이다. 맞는 말이다, 동의한다. 그런데 길지 않은 시간, 현장 설교자로 살다보니 이 길 또한 꽤 험한 길이다. 사는 것도 힘들지만 설교도 힘들다. 듣는 것도 힘들지만 준비하는 입장도 참 힘이 든다.

그렇게 힘들면 그만두지. 누가 억지로 하래? 그런 말은 마시라. 솔직히 세상에 제일 무서운 말이 이 말이다. 설교 그만두라는 말. 힘은 들지만 설교는 계속 하고 싶다. 고되고 힘들어도 쫓겨나지만 않으면 일평생 설교자로 살고 싶다. 그만큼 영광스럽고 행복한 일이다. 하나님의 영광을 선포하고, 거룩하신 하나님의 뜻을 그분의 백성에게 선포하는 일이다. 무엇보다 영혼을 살리는 일이다. 영광스럽다. 드는 생각이, 내가 무슨 복이 있어서 이렇게 귀한 자리에 서게 되었을까, 뭉클할 때가 있다. 그 맛에 설교하는 거 같기도 하다. 그런데 그래도 힘든 건 사실이다.

설교자에게 응원을... 응원은 월드컵 팀만 필요한 게 아니다. 설교자에게도 응원이 필요하다. 차 권사님이 돌아가신 후 단지 기도만 아쉬운 건 아니었다. 필자를 아들처럼 여기고 기도해 주시던 권사님이 계셨다. 소천되신 후 참 아쉬운 게, 기도도 그렇지만 설교할 때면 늘 앞에서 고개를 끄덕여 주시던 그 모습이 그립다. 얼마나 힘이 되었는지 모른다. 전도사 설교가 은혜가 되면 얼마나 은혜가 되겠는가. 그런데 늘 끄덕끄덕. 고신이라 그런가, 권사님은 아멘 소리는 잘 안 하셨다. 그런데 그 끄덕끄덕이 나에겐 저 부산의 모 교회 장로님의 아멘소리보다 더 힘이 되었다. 알고 보니 나만 그런 게 아니었다. 이제는 은퇴하신 교단의 존경받는 원로 목사님이 계시는데, 그분도 생전에 그 권사님께 그런 고백을 했다고 한다. 차 권사가 앞에서 끄덕끄덕해주면 얼마나 힘이 나는지 몰라.

이제 정말 마무리… 원고를 다시 읽어보니 오늘 아무래도 넋두리가 좀 심했다. 그러나 분명한 건, 설교도 쉬운 일은 아니다. 귀한만큼 힘겨운 과업이다. 오늘도 묵묵히 땀 흘리는 설교자들에게 한 말씀 드리고 싶다, 수고가 많으십니다. 더불어 성도들에게 부탁드리고 싶다, 설교자를 위한 기도와 응원을 부탁드립니다.

Easy Preaching

easy

부록 3

시리즈 설교 기획,
어떻게 준비할 것인가?

Easy
Preaching

easy

부록 3

시리즈 설교 기획, 어떻게 준비할 것인가?[1]

시리즈 설교란 무엇인가?

시리즈 설교란 상호연관성으로 엮어진 일련의 연속 설교를 의미한다. 독립적으로 떨어진 설교들이지만 큰 틀에서 하나로 묶여질 수 있는 설교들이다. 시리즈 설교의 조건으로는,

첫째, 횟수다. 유동적이지만 필자의 경험으로는 대체로 5-8주 정도가 적당하다. 두세 편의 설교로는 시리즈라 부르기 어렵고, 너무 많아서 수십 편이 된다면 그 또한 시리즈 설교의 경계를 벗어난다. 청중의 염두 안에서 그 시작과 끝을 소화해 낼 수 있어야 하는바, 최대 12주 정도가 한계로 판단된다.

---

1 「목회와 신학」 2013년 1월호에 기고한 글을 확대 수정한 글임.

둘째 조건은 상호 연관성이다. 설교들을 한 꾸러미로 엮어낼 수 있는 연관성이 있어야 한다. 연관성의 종류에 따라 시리즈 유형을 구분한다. 신학적 주제가 엮어진 주제 시리즈, 단순 본문의 연속성을 중심으로 엮어진 본문 시리즈, 혹은 가상칠언과 같은 전통적인 틀을 매개로 한 전통 시리즈도 가능하다.

셋째 조건은, 절대적인 것은 아니지만 주제의 연관성이다. 어떤 식으로든 서로 연결만 된다면 시리즈 설교라 부를 수는 있겠지만 이상적으로는 주제의 연관성이 어느 정도 확보되어야 한다. 본문 시리즈의 경우, 단지 본문의 연속성이라는 연관성에 더하여 전체 시리즈를 아우르는 큰 주제가 감지되는 것이 바람직하다.

시리즈 설교와 연간 설교 계획

시리즈 설교는 연간 설교를 계획하는 유용한 틀이 된다. 연간 설교 계획의 필요성에 대해서는 대다수 설교자들이 공감한다.[2] 전통적인 교회력에 따라 설교를 구성할 수도 있고, 목회자의 판단에 따라 임의적으로 구성할 수도 있다. 한 주 한 주 낱알로 계획할 수도 있고, 일정한 덩어리를 중심으로 떼알로 계획할 수도 있다. 시리즈 설교는 일종의 떼알식 계획으로서 7-8주짜리 시리즈 예닐곱 편을 기획하면 연간 설교

---

2 「목회와 신학」 2013년 1월호 "설교 어떻게 생각하십니까?" 참조. 17번 설교 기획에 관한 설문조사에서 설교 기획의 필요성을 느끼지 않는 설교자는 응답자 221명 중 4명에 불과하다. 실제 연중 기획 혹은 시리즈 기획을 실천하는 설교자는 절반 정도지만 기획의 필요성에 대해서는 거의 대다수가 공감한다.

계획이 마련된다. 물론 특별한 절기 혹은 목회적 판단에 따라 단편 설교가 들어갈 수 있다.

시리즈 단위로 설교 계획을 세울 때, 필자는 세 가지 큰 원칙을 갖고 있다.

첫째, 본문 시리즈 우선의 원칙이다. 권별 성경 단위로 7-8주 정도의 본문 시리즈를 기본으로 삼고 있다. 한 시리즈에 한 성경을 다 담아낼 수는 없기에, 일부만을 선택하고 남은 부분은 다음을 기약한다. 1년에 한 번 정도만 주제 시리즈를 계획하고, 나머지는 대체로 이러한 본문 시리즈를 실천하려고 한다.

둘째, 구약과 신약의 균형이다. 본문 선택 시 신구약의 균형을 맞추려고 노력한다. 물리적인 양은 구약이 세 배 정도 되지만, 의미의 무게를 감안하여 신구약을 반반씩 배분하는 것을 원칙으로 삼고 있다.

셋째, 원칙은 장르 변화의 원칙이다. 본문의 장르에도 가능하면 변화를 주려고 한다. 내러티브 본문 다음에는 서신서, 지혜서 다음에 다시 내러티브, 하는 식이다. 내러티브 본문이 많은 만큼 절대량은 내러티브에 할당되지만 가능한 변화를 주는 것을 원칙으로 삼고 있다.

실제 실천 과정에서 세 가지 원칙이 그대로 고수되기는 어렵다. 세 원칙이 서로 상충되는 면도 있고, 목회적인 판단을 가미해야 할 경우도 있다. 그때그때 적절한 조화와 결심이 필요하다. 참고로 필자가 설교한 시리즈의 예를 소개하면 다음과 같다.

로마서 산책 (로마서 전체 요약, 7편)
꿈이 있어 아름다운 사람 (창세기 37-44장, 7편)

예배의 기쁨을 아는 사람 (주제 시리즈, 5편)
잠언 팔경 (잠언 전체 요약, 8편)
다시 듣는 십자가 복음 (마가복음 14-15장, 7편)
승리하는 삶 (여호수아 1-5장, 7편)
시간의 국화 앞에서 (주제 시리즈, 7편)
성숙한 그리스도인 (1) (에베소서 1-3장, 6편)
성숙한 그리스도인 (2) (에베소서 4-6장, 6편)
하나님을 만진 사람들 (요한일서 1-2장, 6편)
어두운 시절 빛나는 사람들 (룻기, 6편)
하나님의 흔적 (요한일서 3-5장, 6편)
광야의 하루 (민수기 1-9장, 7편)
지도자를 기다리며 (민수기 10-15장, 7편)
주 안에서 기뻐하라 (빌립보서 1-3장)

시리즈 설교 준비하기 (1) : 시리즈의 유형 선택

이제 시리즈 설교를 실제로 준비해 보자. 첫걸음은 시리즈의 유형 선택이다. 설교들을 한 꾸러미로 묶어내는 매개에 따라 시리즈의 유형이 분류되는데, 여기 여섯 가지 유형을 소개하겠다. 먼저 주제 시리즈를 소개하는데, 필자의 경우는 본문 시리즈를 선호하지만 일반적으로 시리즈 설교라 할 때, 대체로 주제 시리즈를 먼저 떠올린다는 점에서 정한 순서다.

1. 주제 시리즈

우선 첫째 유형은 "주제 시리즈"다. 특정한 주제를 중심으로 성경

곳곳을 오가며 설교하는 방식이다. 예로서, 시간/때를 주제로 한 시리즈를 아래에 소개한다. 창세기에서 요한계시록까지 다양한 본문을 사용하지만 시간/때라는 하나의 주제로 엮여 있다. 부활을 주제로 복음서와 고린도전서를 넘나들며 시리즈를 구성할 수도 있고, 교회를 주제로 한 시리즈라면 사도행전 교회의 탄생과 역사, 에베소서의 교회론, 더불어 마태복음 16장의 내 교회를 세우리라는 주님의 약속 등을 한 꾸러미로 묶을 수 있을 것이다.

개략적인 준비 과정은, 우선 염두 구상을 통해 해당 주제에 관련된 본문과 주제를 떠올려야 한다. 주제에 해당하는 관련 책을 보는 것도 큰 도움이 된다. 최대한 많은 본문과 주제를 떠올린 뒤, 취사선택하여 하나의 시리즈를 구성하면 된다. 설교 순서를 배정하는 것에도 지혜가 필요하다. 3대지 설교에서 대지의 순서를 고민하듯, 시리즈 설교에서도 선택된 설교들을 가장 효과적인 순서로 배열하는 작업이 필요하다. 시간/때를 주제로 필자가 구성한 시리즈를 아래에 소개한다. 설교 본문과 제목, 거기에 주제 해설을 겸한 간략한 설교 요약으로, 시리즈를 시작할 무렵 청중에게 미리 배포하였다.

〈시간의 국화 앞에서〉[3]
국화 옆에서 인생의 비밀을 깨달은 시인이 있었습니다. 시간이라는 국화 앞에서 말씀을 통해 우리 삶의 진실을 묵상하고자 합니다.

---

[3] 「그 말씀」 2011년 12월호 필자의 글 "시간/때를 주제로 시리즈 설교 기획하기" 참조.

시간 하나, "어제 죽은 사람이 그토록 바라던 오늘" (마 25:14-30): 어제 죽은 사람이 그토록 갈망하던 오늘을 우리가 받았습니다. 감사하며 용기를 낼 책임이 있습니다.

시간 둘, "풀 같이 마르는 인생" (시 90:1-10): "같이 늙어가는 신세인데…" 허망한 듯, 너무나 따뜻한 말입니다. 시간 앞에 서고 보니 잘난 너나 못난 나나 별다를 바 없는 친구입니다.

시간 셋, "영원을 사모하는 마음" (전 3:11-22): 유한한 존재에게 영원을 아는 지식은 고통스러운 형벌입니다. 그러나 잡을 수만 있다면… 그 영원을 잡을 수만 있다면….

시간 넷, "세월을 아끼라 - Now or Never!" (엡 5:15-18): 지금이 아니면 영원히 할 수 없습니다. 우리에게 주어진 유일한 시간은 지금. 해야 할 일이 있다면 지금 하세요.

시간 다섯, "시간의 강물을 거슬러" (사 38:1-8): 히스기야, 여호수아, 그리고 다윗. 기도를 통해 시간을 거스른 사람들입니다. 주님이 허락하시면 흐르는 시간도 돌이킬 수 있습니다.

시간 여섯, "시간의 주인이 되라" (출 20:8-11): 내가 "쓰지 않는" 시간을 비움으로 내가 시간의 주인이 됩니다. 내가 "쓰지 못하는" 시간을 비움으로 나의 주인을 모십니다.

시간 일곱, "나의 영원이신 예수님" (계 21:1-7): 예수님은 우리의 가장 든든한 과거요, 가장 확실한 미래입니다. 그래서 우리는 오늘도 행복한 모험을 떠날 수 있습니다.

2. 본문 시리즈

둘째는 "본문 시리즈"다. 일반적인 본문 연속 강해와는 두어 가지 점에서 차별성을 띤다. 우선은 횟수가 상대적으로 적다. 연속 강해는 수십 회에 이르기도 하지만 시리즈 형식이라면 5-8회가 적합하고, 많아도 12회가 한계로 판단된다. 횟수와 더불어 본문 시리즈는 주제 초점이 보다 분명한 것이 이상적이다. 단순 본문의 연속성을 넘어 시리즈 내 설교들을 꿰어낼 수 있는 큰 주제가 만져져야 한다. 그래서 개별 본문의 주제를 찾아내는 작업과 더불어 시리즈 설교를 하려면 전체 시리즈의 주제를 잡아내는 작업도 필요하다.

연속된 본문을 빠짐없이 다룰 필요는 없고, 시작한 권별 성경을 반드시 끝낼 필요도 없다. 필요하면 일부 본문은 건너뛰어도 좋고, 일부만 따로 떼어 설교해도 좋다. 위에서 소개한 창세기 37-44장 "꿈이 있어 아름다운 사람" 시리즈, 에베소서를 본문으로 한 "성숙한 그리스도인" 시리즈 등이 이 유형에 속한다. 여호수아 1-5장을 가지고 "승리하는 삶"을 주제로 한 본문 시리즈를 아래에 소개한다.

〈승리하는 삶 : 여호수아 1-5장〉

싫어도 우리의 삶은 때로 싸움입니다. 보이는 싸움, 보이지 않는 싸움. 오늘 하루도 승리를 기원합니다.

승리 하나, "강하고 담대하라" (수 1:1-9): 승리의 씨앗은 강하고 담대함이다. 무기를 잡는 용기보다, 말씀을 잡는 믿음의 용기가 승리를 가져온다.

승리 둘, "안식의 고지를 향하여" (수 1:12-18): 타깃을 제대로 잡아야 한다. 우리가 달려갈 고지는 돈과 성공이 아니라 주님 안의 안식이다.

승리 셋, "나를 정탐하라" (수 2:1-11): 제대로 정탐할 때 승리가 보인다. 적들은 생각보다 약하고, 나는 보기보다 강하다. 왜냐? 나는 혼자가 아니기 때문에. 하나님이 나와 함께하시기 때문에.

승리 넷, "배신자라 욕해도 좋다" (수 2:12-21): 참된 회심이 누군가의 눈에는 배신으로 보일 수 있다. 그런 배신이라면 용기 있게 감행하라. 배신자라 욕해도 좋다. 거짓을 배신하고 진리를 택하라.

승리 다섯, "그때 그 하나님이 지금 여기에" (수 3:1-17): 물은 또 갈라질 수 있다. 그때 그 믿음이 지금 여기 있다면, 그때 그 하나님도 지금 여기 계신다.

승리 여섯, "유산전쟁" (수 4:1-7): 남겨야 할 것은 땅이 아니라 믿음이다. 하나님의 도움으로 차지한 땅보다 땅을 차지하는 과정에서 얻은 믿음의 유산을 물려주라.

승리 일곱, "승리를 위해 포기하라" (수 5:1-15): 나의 힘을 포기할 때 주님의 도우심이 임하고, 나의 승리를 포기할 때 주님의 승리, 그래서 참된 나의 승리가 임한다.

3. 본문 요약 시리즈

셋째는 "본문 요약 시리즈"다. 한 번 잡은 권별 성경을 끝까지 가되 뼈대를 중심으로 본문을 점프하며 전개하는 방식이다. 전체 16장으로 구성된 로마서의 메시지를 단 일곱 편의 설교로 요약할 수도 있고, 혹은 31장짜리 잠언 말씀을 여덟 편의 설교로 요약하는 시리즈도 가능하다.[4] 나무를 보느라 숲을 보지 못하는 아쉬움은 간혹 설교에서도 일어난다. 본문을 너무 세밀하게 강해하는 통에 자칫 큰 그림을 놓치는 수가 있다. 성도들이 가슴에 품고 살아야 할 것은 오히려 큰 그림, 숲인데 말이다. 그때 사용할 수 있는 방법이 바로 이 유형이다. 로마서를 본문으로 필자가 기획한 7편 짜리 시리즈를 예로 소개한다.

〈로마서 산책〉

진리의 나무로 가득한 로마서. 앞으로 두 달 조금 여유로운 마음으로 산책하듯 로마서 숲의 윤곽을 그려보고자 합니다.

---

[4] 빌 하이벨스 목사는 잠언을 가지고 12주에 걸쳐 설교하였는데, 바로 이 유형에 속한다. 『빌 하이벨스의 인생경영』(서울: IVP, 2005). 필자는 이 책을 참고하되 조금 변형하여서 "잠언 팔경"이라는 제목의 8주 시리즈를 계획 실천하였다.

산책 하나, "죄-우리가 잃어버린 것" (롬 1:26-32): 우리 사는 세상은 무언가 심각하게 잘못되어 있습니다. 원인이 어디에 있을까요? 우리는 무엇을 잃어버린 것일까요?

산책 둘, "믿음-소유함과 소유됨" (롬 2:17-29): 귀한 것을 소유하여 귀한 사람이 되려고 합니다. 그러나 정작 우리의 귀함은 "내가 소유한 무언가"가 아니라 "나를 소유한 누군가"입니다.

산책 셋, "복음-과거에 일어난 나의 미래" (롬 6:1-14): 신비하다! 나의 미래가 과거에 일어나기도 합니다. 2천 년 전 내 삶이 시작되기도 전 예수 안에서 나를 위한 영광스러운 미래가 일어났습니다. 그것이 복음입니다.

산책 넷, "은혜-세상에서 가장 비싼 선물은 공짜" (롬 4:1-8): 비쌀수록 값진 선물이라지만, 정말 값진 선물은 공짜입니다. 우리로선 도무지 값을 치를 수 없는 최고의 선물에 대해, 하나님이 매기신 가격은 감사하게도 공짜입니다.

산책 다섯, "용기-Nothing Sticks Like 하나님의 사랑" (롬 8:31-39): 하나님의 사랑 같은 진드기는 없습니다. 나를 향한 그분의 사랑만큼 내 인생에 찰거머리는 없습니다. 그래서 우리는 행복한 사람입니다.

산책 여섯, "성숙-성도가 누리는 삶의 여유" (롬 12:14-21): 아름다운 얼굴이 마음의 여유에서 나온다면, 고귀한 삶은 영혼의 여유에서 나옵니다. 그리스도인이 악착같이 붙들지 않는 것은 더 귀한 것을 가졌기 때문입니다.

산책 일곱, "행복-나의 친구들" (롬 16:1-16): 최고의 재산은 사람입니다. 돈이나 힘으로 얻은 사람 말고, 그리스도 안에서 그리스도를 통하여 얻은 사람. 사람 부자 되시기 바랍니다.

4. 분석 시리즈

나머지 세 유형은 기존에 존재하는 틀을 사용하는 방식이다. 이름 붙이기 나름인데,

넷째는 "분석 시리즈"다. 예를 들어, 산상수훈의 팔복을 하나씩 여덟 번에 걸쳐서 설교하는 형태의 시리즈다. 이미 많은 설교집들이 출간되어 있듯이, 주님 가르치신 기도를 5-8회 혹은 그 이상으로 세분화하여 설교할 수도 있고, 사도신경을 작게는 3-4회, 많게는 10-12회에 걸쳐서 시리즈로 설교할 수도 있다. 물론 이 경우는 사도신경 자체가 설교 본문이 될 수는 없고, 각 항목에 맞는 적합한 성경 본문을 찾아야 한다.

5. 전통 시리즈

다섯째 유형은 "전통 시리즈"라고 이름 붙여 보았다. 전통적으로 교회는 예수님이 십자가에서 말씀하신 일곱 말씀을 가상칠언이라고 불러왔다. 주님의 칠언을 얼개로 하여 고난주간 새벽기도회 시리즈로, 혹은 주일설교 시리즈로 구성할 수 있다. 죽음에 이르는 일곱 가지 죄도 전통 시리즈의 틀이 될 수 있고, 예수님의 비유를 따로 모아서 시리즈로 엮는 것도 이 유형으로 분류할 수 있다. 죽음에 이르는 일곱 가지 죄의 경우, 사도신경 설교와 마찬가지로 적합한 성경 본문을 선택하여 설교함이 바람직하다.

〈가상칠언〉[5]

가언 하나, "아버지 저들을 사하여 주옵소서" (눅 23:33-35): 예수님은 가장 고통스러운 십자가에서도 우리를 사랑하셨다. 제 한 몸 돌보기도

---

5 「그 말씀」 2012년 3월호, 필자의 글 "가상칠언을 중심으로 한 고난주간 새벽기도회" 참조.

힘겨운 험한 십자가. 주님은 그곳에서도 우리를 기억하시고, 우리를 염려하셨다.

가언 둘, "오늘 네가 나와 함께 낙원에 있으리라" (눅 23:39-43): 예수님의 십자가가 구원하지 못할 죄인은 없다. 구원받기에 가장 부적합한 강도가 구원 받기에 가장 늦은 죽음의 순간에 예수 십자가의 은혜로 구원받았다.

가언 셋, "여자여 보소서 아들이니이다" (요 19:25-27): 예수님은 십자가에서 새로운 가족인 교회를 낳으셨다. 십자가 아래에서 어머니가 아니던 여인이 어머니가 되었고, 아들이 아니던 사람을 아들로 선포하셨다.

가언 넷, "엘리 엘리 라마 사박다니" (마 27:45-46, 막 19:33-34): 가장 큰 고통의 비명은 "악!" 혹은 "사람 살려!"가 아니다. "나의 하나님, 나의 하나님, 어찌하여 나를 버리셨나이까!" 창조주의 보호를 완전히 거절당한 버림받음의 고통. 나를 위해 고통당하신 주님께 감사를!

가언 다섯, "성경을 응하게 하려 하사 이르시되 내가 목마르다" (요 19:28-29): 예수님은 말씀대로 사셨고, 말씀대로 죽으셨다. 말씀대로 이 땅에 오신 주님은, 말씀대로 우리 같은 목마른 인생이 되셨고, 말씀대로 우리를 위해 죽으셨다. 주님의 온전한 말씀 순종이 우리의 온전한 구원이 되었다.

가언 여섯, "다 이루었다" (요 19:30): 예수님의 십자가는 완전하다. 예수님의 십자가는 더할 것도 감할 것도 없는 완전한 구원사역이다. 사도 바울이 행위 구원론에 대해 그토록 격하게 반응한 것은 선한 행위 자체에 대한 거부감이 아니라, 예수 십자가의 완전성을 의심하는 도전에 대한 분노였다.

가언 일곱, "아버지, 내 영혼을 아버지 손에 부탁하나이다" (눅 23:44-45): 예수님 안에서 죽는 자들은 복이 있도다. 예수님은 우리를 위해 새로운 죽음의 문을 여셨다. 예수 안에서 우리는 죽음을 향하여 죽는 것이 아니라, 아버지의 품을 향하여, 부활을 향하여 죽는다.

6. 독서 시리즈

마지막 여섯째는 "독서 시리즈"라고 이름 붙여 보았다. 조심스러운 접근인데, 유익한 경건 서적의 틀을 따라서 시리즈를 기획하는 방식이다. 필자는 직접 시도해 보지 않았지만 간접 경험한 예로는, 존 스토트의 마지막 저서인 『제자도』서울: IVP, 2010의 내용을 따라서 여덟 편의 시리즈 설교를 하는 이를 본 적이 있고, 릭 워렌의 『목적이 이끄는 삶』서울: 디모데, 2010을 뼈대로 설교하는 경우도 보았다. 가장 멀리(?) 간 경우로, 김영봉 목사는 신경숙의 소설 『엄마를 부탁해』파주: 창비, 2008를 모티프로 시리즈 설교를 구성하였다. 모든 경우 책 자체가 설교 본문이 될 수 없음은 물론이다. 적합한 성경 본문을 찾고, 본문의 의미에 기초한 메시지를 세워야 한다. 김영봉 목사가 2009년 5월에 설교한 본문과 제목을 소개하면,

〈엄마를 부탁해〉
1. 무엇을 위해 살 것인가? : 엄마를 잃어버린 것 (요 12:23-26)
2. 사랑은 만족하지 못한다 : 형철아 미안해 (호 11:1-9)
3. 마음은 누구나 같다 : 엄마에게도 엄마가 있다 (눅 2:41-50)
4. 죽음, 이별 그리고 용서 : 나 이제 갈라요 (마 18:21-35)
5. 가족이 되어 산다는 것 (엡 5:21-33)

지금까지 여섯 가지 유형의 시리즈 틀을 살펴보았다. 필자의 경우 주로 사용하는 틀은 두 번째 "본문 시리즈"다. 본문의 연속성이 주는 안정감과 더불어 본문을 선택하기보다 최대한 본문이 나에게 주어지도록 만들기 위함이다. 청중의 영적 필요 혹은 설교자의 기호, 혹은 다

양성의 원칙에 따라 적절하게 유형을 선택하면 된다.

시리즈 설교 준비하기 (2) : 세부 준비 단계

이제 시리즈 설교의 세부적인 준비 과정을 알아보자. 대표적인 두 유형의 틀을 가지고 간략하게 설명하겠다. 다른 유형들도 이 두 유형에 준하여 준비할 수 있다.

1. 주제 시리즈 준비 과정

우선 "주제 시리즈"의 준비 과정은, 1단계 수집, 2단계 선택과 배열, 3단계 본문 연구와 주제 결정, 그리고 4단계 요약본 만들기로 완성되고 실제 개별 설교 준비를 5단계로 보면 된다.

〈1단계〉 수집. 시리즈 주제와 관련된 설교 주제와 성경 본문을 수집하는 단계다. 예를 들어 시간/때를 주제로 시리즈를 기획한다면, 시간과 관련된 성경의 가르침과 본문을 최대한 많이 수집해야 한다. 브레인스토밍 기법을 사용해도 좋고 유력한 책을 읽는 것도 좋은 방법이다. 이때 주제는, 개략적이고 거칠더라도 완결된 문장이어야 한다. 결국 그것이 하나의 설교를 구성해야 하기 때문이다.

〈2단계〉 선택과 배열. 확보된 주제와 본문들 가운데 적합한 것들을 선택하고 효과적인 순서로 배열하는 단계다. 확보된 모든 본문을 설교할 수는 없고 모든 주제를 설교할 필요도 없다. 기획자인 설교자의 의도와 나의 청중에게 지금 가장 요긴한 주제와 본문을 일정 수만큼 선택하면 된다. 이어서 대지 설교에서 대지를 배열하듯, 가장 효과적인 순서로 설교 순서를 배열하면 된다.

〈3단계〉 본문 연구와 주제 결정. 선택된 본문을 개별적으로 면밀히 연구하여 각 설교의 주제를 결정하는 단계다. 2단계에서 거칠게 결정했던 주제를, 이제는 본격적인 본문 연구를 통해 정밀하게 다듬으면 된다. 이 단계에서 완전한 설교문을 작성할 필요는 없지만 개략적인 대지를 잡아두거나 혹은 거친 문장이라도 반 페이지 정도 선포할 메시지를 스케치해두면 좋다.

〈4단계〉 요약본 만들기. 청중에게 미리 배포할 시리즈 요약본을 만드는 것으로 준비를 일단락 지을 수 있다. 3단계의 스케치를 보다 다듬은 언어로 정리하고, 각 설교의 제목과 시리즈 제목은 여기서 분명하게 결정해야 한다. 배포할 문건을 만드는 일은 고되지만 설교자와 청중에게 공히 매우 요긴하다. 이 글에서 필자가 예로 제시한 것들이 바로 그 요약본들이다.

〈5단계〉 각 설교문 완성하기. 실제로 설교문을 완성하는 단계다. 1-4단계는 시리즈가 시작되기 전에 완료되지만 5단계는 매주 이루어진다. 준비된 요약본을 기초로 해당 주간에 설교문을 완성한다. 시리즈의 중후반에 이르면 다음 시리즈를 구상하는 것도 잊지 말 것.

2. 본문 시리즈 준비 과정

다음으로 "본문 시리즈"의 준비과정은, 1단계 주제 단위로 본문 나누기, 2단계 본문과 주제 결정, 3단계 선택과 배열, 그리고 4단계 요약본 만들기로 일단 완성되고, 5단계는 실제 매주 이루어질 개별 설교 준비다.

〈1단계〉 주제 단위로 본문 나누기. 성경을 읽으면서 설교 본문을 나누는 단계다. 본문 나누기와 주제 결정은, 거칠지만 동시에 이루어질 수밖에 없다. 설교 본문을 선정하는 원칙은 물리적 길이 단위가 아니라 주제 단위니까 말이다. 위에서 소개한 "주제 시리즈" 1단계처럼 브레인스토밍을 통한 전방위적인 수집과는 다르다. 주석 읽기를 포함한 주어진 본문을 다양한 방식으로 접근하면서, 설교화 가능한 본문 단위와 주제를 탐색하는 방식이다. 짧은 서신서라면 한 번의 시리즈로 담아낼 수 있겠지만 긴 성경이라면 다음을 기약하며 일부만을 가지고 시리즈를 구성할 수도 있다.

〈2단계〉 본문과 주제 결정. 1단계의 결과물을 가지고 보다 깊이 본문을 연구하여 분명한 설교 본문과 설교 주제를 결정하는 단계다. 시리즈 크기에 따라 7-12편 정도를 마련하면 된다. "주제 시리즈"에 비해서 1단계와 2단계의 구분이 명확하지 않고, 2단계와 3단계도 상당 부분 중첩될 수 있다.

〈3단계〉 선택과 배열. 선택된 본문을 가지고 실제로 설교할 순서를 배열하는 단계다. 대체적으로는 본문의 순서를 그대로 좇아가면 되지만, 특별한 경우 본문 순서를 초월할 수도 있다. 요한복음을 본문으로 설교한다면, 전체 주제인 20장 30-31절을 우선 첫 설교로 끊고, 그 다음에 1장으로 들어갈 수도 있다. 대지 설교의 대지들이 본문의 순서보다 생각의 순서를 좇아야 하듯이, 시리즈 설교의 본문 배정 역시 활자화된 본문 순서보다는 시리즈의 메시지 흐름을 감안하는 것이 좋다.

〈4단계〉 요약본 만들기. 위의 "주제 시리즈"의 4단계와 동일하다.

⟨5단계⟩ 각 설교문 완성하기. 위의 "주제 시리즈"의 5단계와 동일하다.

시리즈 설교의 장점

어느 방법론이든 장단점이 있게 마련이고, 시리즈 설교도 예외는 아니다. 그러나 필자의 짧은 경험으로는, 시리즈 설교는 초래하는 단점보다는 의미 있는 장점이 훨씬 많다. 여기 몇 가지 장점을 열거함으로써 독자들에게 시리즈 설교를 추천하고자 한다.

우선은 "미리"다. 어느 일에서건 "미리"의 가치가 요긴하지만, 특히나 설교 준비에 있어서 "미리"는 너무나 탐스럽고 사랑스러운 길이다. 미리 준비된 설교가 깊이가 있고, 미리 준비된 설교가 보다 감동을 준다. 학창시절 벼락치기 공부의 효력도 꽤 짭짤하지만 평소에 미리 준비한 공부의 내공에 비길 수는 없다. 시리즈는 미리 준비하는 설교 틀이다. 매주 월요일 본문을 선정함으로써 준비를 시작하는 것이 아니라, 시리즈가 기획되는 5-8주 전에 "미리" 준비가 시작된다. 본문과 주제, 그리고 개략적인 설교 내용을 스케치해 둔 상태에서 출발함으로써 얻게 되는 이 "미리"의 가치야말로 시리즈 설교의 장점 제1호다.

둘째, 독서 활용도 높이기다. 예화를 비롯하여 적합한 설교 자료를 찾는 일은 매우 요긴한 일이면서 동시에 그만큼 어려운 작업이다. 독서를 비롯한 다양한 수집활동을 통해 많은 자료를 체계적으로 정리 저장해두고 필요할 때 꺼내 쓰는 것이 이상적인 방법이겠지만 보조 수단으로 시리즈 설교에도 매우 유용하다. 독서의 결과물을 저장을 거치지 않고 즉시 활용도를 높일 수 있는 방법이 시리즈 설교다. 미리 7-8편의 본문과 주제를 결정해 두었기 때문에, 오늘 내가 마주치는 자료들을 보다 순발력 있게 사용할 수 있다. 단편 방식으로 설교를 준비할 경우 자칫 사용 시기를 놓쳐버릴 수 있는 예화를, 적시에 그리고 즉시 사용할 수 있는 기회의 폭을 넓혀준다.

시리즈 설교의 세 번째 장점은 중요한 주제를 충분히 깊게 다룰 수 있다는 것이다. 성경에는 한 편의 설교로 담기에 버거운 큰 주제들이 많이 있다. 성도의 가정생활을 어찌 한 편의 설교에 담을 수 있으며, 예수 십자가의 의미를 어찌 한두 번의 설교로 가늠할 수 있겠는가. 몇 주에 걸쳐 여유를 갖고 소중한 복음 메시지를 충분히 깊이 묵상할 수 있는 기회를 갖고자 한다면, 시리즈 설교가 한 방법이다.

넷째는, 성도들로 하여금 보다 열린 마음, 보다 준비된 마음으로 설교를 대하도록 하는 효과도 있다. 시리즈 시작에 즈음하여 설교자는 간략한 요약본 형태로 성도들에게 미리 설교계획을 배포할 수 있다. 미리 배포된 자료를 통해 성도들이 오늘 선포될 말씀에 대해 일정한 사전 지식을 갖고 임할 수 있다. 또한 성도들에게 준비된 설교라는 인상과 더불어 설교에 대한 신뢰감을 줄 수 있다. 신뢰감이 주는 열린 마음, 사전 지식이 주는 준비된 마음이 성도들에게 보다 풍성한 설교 경험을 허락할 것이다.

다섯째, 결코 무시할 수 없는 장점이 있는데, 일단락의 즐거움이다. 경험으로 알겠지만, 설교자에게 설교는 끝도 없이 밀려오는 파도와도 같다. 때로는 다람쥐 쳇바퀴 도는 듯한 반복의 지루함에 힘겨울 때도 있다. 시리즈 설교는, 한 시리즈가 마무리될 때 무언가를 끝냈다는 적당한 완료감과 성취감을 선물한다. 필자의 경험으로는 꽤 큰 위로가 된다. 그리고 다시 새로운 마음으로 새로운 설교 시리즈를 시작할 수 있다.

시리즈 설교의 단점

그늘 없는 볕이 어디 있으랴. 시리즈 설교에도 단점이 있다. 필자의 경우는 꽤 익숙해진 설교 계획법이기 때문에, 단점이 눈에 잘 띄지 않을 수도 있다. 그러나 떠오르는 단점을 몇 가지 열거하면,

우선은 "미리"다. 미리의 요소는 시리즈 설교의 장점이기도 하지만 단점이기도 하다. 시리즈가 시작되기 전에 5-8편의 설교를 미리 준비해야 한다. 매주 한 편의 설교 준비도 쉽지 않은데 미리 여러 편의 설교를 준비하는 것은 꽤 고된 일이다. 주제와 기본 얼개를 어느 정도 잡아두려면 본문에 대한 꽤 깊은 연구가 필요한데, 여러 편을 미리 준비해야 하니 단점이라면 단점이다.

둘째는 중도 수정의 필요성이다. 시리즈를 계획할 때 잡아두었던 주제가 막상 설교를 준비할 때 수정이 필요한 경우가 있다. 다시 본문을 면밀히 보면서 이전에 준비했던 주제가 본문에서 벗어났거나 청중에게 제대로 적용되지 못한 주제임이 드러날 수가 있다. 이미 계획서가 배포되었기에 지금 수정하는 것은 청중에 대한 실례가 될 수도 있고, 어떤 면에서 설교자의 잘못을 인정하는 것이기 때문에 주저되기도 한다. 그러나 당연히 이 경우 필자는 수정하는 것을 원칙으로 하고 있다.

청중에게 그 사실을 말하기도 한다.

셋째는 목회적 순발력이 떨어질 수 있다. 예를 들어, 시리즈를 진행하고 있는 중에 사회적으로 혹은 교회적으로 큰 이슈가 발생했을 경우, 적실한 메시지를 위해서 설교 계획을 변경할 필요가 있다. 이 경우 미리 계획된 시리즈를 고수하자면 그 시기를 놓치게 된다. 어떻게 할 것인가? 시리즈 계획을 그대로 고수할 것인가, 아니면 설교 계획을 수정할 것인가? 필자는 대체로 시리즈를 그대로 진행하는 것을 원칙으로 삼고 있다. 설교에 있어서 지나친 순발력은 자칫 자의적인 설교로 흐를 수도 있다는 생각 때문이다. 여하튼 고민이다.

단점들을 열거했지만 필자의 판단으로는 단지 처리해야 할 문제일 뿐, 시리즈를 포기해야 할 이유로 보이지는 않는다.

나가며

필자에게 시리즈 설교는 일종의 피난처였다. 매주 본문을 선택하는 것이 꽤나 고역이었고, 지나치게 설교자 개인의 성향이 설교에 반영되는 것이 아닌가 하는 우려도 있었다. 그렇다고 권별 성경을 하나 잡아서 수십 주에 걸쳐서 설교하는 것은, 다소간 지루함이 느껴지기도 했다. 나름 절충을 본 것이 시리즈 설교다. 미국 유학 시절 한 대형교회에서 철저히 주제 시리즈로 설교가 기획되고 실천되는 것을 본 적이 있다. 시작과 끝이 있고 분명한 주제가 일관되게 흐르는 주제 시리즈 설교는 참 매력적이었다. 그러나 지나친 주제 시리즈 일변도는, 강해설교자가 지켜야 할 대원칙인 본문의 중심성을 다소간 타협할 수도 있겠다는 우려가 생겼다. 여기서도 나름 절충을 본 결과가 주제가 있는 본문 시리즈다. 본문의 연속성을 기본 골격으로 하되, 전체 시리즈를 덮고 있는 큰 틀의 주제를 확보하는 방식이다. 필자로서는 가장 선호하는 설교 계획 구도이다. 위에서 소개한 대부분의 시리즈가 바로 이 유형이다. 필자의 일천한 경험에서 나온 글이지만 몇몇 분에게라도 참조가 되기를 바란다.